OS DIREITOS DAS MULHERES: FEMINISMO E TRABALHO NO BRASIL (1917-1937)

1897

OS DIREITOS DAS MULHERES:
FEMINISMO E TRABALHO NO BRASIL
(1917-1937)

GLAUCIA FRACCARO

Copyright © 2018 Glaucia Fraccaro

Direitos desta edição reservados à
FGV EDITORA
Rua Jornalista Orlando Dantas, 37
22231-010 | Rio de Janeiro, RJ | Brasil
Tels.: 0800-021-7777 | (21) 3799-4427
Fax: (21) 3799-4430
editora@fgv.br | pedidoseditora@fgv.br
www.fgv.br/editora

Impresso no Brasil | *Printed in Brazil*

Todos os direitos reservados. A reprodução não autorizada desta publicação, no todo ou em parte, constitui violação do copyright (Lei nº 9.610/98).

Os conceitos emitidos neste livro são de inteira responsabilidade da autora.

1ª edição: 2018; 1ª reimpressão: 2019; 2ª reimpressão: 2020; 3ª reimpressão: 2022.

Preparação de originais: Sandra Frank
Revisão: Fatima Caroni
Projeto gráfico de miolo e diagramação: Mari Taboada
Capa: André de Castro
Imagem da capa: Trabalhadoras e trabalhadores na frente do Cotonifício Crespi. A foto foi tirada anos antes das greves de 1917 (Arquivo Edgar Leuenroth/ Universidade Estadual de Campinas)

Ficha catalográfica elaborada pela Biblioteca Mario Henrique Simonsen/FGV

> Fraccaro, Glaucia, 1979-
> Os direitos das mulheres : feminismo e trabalho no Brasil (1917-1937) / Glaucia Fraccaro. - Rio de Janeiro : FGV Editora, 2018.
> 236 p.
>
> Originalmente apresentada como tese da autora (doutorado – Universidade Estadual de Campinas, Instituto de Filosofia e Ciências Humanas, 2016) com o título: Os direitos das mulheres : organização social e legislação trabalhista no entreguerras brasileiro (1917-1937).
> Inclui bibliografia.
> ISBN: 978-85-225-2080-0
>
> 1.Direitos das mulheres. 2. Direito do trabalho. 3. Feminismo. 4. Relações de gênero. I. Fundação Getulio Vargas. II. Título.
>
> CDD – 305.43

LISTA DE SIGLAS

AEL – Arquivo Edgar Leuenroth (Universidade Estadual de Campinas)

Aesp – Arquivo do Estado de São Paulo

AFL – American Federation of Labor

AIT – Associação Internacional dos Trabalhadores

AN/RJ – Arquivo Nacional (Rio de Janeiro)

BibIFCH – Biblioteca do Instituto de Filosofia e Ciências Humanas da Universidade Estadual de Campinas

BOC – Bloco Operário e Camponês

Ciesp – Centro dos Industriais do Estado de São Paulo

CIFT – Centro dos Industriais de Fiação e Tecelagem

CIM – Comissão Interamericana de Mulheres

CNT – Conselho Nacional do Trabalho

Cpdoc/FGV – Centro de Pesquisa e Documentação de História Contemporânea do Brasil da Fundação Getúlio Vargas

DET – Departamento Estadual do Trabalho (São Paulo)

Dops – Departamento de Ordem Política e Social

FBPF – Federação Brasileira Pelo Progresso Feminino

OIT – Organização Internacional do Trabalho

ONU – Organização das Nações Unidas

PCB – Partido Comunista do Brasil

UOFT – União dos Operários em Fábricas de Tecido

URSS – União das Repúblicas Socialistas Soviéticas

SUMÁRIO

Apresentação   9

Introdução   13

PARTE I: "Trabalho igual, salário igual": o movimento operário e a equiparação de direitos

1. A classe operária tem dois sexos   21

2. Brás do Brasil, Brás de todo o mundo   35
   Greves, organização sindical e reivindicações   40
   A organização social das mulheres   49
   Estado, partido e sindicato: os anos 1930   56

3. O feminismo no Brasil e a igualdade no mundo do trabalho   71

PARTE II: Maternidade, matéria de direitos

4. Entre direitos e benefícios   91

5. A OIT e os efeitos dos padrões internacionais de trabalho   115
   As redes internacionais feministas e a OIT   127

6. O feminismo no Brasil e os direitos da maternidade   133
   Feministas no governo   146

PARTE III: Leis para igualdade

7. As mulheres nas formas da lei   169
   Voto das mulheres e direitos políticos   169
   O Decreto do Trabalho das Mulheres   176

8. O peso da honra nas relações de trabalho   185
   O feminismo e a proibição do trabalho noturno   192
   Salário de homem, salário de mulher   198
   O golpe de 1937 na vida das mulheres   203

Considerações finais   213
Referências   217
Bibliografia   221
Agradecimentos   233

APRESENTAÇÃO

A Associação Brasileira de Estudos do Trabalho (Abet) tem a honra de divulgar o trabalho vencedor do prêmio Mundos do Trabalho em Perspectiva Multidisciplinar. Esse prêmio, lançado em 2017, teve seu julgamento, finalização e apresentação do trabalho vencedor no XV Encontro Nacional da Abet, que se realizou nos dias 6 a 9 de setembro de 2017 no Rio de Janeiro. O objetivo dessa promoção é estimular, por meio do apoio à publicação de pesquisas referidas ao mundo do trabalho, mas realizadas em diferentes áreas do conhecimento, caracterizando uma perspectiva multidisciplinar da premiação e, assim, promover a inter e a multidisciplinaridade nesses estudos, abordagens atuais e históricas sobre a realidade do trabalho, bem como editar uma coleção de livros com temas históricos e contemporâneos sobre o trabalho.

A edição desse prêmio no ano de 2017 foi uma decisão relativa à realização do XV Encontro Nacional. Tais encontros, com intervalos bianuais, são sempre uma oportunidade para congregar a comunidade acadêmica e estudantil pesquisadora dos temas relacionados ao mundo do trabalho no campo da economia, do direito, das ciências sociais e políticas, da psicologia, da história e da educação. A premiação do trabalho vencedor consiste na publicação do texto na forma de livro que compõe a Coleção Mundos do Trabalho da Abet.

O trabalho vencedor do prêmio em 2017 aborda o tema trabalho numa perspectiva histórica e das relações de gênero. De autoria de Glaucia Cristina Candian Fracarro, inscrito no certame com o título de *Os direitos das mulheres no entreguerras*, o texto faz uma pesquisa histórica sobre a construção dos direitos das mulheres, por meio das leis trabalhistas. Sua investigação segue o roteiro da regulamentação do trabalho feminino no período de 1917 a 1937. O marco de 1917 foi escolhido pela enorme efervescência provocada na sociedade brasileira com as greves operárias de 1917 em São Paulo, e encerra essa investigação histórica com a aprovação, pela Câmara Federal, do projeto de autoria da deputada Bertha Lutz que criava o Departamento Nacional da Mulher, em 1937, embora esse departamento nunca tenha sido implementado devido à promulgação do "Estado Novo" em 11 de novembro de 1937, que fechou o Congresso Nacional e extinguiu os partidos políticos nacionais.

Com esta publicação, a diretoria da Abet – biênio 2016-2017 – deu continuidade ao prêmio Mundos do Trabalho, cuja primeira edição ocorreu em 1998, na gestão de Claudio Dedecca, quando deu início à Coleção Mundos do Trabalho da Abet. Desde então, a associação vem buscando promover a publicação de obras focadas no tema do trabalho, contando sempre com produções inéditas, versando sobre diferentes temas inclusos na agenda das relações de trabalho. Dando sequência a essa premiação, a Abet reeditou o prêmio em 2009, no XI Encontro Nacional, realizado em Campinas/SP, sob a presidência de José Dari Krein, quando houve duas obras premiadas, sendo uma delas publicada pela LTr. Em 2011, por ocasião da realização do XII Encontro Nacional, na cidade de João Pessoa/PB, sob a presidência de Ivan Targino, o texto premiado foi publicado pela Editora da Universidade Federal da Paraíba (UFPB). Em 2013, no XIII Encontro Nacional, que aconteceu em Curitiba/PR, sob a presidência de Silvia Araújo, foram premiados dois textos que a Abet publicou em parceria com o Ipea. E em 2017, sob a presidência de Marco Santana e Hildete Pereira de Melo, com muita satisfação, a Abet publica, novamente em parceria com o Ipea, este livro, pela Editora da Fundação Getulio Vargas (FGV).

É importante destacar que esta publicação é resultado do esforço coletivo e individual da diretoria da Abet e de cada um de seus membros. Cabe registrar, ainda, que esta edição contou com a coordenação de Patrícia Trópia, que presidiu a Comissão do prêmio Mundos do Trabalho em Perspectiva Multidisciplinar, 2017, a quem cabem os nossos agradecimentos, assim como aos demais membros da referida comissão.

Diretoria da Associação Brasileira de Estudos do Trabalho

INTRODUÇÃO

Em 2009, a ministra da Secretaria de Políticas para Mulheres, Nilceia Freire, encaminhou à Comissão de Constituição, Justiça e Cidadania um anteprojeto de lei que previa a efetivação da igualdade entre homens e mulheres nas relações de trabalho. Ela propôs regras pertinentes ao equilíbrio entre as responsabilidades familiares e profissionais e medidas de incentivo às empresas para a adoção de planos de igualdade de gênero. Com a aprovação dessa lei, o governo brasileiro pretendia ampliar o exercício do estado democrático de direito e a "plenitude dos direitos de cidadania", o que considerava primado da igualdade. Na exposição de motivos, a ministra remontou às origens da questão: "A Assembleia Nacional Constituinte (1986-1988) acolheu o clamor do movimento de mulheres, cujas vozes ecoavam desde os primórdios da República".[1] O projeto de lei, além de mostrar que a igualdade das mulheres no mundo do trabalho ainda é uma questão importante e atual, também trouxe o argumento de que a luta por essa igualdade, consagrada nos anos 1980, remetia ao final do século XIX, quando a República brasileira assistia à campanha pelo voto feminino e dava seus primeiros passos para consolidar uma legislação social.

Por que existe uma proposição legislativa para a igualdade entre mulheres e homens? A Secretaria de Políticas para as Mulheres havia encampado a proposta de criar uma lei como essa com o objetivo de inter-

---

1. PL nº 6.653/2009, tramitação arquivada pelo presidente da Câmara dos Deputados no ano de 2015. Ver <www.camara.gov.br/proposicoesWeb/fichadetramitacao?idProposicao=464901>. Acesso em: 7 maio 2016.

ferir em indicadores sociais desiguais: os censos e pesquisas domiciliares da época apontavam que a diferença salarial por sexo atingia 30%, que havia poucas mulheres trabalhando em postos mais bem remunerados e que a divisão do trabalho dentro das casas era desequilibrada, relegando a maior parte das tarefas domésticas às mulheres.[2]

Em 1968, havia uma lei que pretendia incidir sobre as mulheres no mundo do trabalho. A Lei nº 5.473, de 10 de julho de 1968, considerava "nulas as disposições e providências [...] que criem discriminações entre brasileiros de ambos os sexos", prevendo inclusive multas para "empresas privadas" ou "concessionárias do serviço público federal" que as praticassem. Quando esse dispositivo entrou em vigor, durante a ditadura militar, ainda havia atividade parlamentar, mas não foram encontrados registros de discussões sobre ele, o que abre a possibilidade de pensar que se tratava de uma ação planejada e implementada pelo Poder Executivo.[3]

Muito antes da proposição legislativa de 2009 e da Lei de 1968, o Decreto do Trabalho das Mulheres, de 1932, estipulou a licença-maternidade, proibiu a desigualdade salarial e o trabalho noturno das mulheres. Esse decreto fez parte do Código do Trabalho, previsto e implementado por Getúlio Vargas, embora uma série de pressões sociais por esse tipo de regulação datasse ainda do começo da República. A necessidade de leis para igualdade e seus efeitos fazem parte da história dos direitos sociais e da vida de muitas mulheres e homens do Brasil.

Este livro apresenta uma narrativa histórica sobre os direitos das mulheres por meio da composição das leis trabalhistas. A história que aqui apresento foi escrita a partir da investigação das particularidades que envolviam a regulamentação do trabalho das mulheres entre os anos 1917 e 1937. Para tanto, observei o Estado, as relações políticas internacionais, o movimento operário e o movimento feminista, com

---

2. Ver dados do Censo de 2009 e da Pesquisa Nacional por Amostra de Domicílios do mesmo ano.
3. Congresso Nacional. *Anais do Congresso Nacional (ano de 1968)*. Brasília: Diretoria de Publicações, 1971. (Vários livros).

vistas a formular uma explicação sobre a participação das mulheres na luta por seus direitos. O objetivo da pesquisa realizada foi abrir a possibilidade de investigar parte do processo histórico que envolveu a busca por igualdade de direitos e de condições entre homens e mulheres no mundo do trabalho.

Se um enredo favorito da história é a descoberta da transformação, as mulheres estariam, supostamente, excluídas de suas páginas por perturbar menos a ordem estabelecida. Pensar a história das mulheres conduz, portanto, a considerar a história das relações entre os sexos de modo a elucidar com riqueza a perspectiva de "permanências e mudanças, das relações do sujeito e do objeto, da cultura e da natureza, do público e do privado" (Perrot, 2005:25-26). É Michelle Perrot quem se debruça sobre os silêncios das mulheres na história para afirmar que, no mundo do trabalho, a categoria "gênero" parece mais pertinente e eficaz em todas as suas dimensões. A divisão de papéis e as funções sociais que emergem de uma conformação biológica, "uma vagina para receber, um ventre para carregar e seios para amamentar", marcariam o destino delas: "nenhum lugar além do lar" (Perrot, 2005:173).

Já há algum tempo que a ciência histórica enfrenta o desafio de perceber que o sujeito não é universal (Scott, 1999a; Rubin, 1992:267-293).[4] Assim, é preciso considerar que a investigação da experiência de mulheres se justifica pelo fato de que a sexualidade, a maternidade e sua força de trabalho configuram relações de controle ou dominação distintas e, portanto, requerem um olhar específico, o que constitui aspecto central das perspectivas que ofereço neste livro.[5] No entanto, envolver a categoria gênero na história da legislação social brasileira deve signifi-

---

4. No campo da história, a categoria gênero escancarou os limites de se estabelecer um perfil único das mulheres ou ainda de uma "experiência feminina". Ver Samara, Soihet e Matos (1997); Matos (1998:67-75); Rago (1995:81-91).
5. Para a ideia de que a experiência de mulheres é distinta, ver Lobo (1991:186). Ver também Soihet e Pedro (2007:282-285).

car, menos que verter a história do tema para o feminino, propor novas perspectivas nas interpretações sobre direitos e justiça social.[6]

Considerar que as mulheres fazem sua própria história conduziu ao reconhecimento de que o feminismo é um campo político permeado por disputas. Dessa forma, a delimitação do termo não acontece apenas nas teorias sociológicas ou filosóficas; o conceito pode ser definido a partir dos embates travados diretamente pelas mulheres em diferentes momentos da história, inclusive em organizações que envolvem homens, como partidos e sindicatos, ou em movimentos que reivindicam outras bandeiras e sonhos de liberdade. É possível contar a história do feminismo a partir das lutas empunhadas pelas próprias mulheres.

As leis para as mulheres também mudam com o tempo e revelam variadas disputas e noções de liberdade ou regramento. Considerar que as mulheres fazem sua própria história e que são imbuídas de agência já havia sido uma dimensão explorada pela história social. Desde as pesquisas de Edward P. Thompson, foi possível compreender que elas haviam acionado dispositivos legislativos criados para moldar seus comportamentos de forma a garantir seus interesses (Thompson, 1998b). A agência para conseguir o divórcio ou para escolher parceiros, praticada a driblar leis e costumes, forneceu elementos sólidos para demonstrar as múltiplas dimensões do poder normativo na vida das pessoas (Caulfield, 2000; Schettini, 2006; Garzoni, 2007). As análises que consideraram as mulheres imbuídas da capacidade de agir encontraram uma forte contestação das lógicas moralistas e casamenteiras. Entretanto, soava necessário também ir além da capacidade de decidir com quem se deitar e ver como o Estado entendia a existência das mulheres a partir de sua entrada maciça no mercado de trabalho urbano e remunerado. As leis e suas respectivas mudan-

---

6. Ainda que o texto conduza a uma profunda problematização de categorias analíticas do fazer histórico, Joan Scott reforçou a necessidade de ir além da exemplificação das experiências atentando para a percepção de como o gênero é construído, mais do que encontrar diferentes papéis sociais de acordo com os sexos (Scott, 2000:70). Sobre os efeitos que a perspectiva de gênero teve na história e a tentativa de destacar mulheres notáveis ou identificar papéis sociais, ver Lerner (1975:5-14).

ças não são apenas uma resposta atrelada às necessidades disciplinadoras da ordem capitalista, mas a elas corresponde um processo complexo de negociação e discordância entre especialistas e grupos sociais a que elas dizem respeito.[7] Essa pergunta gerou outras possibilidades de respostas que tornavam possível escrever uma história dos direitos das mulheres.

* * *

Na primeira parte do livro, apresentei como as mulheres trabalhadoras se organizavam nas fileiras das fábricas durante o crescimento industrial da cidade de São Paulo. A partir das greves de 1917, procurei tratar da participação de mulheres na organização social e nos sindicatos, já reconhecida em muitas pesquisas, pelo ponto de vista da agenda da igualdade e das condições de trabalho. A compreensão da relação entre mulheres e sindicatos, para Alice Kessler-Harris, deve ir além da constatação de que elas estão ausentes dessas fileiras – "quando paramos de perguntar por que as mulheres não se organizaram, somos levados a questionar como as mulheres pensam a organização e como os sindicatos podem ser excludentes" (Kessler-Harris, 2007:24).[8] Nessa parte, exploram-se indícios das relações de gênero, uma vez que foram encontradas relações de poder desiguais e construções históricas sobre diferenças biológicas entre mulheres e homens no elo firmado, por exemplo, entre as direções sindicais e os programas das mulheres. Em seguida, apresentam-se as conexões de distintos campos do feminismo e da política a tratar dos temas dos direitos das mulheres. Meu objetivo foi aprofundar a pesquisa nas redes nacionais do feminismo brasileiro e revelar um diálogo nem sempre mostrado pela historiografia que, ao eleger marcos como a Federação Brasileira pelo Progresso Feminino (1922), o fez ignorando disputas e diferenças de opiniões e de projetos políticos.

---

7. Para as diversas dimensões das leis, ver Thompson (1997); Lara e Mendonça (2006).
8. Sobre as diversas relações de poder dentro dos sindicatos, ver também a pesquisa que tratou da organização sindical de trabalhadoras domésticas nos Estados Unidos (May, 2011).

O livro apresenta formas diversas de pressão por direitos, para além dos sindicatos, o que garantiu a entrada dos temas afetos às condições de vida delas no Parlamento e no conjunto de benefícios sociais oferecidos pela classe empresarial. O tema da igualdade entre mulheres e homens esteve presente na luta dentro das fábricas, nos sindicatos, nos partidos e no nascente movimento feminista, que requer, a partir dessa compreensão, novos marcos sobre seu surgimento.

Na segunda parte, propus uma discussão sobre uma matéria de direito diretamente ligada à vida das mulheres: a maternidade. Procurei enfrentar as diferenças de sentido que os termos equidade e igualdade entre mulheres e homens assumem, não só no feminismo como para os formuladores de política pública que colocaram em discussão os projetos de legislação para a classe trabalhadora no Parlamento. Para tanto, foram explorados os projetos para direitos das mulheres que envolviam a maternidade, tanto no Brasil quanto internacionalmente.

Por fim, na parte III, o objetivo foi o de destacar documentos que mostravam as diversas noções de cidadania para as mulheres. O direito ao voto, o peso da honra no mundo do trabalho e o regramento que tentava organizar a sociedade a partir do lugar das pessoas na família conformaram também um conjunto de tarefas a ser desempenhado pelas mulheres e as responsabilizava pelo rompimento das noções de moral dos homens. Direitos civis, políticos e trabalhistas formaram um conjunto de regras a mediar a autonomia delas em tomar decisões sobre a própria vida. O objetivo foi o de compreender como se estabeleceram diferentes sentidos de direitos que envolveram a dimensão dos cuidados exercidos pelas mulheres na reprodução da vida.

PARTE I

*"Trabalho igual, salário igual":
o movimento operário e
a equiparação de direitos*

CAPÍTULO 1
A classe operária tem dois sexos

Michelle Perrot afirmou que a história, por muito tempo, havia se esquecido das mulheres – "como se, por serem destinadas à obscuridade da reprodução, inenarrável, elas estivessem fora do tempo, ou ao menos, fora do acontecimento". Ela se referia à produção intelectual que deixou de lado a experiência das mulheres reapresentando, assim, as determinações de padrões de comportamento, das religiões e as barreiras políticas que fazem parte da vida delas. Perrot aduziu ainda que as mulheres são "mais imaginadas do que descritas ou contadas" e que fazer a história delas é, "inevitavelmente, chocar-se com o bloco de representações que as cobra". É bem verdade que, desde o tempo em que a historiadora francesa deu suas primeiras palestras sobre as mulheres e "os silêncios da história", já foi possível reunir muitos textos e pesquisas que romperam com esse silêncio (Perrot, 2005:9-10).[9] No Brasil, os esforços para superar as ausências delas na história também envolveram a tentativa de compreender a vida das mulheres no mundo do trabalho.

A pesquisa de Maria Valéria Juno Pena enfrentou esses silêncios e se debruçou sobre a presença feminina na constituição do sistema fabril brasileiro. A autora procurou ir além de apenas preencher uma lacuna – examinou a referida negligência sobre as mulheres segundo uma perspectiva, até os anos 1980, pouco usual: "a dinâmica da formação do proletariado urbano no Brasil não pode ser desenhada apenas enfo-

---

9. As primeiras palestras de Perrot sobre as ausências das mulheres no campo da história foram nos anos 1970. Há um grande número de trabalhos sobre história das mulheres no Brasil, com destaque para a pesquisa de Rago (1985).

cando os mecanismos internos do capitalismo, mas também o funcionamento do patriarcalismo" (Pena, 1981:14-15). Com isso, ela envolveu na análise um sistema social que hierarquiza as relações entre homens e mulheres por meio do desenvolvimento do capital e pôde considerar que a força da mulher, há muito, era aproveitada como uma "agente reprodutora". Mesmo o trabalho assalariado não permitiu que se perdesse o que ela chama de identidade: "as mulheres seriam duplamente úteis, como trabalhadoras e como mães e esposas" (Pena, 1981:14-15, 150). O objetivo de Juno Pena foi, então, o de analisar as raízes do seguinte fenômeno: "as mulheres e as crianças forneceram os primeiros braços fabris; o movimento de sua incorporação sucedeu, entretanto, o de sua expulsão, se em 1872 elas eram 72% do trabalho assalariado nas fábricas, em 1950, eram apenas 23%" (Pena, 1981:14). Uma das respostas encontradas por ela para explicar essa expulsão foi buscada no Decreto do Trabalho das Mulheres, aprovado em 1932, que estabelecia igualdade salarial e licença-maternidade, entre outras regulações, o que "impunha limitações ao emprego feminino e tornava atraente aos capitalistas a utilização da mão de obra masculina" (Pena, 1981:157). A essa explicação, a autora somou o controle dos sindicatos por parte do Estado, impedindo a mobilização popular em torno de reinvindicações próprias da classe trabalhadora (Pena, 1981:154, 162).

A ausência de uma política sistemática de regulação do trabalho na virada do século XIX para o XX já foi interpretada como um elemento que favorecia a absorção das mulheres no mercado de trabalho formal. Sem normas jurídicas que mediassem o trabalho delas, as mulheres ocupariam mais postos de trabalho do que durante os anos 1930, com a instalação de uma legislação protetora. Tais leis teriam avançado "mais no sentido de restringir o emprego feminino" (Besse, 1999:156). Essa interpretação considera que a subida de Vargas ao poder e a revolução de 1930 irromperam de modo a destruir o autonomismo das classes trabalhadoras e, por que não dizer, o liberalismo econômico sustentado pelos principais grupos de poder. Com uso da força, a sindicalização patrocinada pelo Estado "solapou eficientemente a organização trabalhista autônoma", ao passo que a aprovação de leis para o trabalho teria sido uma ferramenta paternalista que ajudou a "cooptar o protesto" (Besse, 1999:6).

Esse ponto de vista, compartilhado por uma fração dos estudos sobre o tema no Brasil, tratou as conquistas do movimento de trabalhadores como "artificiais" e considerou que a suposta ausência de enfrentamento ao Estado ou às classes poderosas era sustentada pela "benevolência do governo e intermediada por lideranças nacionalistas".[10] O modelo esperado era o de uma classe autônoma a lutar por interesses a despeito da força do Estado e, por esse motivo, a organização dos primeiros anos da República teria arregimentado mais conquistas ao exercer práticas menos comprometidas de política e reivindicação. A classe operária dos anos 1930, segundo essas visões, parecia destoar da imagem da autonomia originária de trabalhadores e trabalhadoras (Silva, 1999:56-57). A disciplina e a potencialidade de auto-organização da classe foram bem menos contempladas por essa bibliografia que advogava a perda da autonomia como causa para um movimento operário supostamente fragilizado. Tais fatores foram suficientemente sólidos para "arrancar benefícios sociais e materiais para os trabalhadores, por meio da habilidade de negociar e barganhar direitos" (Silva, 1999:58). E é por esse ponto de vista que pretendo observar o período.

Entre os anos 1917 e 1937, o Brasil tinha uma classe trabalhadora majoritariamente rural e com pouca instrução formal ou qualificação. A industrialização, verificada por indicadores econômicos desde o final do século XIX, passou a absorver cada vez mais trabalhadores e trabalhadoras rurais no trabalho nas cidades, mas sem reverter a maioria de camponeses e camponesas. No entanto, esse crescimento do trabalho urbano demonstrou a existência de uma segmentação no mercado de

---

10. Noções como essa aparecem também nos estudos de Francisco Weffort e Leôncio Martins Rodrigues sobre períodos posteriores ao que abordo aqui na pesquisa, mas as análises sobre heteronomia da classe trabalhadora frequentemente envolvem considerar o atrelamento ao Estado desde os anos 1930. Essas perspectivas foram problematizadas em Silva (1999). Ver também Weffort (1975); Rodrigues (1996).

trabalho por sexo. Dos últimos anos do século XIX à década de 1940, a expansão do ensino público e profissional gerou um aumento significativo da instrução para ambos os sexos, ao passo que o número de mulheres alfabetizadas cresceu quase três vezes mais que o dos homens.

Tabela 1. **Taxas de alfabetização no Brasil, 1872-1940 (por sexo)**

	HOMENS			MULHERES		
	Brasil	SP	RJ	Brasil	SP	RJ
1872	19,8	32,1	41,2	11,5	17,1	29,3
1890	19,1	35,2	57,9	10,4	22,1	43,8
1920	28,9	64,3	66,5	19,9	52,1	55,8
1940	42,3	76,3	72,9	34,1	67,5	65,6

Fonte: Besse (1999:126).

Em 1930, no estado de São Paulo, o número de matrículas escolares de homens e mulheres era nivelado, porém, nas faixas de maior tempo de estudos, o número de mulheres diminuía. No nível secundário, a diferença se tornava mais nítida: eram 21.530 homens matriculados e apenas 6.309 mulheres com o mesmo grau de instrução. Dez anos depois, contavam-se 10 vezes mais homens que mulheres com algum tipo de ensino superior. E as carreiras mais acessadas por elas eram o magistério, o comércio e as artes.[11]

A diferença de qualificação não é suficiente para explicar a segmentação por sexo no mercado de trabalho. Os censos produzidos no período em questão tampouco conseguem demonstrar todos os efeitos e mudanças nos primeiros anos da República. Por apresentarem problemas de agregação, não tornam possível atestar facilmente a compatibilidade dos critérios das contagens feitas de uma década para outra, como é o caso da indústria. O recenseamento de 1920 não faz distinção

---

11. Estado de São Paulo. Diretoria Geral do Ensino. Seção de Estatística e Arquivo. Estatística escolar de 1930, p. xvii apud Besse (1999:128, 130).

entre atividades fabris e artesanais, ao passo que os dados das décadas seguintes setorizam a indústria dos serviços de reparação, sem destacar a produção fabril artesanal (Pena, 1980:13).

Há uma gritante inconsistência de dados também sobre o número de pessoas engajadas no trabalho rural, principalmente, o de mulheres: em 1920, eram 607.800 mulheres no setor; 20 anos mais tarde, a cifra atingiria quase 3,5 milhões (tabela 2). De acordo com Paul Singer, o aumento de mulheres na agricultura verificado pelos censos foi de 427%. A primeira hipótese suscitada pelo autor para explicar a discrepância é a de que, em 1920, as mulheres foram severamente subenumeradas. Essa negligência numérica se relaciona à explicação de que a classificação das mulheres nos censos depende da interpretação de uma frágil fronteira entre o emprego passível de identificação e o trabalho formal. Interpretar essa fronteira envolvia tanto os que respondiam às perguntas, quanto aqueles que as faziam, o que significa dizer que, da parte das mulheres, entender-se incorporada a uma atividade econômica seria um ato sintomático das representações da época sobre o papel que desempenhavam na sociedade (Maruani e Meron, 2016:61; Guimarães e Brito, 2016).

Para as décadas posteriores, o total de mulheres no setor equivalia ao de homens, mas, em 1920, essa tendência não foi verificada. Se comparado ao censo agrícola, que não sofre do viés da natureza do trabalho ou de atividade principal exercida para quem vive no campo, a discrepância diminuiu, a partir dos cálculos de Singer, ainda que seja possível atestar o aumento delas em 40,5% entre 1920 e 1940.

Por outro lado, Paul Singer conjectura que o aumento da participação feminina no trabalho agrícola teve relação com a estrutura fundiária. Considera ele que o trabalho desempenhado por mulheres na agricultura é combinado com outras tarefas domésticas, tornando seu aproveitamento maior nas pequenas propriedades. O aumento da superfície do campo, que triplicou entre 1920 e 1940 (de 648.153 para 1.904.589 hectares), reforçaria a hipótese de que houve aumento concreto da participação feminina no trabalho agrícola. Soma-se a isso o

Tabela 2. **Estrutura setorial e por sexo da força de trabalho no Brasil** (números absolutos e porcentagens)

	1920		1930		1940	
	HOMENS	MULHERES	HOMENS	MULHERES	HOMENS	MULHERES
Rural e agrícola (primário)	5.769.100 75%	607.800 42,4%	8.326.100 70,7%	3.481.100 70,2%	9.495.900 66%	3.121.800 64,2%
Indústria de extração mineral, transformação, construção e serviços de utilidade pública (secundário I)			1.239.900 10,5%	298.300 6%	2.033.600 15%	393.800 8,1%
Serviços de reparação (secundário II)			236.900 2%	384.400 7,8%	428.300 2%	243.400 5%
Secundário I + II	834.300 11%	448.500 31,3%	1.473.800 12,5%	686.700 13,8%	2.461.900 17%	637.200 13,1%
Serviços de produção	724.600 9,4%	26.500 1,9%	1.206.200 10,2%	68.400 1,4%	1.640.500 11,3%	130.600 2,7%
Serviços pessoais, serviço doméstico e profissões liberais (serviços de consumo individual)*	167.700 2,2%	309.800 21,6%	327.500 2,8%	586.600 11,8%	383.000 2,6%	696.800 14,3%
Administração pública e atividades sociais (educação, saúde, previdência social) (serviços de consumo coletivo)*	199.200 2,6%	41.400 2,9%	445.800 3,8%	136.300 2,8%	590.600 4,1%	275.900 5,7%
Comércio, transportes, comunicações e serviços de produção (terciário)	1.091.500 14,2%	377.700 26,4%	1.979.500 16,8%	791.300 16,8%	2.614.100 18%	1.103.300 22,6%
Outros		407.200	113.000	–	–	–	–
Total (100%)	7.691.900	1.434.000	11.779.400	4.959.600	14.571.800	4.861.800

Fonte: Madeira e Singer (1973:13, 16).

* A subdivisão em serviços de consumo individual e coletivo foi calculada por Paul Singer e Felícia Madeira; foi elaborada por ter relevância no estudo da força de trabalho feminina porque "permite saber quantas mulheres estão nos setores produtivos e nos setores não produtivos", como o trabalho doméstico.

fato de que quase 70% das mulheres rurais estavam concentradas em propriedades pequenas, de menos de 100 hectares. Um terço dos trabalhadores rurais, consistentemente constituídos por mulheres, não era assalariado (Madeira e Singer, 1973:24-25). A proporção entre homens e mulheres no campo foi regularmente subestimada em censos produzidos antes de 1960. A pergunta realizada pelas enquetes ignorava a produção exercida por boa parte delas, a exemplo do trabalho realizado em pequenas hortas e na criação de animais de menor porte, uma vez que se registrava apenas se elas exerciam ou não atividade remunerada, deixando de lado uma parte do trabalho realizado e que fazia parte do sustento da família (Madeira e Singer, 1973:5).

Ao aproximar os critérios dos censos e agregar quesitos de natureza similar, Paul Singer e Felícia Madeira atestaram que o emprego feminino cresceu significativamente entre 1920 e 1940: na ordem de 53%. O crescimento se explica pelo aumento, em geral, de componentes da força de trabalho do país. Ainda que em quase todos os setores na tabela 2 se note uma redução proporcional da participação de mulheres, é o total delas na força de trabalho que passa pela variação, principalmente no setor secundário. A taxa acentuada de mulheres no setor industrial de reparação revelava justamente a presença delas no trabalho de costureiras e bordadeiras, em indústrias domiciliares ou por conta própria, atividades nas quais elas encontravam maiores chances de conjugar o trabalho remunerado com o trabalho de limpeza e de cuidados. A baixa participação feminina, verificada em 1940, seria resultado do desenvolvimento industrial em substituição às produções artesanais. Outro aumento significativo da participação das mulheres fica por conta do setor de serviços de transportes e comunicação, destacadamente aqueles em atividades de intermediação que envolvem comércio de mercadorias.

A presença de meninas de 15 anos nos empregos urbanos era de 9%, em 1920, subindo para 12,4% em 1940, obedecendo, para os dois períodos, a tendência de diminuição da presença de mulheres no trabalho remunerado com o avançar da idade. Paul Singer e Felícia Madeira suspeitaram que o casamento e a chegada dos filhos as retiravam dos postos remunerados mais que os homens jovens. A mesma suspeita foi alimentada por uma pesquisa de menor escopo realizada em 1935 pela Escola Livre de Sociologia e Política de São Paulo. A análise de condições de vida de 221 famílias que viviam na capital do estado mediu que a quantidade de meninos e meninas na mesma faixa salarial era mais equivalente do que em relação a homens e mulheres (tabela 3). Enquanto o número de homens nas faixas salariais mais altas aumentava com a idade, o de mulheres diminuía.

De acordo com essa amostra, os rendimentos obtidos por um dia de trabalho dos homens chegavam a ser 60% maiores do que os das mulheres. A diferença salarial entre homens e mulheres variava bastante de acordo com o ramo, atingindo a marca de 84% no setor de confecções de roupas. A desigualdade de rendimentos por sexo também se mostra maior entre adultos e adultas do que entre as crianças, cujas faixas de ganho são consideravelmente mais próximas, principalmente, na indústria têxtil.

Tabela 3. **Renda diária e por hora de adultos e menores por sexo (São Paulo, 1935)**

POR DIA					POR HORA			
	HOMENS	MULHERES	MENINOS	MENINAS		HOMENS	MULHERES	MENINOS	MENINAS
Menos de 3$000	2	3	10	10	Entre $300 e $500	6	3	16	16
Entre 3$000 e 5$000	9	14	18	17	Entre $600 e $860	24	15	8	3
Entre 5$000 e 7$000	23	12	11	17	Entre $900 e 1$100	34	1	4	1
Entre 7$000 e 9$000	36	7	6	4	Entre 1$200 e 1$400	19	1	0	1
Entre 9$000 e 11$000	28	4	0	1	Entre 1$500 e 1$700	12	1	0	1
Entre 11$000 e 13$000	15	1	0	0	Entre 1$800 e 2$000	9	–	0	0
Mais de 13$000	15	2	1	0	Entre 2$100 e 2$600	3	–	0	0

Fonte: relatório do inquérito que a Escola Livre de Sociologia e Política realizou sobre 221 famílias operárias na cidade de São Paulo (*Boletim do Ministério do Trabalho*, n. 10, 1935, p. 87).

A classe operária tem dois sexos

Tabela 4. Diferença salarial entre homens e mulheres e meninos e meninas no ano de 1920

Ramos industriais	Salário médio diário					
	HOMENS	MULHERES	DIFERENÇA %	MENINOS	MENINAS	DIFERENÇA %
Têxtil	5$329	3$738	43	1$973	1$994	-1,1
Alimentação	5$111	2$957	74	2$004	1$858	7,88
Confecções	6$712	3$652	84	2$174	1$885	15,35

Fonte: adaptada de Brasil. Diretoria Geral de Estatísticas, Recenseamento, 1920, v. 2, parte 2, XCIII. Ver Pena (1981:123); Hahner (2003:223).

Das 221 famílias estudadas pela Escola Livre de Sociologia e Política, 48 criavam galinhas e cultivavam pequenas hortas, mesmo vivendo na cidade, e os frutos desses cultivos foram declarados como considerável fração da alimentação consumida por seus membros. A maior parte delas relatou criar mais de 10 galinhas ao mesmo tempo, o que significa dizer que era requerida certa quantidade de trabalho na criação e na manutenção dos animais e isso deveria ser exercido pela própria família, a compor, então, a lista de tarefas domésticas a serem executadas pelos membros que passavam mais tempo em casa, como era o caso de mulheres e crianças. Mesmo com o acúmulo de tarefas, o ganho mensal das mulheres que compunham as famílias da pesquisa, ainda que os setores de alocação não fossem especificados, poderia atingir 126$000 mensais, para uma jornada de nove horas diárias.[12] A marca de rendimentos era compatível com o salário-base inicial de uma moça carioca que trabalhasse nas empresas de telefonia ou no comércio, no mesmo período.[13]

---

12. Relatório do inquérito que a Escola Livre de Sociologia e Política realizou sobre 221 famílias operárias na cidade de São Paulo. *Boletim do Ministério do Trabalho*, n. 10, p. 87, 1935.
13. De acordo com Clodoveu Doliveira, as vendedoras chegavam a ganhar 6$000 por dia de trabalho no comércio e as telefonistas, 120$000 mensais (Doliveira, 1933:131, 163).

O serviço doméstico foi contabilizado na tabela 2 no setor em que a maior parte dos ocupados é constituída por mulheres. Por mais que o trabalho doméstico remunerado seja tratado pelas ciências econômicas como ocupação não produtiva, pois seu resultado seria consumido unicamente pelos membros da família, Paul Singer foi um dos estudiosos que sempre reconheceu esse serviço como parte da força de trabalho, mesmo considerando o obstáculo real a esse reconhecimento: censos e estatísticas não eram sensíveis a discernir qual atividade exercida pelas mulheres era a principal (Singer, 1970:19). A conciliação entre os censos de 1920 e 1940 demonstra que o número de trabalhadoras domésticas tinha a tendência de crescer – contavam-se 363.879 pessoas nessas funções, em 1920, e 20 anos mais tarde, eram 557.294. O setor, para 1920, reunia 4% do emprego total (Singer, 1970:59-60). A contagem do Departamento Estadual do Trabalho (DET) encontrou, em 1935, 134.352 pessoas na força de trabalho em São Paulo, das quais 43.120 eram mulheres e 63% delas tinham entre 14 e 18 anos. Do total, a maior parte estava empregada em indústrias manufatureiras e 2.975 mulheres estavam empregadas no serviço doméstico.[14]

A segmentação por sexo no mercado de trabalho brasileiro, nas primeiras décadas do século XX, pode ficar mais evidente por meio dos indicadores aqui apresentados: mulheres rurais e urbanas exercem atividade remunerada de modo a manter em dia suas tarefas domésticas de limpeza e de cuidados, com rendimentos mais baixos. Os postos mais qualificados, que requeriam maior instrução, eram ocupados por homens, ainda que se verifique uma absorção crescente delas tanto na educação quanto na força de trabalho em geral. O trabalho doméstico remunerado é função exercida essencialmente por mulheres, e a contagem dos postos desse setor depende da declaração delas e da intenção de se reconhecer a atividade econômica principal das mulheres, podendo ter atingido marcas maiores do que aquelas apresentadas pelos censos oficiais. Para Eva Blay (1978),

---

14. Dados do DET foram publicados no *Boletim do Ministério do Trabalho*, n. 14, p. 395,1935.

esses indicadores forneceram um quadro preciso de como as sociedades capitalistas impetram dispositivos para manter as mulheres no "exército de reserva", formando uma nova visão da divisão social do trabalho que tem o sexo como critério de distinção.

Esses indicadores demonstram a segmentação do mercado de trabalho – a classe operária tem dois sexos.[15] Entretanto, a instalação de uma ordem social não se dá sem negociações e conflitos capazes de mudar o curso planejado pelas instituições. A explicação de exclusão das mulheres baseada na implantação da legislação trabalhista e na cassação do autonomismo do movimento operário por um Estado autoritário deixa de lado a história que as próprias mulheres construíram para si – em quais greves se engajaram, como se articularam com o nascente feminismo brasileiro, que correntes políticas bradaram sobre a opressão vivida e como o Estado e os empresários reconheceram nas trabalhadoras uma força a ser considerada na organização social. A reboque, essa explicação contribui para perpetuar a noção de que a classe trabalhadora havia faltado na emergência de um movimento feminista, exclusivo das elites letradas e financeiras. Por consequência, os marcos conhecidos e celebrados do movimento brasileiro são quase que exclusivamente ações de mulheres das altas classes sociais.[16]

---

15. Elisabeth Souza Lobo (1991). A autora analisou a segmentação por sexo no mercado de trabalho brasileiro para os anos 1970 e 1980. Entretanto, seus estudos configuraram um marco na sociologia do trabalho brasileira e não apenas tornaram visível a organização política das mulheres em reivindicações e greves, como trouxeram à tona a experiência das trabalhadoras do período. Sua contribuição permitiu avançar sobre a noção de que não é o estágio das forças produtivas que determina a subordinação das mulheres, mas as próprias relações de trabalho. Na história social, as relações entre gênero e classe foram abordadas por Isabel Bilhão e Joan Bak ao se debruçarem sobre as greves do começo do século XX em Porto Alegre. Ver Bilhão (2008); Bak (2000).
16. É possível comparar essa consequência ao que aconteceu nos Estados Unidos nos anos 1930. De acordo com Dorothy Sue Cobble, certa teleologia perpetrada por um grupo de feministas cuja luta se concentrava na neutralidade de gênero e por equidade de direitos "eclipsou" as trabalhadoras que se dedicavam nas trincheiras por leis específicas para as mulheres. Esse aspecto será aprofundado adiante, mas desde já contribui para problematizar marcos de correntes tidas como "vencedoras" na construção de narrativas sobre lutas sociais (Cobble, 2004:6).

Um desses marcos é a fundação da Federação Brasileira pelo Progresso Feminino, em 1922. A periodização sugerida por estudos de história e de ciências sociais demarca os diferentes momentos do feminismo por meio de "ondas", e a fundação dessa entidade corresponderia à "primeira onda", quando a organização feminista se concentraria em conquistar o sufrágio das mulheres.[17] Até os dias de hoje, a história contada sobre elas procura compreender como um movimento desse caráter pretendia lutar pelos direitos das mulheres sem alterar os direitos dos homens, atuando por dentro das instituições governamentais. A explicação encontrada varia entre tratá-las como um "feminismo difuso", ou ainda como um "feminismo tático".[18] Essas qualificações denotavam análises que esperavam, mas não encontraram, a plenitude da autonomia feminista nos seus "primórdios". De acordo com esse modelo, a "segunda onda" viria apenas muito tempo depois, nos anos 1960, fruto da "efervescência política do período" a problematizar os papéis públicos e privados das mulheres. Até mesmo para a "terceira onda" – um movimento a questionar as identidades diversas que compunham o feminismo, o elemento ausente seria a luta das mulheres no mundo do trabalho. É claro que as tensões das relações de trabalho compuseram os diversos momentos do modelo, mas a separação por "ondas" costuma eleger marcos que devem ser considerados hegemônicos a cada período, com base no modelo aqui apresentado. O questionamento sobre o uso da metáfora das ondas tem sido cada vez mais frequente por considerar que a periodização entrincheira a percepção de um feminismo singular

---

17. Esse modelo é adotado por diversos estudos e pesquisas a partir de Pinto (2007). Ver também Mattos (2010). A periodização do feminismo em ondas é também absorvida por Hobsbawm (1994).
18. O feminismo difuso seria composto por mulheres das classes altas que atuavam na imprensa feminista alternativa dos primeiros anos do século XX e está em Pinto (2007:15). O "feminismo tático" era exercido pela FBPF, que aproveitava ocasiões e possibilidades oferecidas pelas classes dominantes para garantir o exercício da cidadania (Soihet, 2006:28).

em que gênero é a categoria predominante de análise, deixando subsumidos os conflitos de raça e de classe.[19]

A classificação do movimento feminista também compôs as pesquisas que destrincharam a existência dos circuitos do patriarcado na história do Brasil, e boa parte do que se encontrou até agora versa sobre um sistema de gênero que excluía as mulheres e as mantinha confinadas nas funções domésticas e familiares. Entretanto, a suposta passividade delas, por estarem, talvez, ausentes das grandes greves, por serem excluídas de sindicatos e partidos, não é suficiente para compreendermos também por que o mundo mudou tanto para as mulheres em todo século XX. A ausência numérica de mulheres nas instituições não desembocou numa total indiferença de gênero nas barganhas coletivas e políticas ou manteve intactas as ordens social e econômica.[20]

"Nem passivas, nem submissas", nas palavras de Michelle Perrot (2005:152). A história da luta por direitos das mulheres no Brasil pode contribuir para se compreender que a agitação promovida por elas no chão de fábrica brasileiro influenciou partidos e movimentos sociais, bem como a formulação das leis, e ainda criou um repertório de ações praticadas pelo empresariado brasileiro na medida em que implementaram benefícios a compartilhar a maternidade e o cuidado com as crianças.

Por outro lado, não bastaria aqui lhes atribuir agência. Como afirma Barbara Weinstein (2004) num estudo sobre a alta participação das mulheres no levante paulista de 1932, a simples entrada delas na vida pública não deveria ser vista como um aspecto "automaticamente progressista".[21] Essas reflexões favorecem uma compreensão maior de

---

19. Para outros questionamentos sobre o uso da metáfora de "ondas", ver Laughlin et al. (2010).
20. Dorothy Sue Cobble adotou essa hipótese para tratar da história dos direitos das mulheres nos Estados Unidos depois dos anos 1930. Ver Cobble (2004).
21. Há que se levar em conta as análises de Victoria de Grazia (1994) e Perry Wilson (1993:88) sobre a Itália fascista, no momento em que se incorporavam as mulheres e suas funções familiares nos planos imperiais.

como se constroem ideias de justiça social. No começo do século XX, o que hoje podemos chamar de "discriminação" não soava como uma injustiça aos contemporâneos, e sim o oposto: o papel doméstico da mulher, sustentado por leis e direitos, formava uma visão confortável de vida familiar e ordem social. As mudanças do que significa justiça alteram as políticas existentes e são capazes de criar novas ações.[22]

A abordagem que aqui proponho para a história da classe trabalhadora, no começo do século XX, no Brasil, pode contribuir para a formulação de novas perguntas e hipóteses a fim de desvelar em que medida o Estado, a legislação e as instituições trabalharam ou foram atingidas por disputas em torno da autonomia das mulheres. As vitórias e as derrotas na luta pela capacidade delas em garantir a própria vida e o próprio sustento compõem a história que se segue.

---

22. Essas hipóteses foram acionadas por Kessler-Harris (2001:4-7).

CAPÍTULO 2

Brás do Brasil, Brás de todo o mundo

Na cidade de São Paulo, depois da crise de 1929, mulheres e homens garantiam os trabalhos nas fábricas, principalmente, nas tecelagens. O romance *Parque industrial*, assinado por Mara Lobo, é um dos tesouros disponíveis por meio do qual podemos caminhar pelas ruas do Brás e encontrar gente que veio da Itália, que nasceu no Brasil e negros e negras que ali trabalhavam e moravam. Na cena que abre o livro, todas e todos batem o pé firme em correria, a desgastar o chão para atender ao apito da fábrica. Esgueiram-se nas paredes de chapisco e, rapidamente, deixam as ruas vazias para tomar seus postos.

Mara Lobo é Patrícia Galvão, que escreveu esse romance em 1933. Ela o fez num momento em que havia sido afastada do Partido Comunista do Brasil (PCB) e, por esse motivo, fez uso de um pseudônimo. Depois de uma crise interna sobre a função dos intelectuais na organização política, a direção decidiu por "deixá-la à margem", que permanecesse apenas escrevendo. De acordo com Augusto de Campos, o partido a considerava "agitadora individual, sensacionalista e inexperiente", mas não foi possível verificar essa informação (Campos, 1982:102). A jovem de 21 anos é autora das linhas que, embora ficcionais, contam muito de como a Patrícia Galvão enxergava o mundo do trabalho na década de 1930. Um tempo depois, ela mesma diria que pretendeu produzir um "livro revolucionário" e afirmaria que não tinha confiança alguma nos próprios dotes literários (Galvão, 2005:112).[23]

---

23. Sobre a falta de confiança das mulheres em seus dotes literários, uma leitura fundamental é Woolf (1985), livro no qual a autora nos descreve a existência imaginária de certa irmã de Shakespeare. Ainda da mesma autora, ver a polêmica literária sobre a existência de uma "literatura feminina". Conferir em Woolf (2013).

Ela descreveu São Paulo como o maior centro industrial da América do Sul. Conta:

> A italianinha matinal dá uma banana pro bonde. Defende a pátria:
> – Mais custa! O maior é o Brás!
> Pelas cem ruas do Brás, a longa fila dos filhos naturais da sociedade. Filhos naturais porque se distinguem dos outros que têm tudo heranças fartas e comodidade de tudo na vida. A burguesia tem sempre filhos legítimos. Mesmo que as esposas virtuosas sejam adúlteras comuns [Galvão, 2006:17].

Por dentro da fábrica de *Parque industrial*, Patrícia Galvão conta sobre como funciona o trabalho. Ela fala sobre Bruna, que está com sono e conversando com outras pessoas quando o chefe da oficina se aproxima, "vagaroso, carrancudo":

> – Eu já falei que não quero prosa aqui! Malandros, é por isso que o trabalho não rende! Sua vagabunda!
> Bruna desperta. A moça abaixa a cabeça revoltada. É preciso calar a boca!
> Assim, em todos os setores proletários, todos os dias, todas as semanas, todos os anos.
> Nos salões dos ricos, os poetas lacaios declamam: Como é lindo o teu tear! [Galvão, 2006:19].

É bem verdade que *Parque industrial* é um romance muito mal recebido pela crítica literária, que, com frequência, atribuiu à insistência de Oswald de Andrade o feito do livro.[24] Há quem afirme que o caráter

---

24. Oswald de Andrade (1890-1954), escritor e um dos idealizadores da Semana de Arte Moderna que ocorreu 1922 em São Paulo. É tratado como um dos grandes nomes do modernismo literário brasileiro. Augusto de Campos é um dos críticos que mais insistem em desvelar a influência de Oswald, encontrando-a em quase tudo do texto de Patrícia Galvão. Ver Campos (1982:20).

militante da obra não é seu maior defeito, explicando seu mau resultado à "autora limitada".[25] A despeito de supostos xingamentos do partido ou da crítica, boa parte de seus analistas se concentra em dizer que o livro é, simultaneamente, causa e consequência do compromisso político da autora com sua organização, não raro tratando-o entre o panfletário e o enviesado por esse motivo.[26] Afora os insultos, o livro não deixa de abrir algumas portas para seu tempo e emitir alguns reflexos dele, ainda que com imperfeições.

Por meio da literatura dela, além de seus formalismos ou da suposta falta de estética, é possível acessar uma série de diálogos e interlocuções sociais. É seguro que se pode observar como a militante comunista interpretou as agruras cotidianas do mundo do trabalho. Pode-se esgueirar pelo Brás de Pagu, que além de retratar a opressão das operárias e as péssimas relações de trabalho, de quebra utilizou a literatura para alfinetar tanto o PCB sobre a participação política das mulheres quanto a pequena burguesia letrada, para ela tão distante da realidade da classe trabalhadora. Esses, sim, alguns de seus marcantes interesses (Alves, 2015:51).

Na história de Patrícia Galvão, Rosinha Lituana e Otávia se separam na porta enorme e movimentada da Fábrica de Sedas Ítalo-Brasileira:

– Chão!
 – Mesmo que custe a vida...
 – Que importa morrer de bala em vez de morrer de fome! [Galvão, 2006:29].

---

25. Esse comentário foi encontrado em uma resenha feita já em 2015 no *blog* de Bruno de Oliveira da rede mundial de computadores. Ver <https://aoinvesdoinverso.wordpress.com/2015/06/16/resenha-parque-industrial-patricia-galvao/>. Acesso em: 8 set. 2016.
26. Ver Ribeiro (2010). O compromisso com as causas sociais também aparece nessa mesma chave de crítica. Ver Oliveira (2014).

Fome, exploração e violência policial não eram mera ficção na vida da classe trabalhadora brasileira nos primeiros anos do século XX. A maior parte estava submetida a jornadas extenuantes que, em São Paulo, poderiam atingir a marca de 16 horas diárias. Com uma origem étnica variada, que em 1920 ainda contava mais da metade de estrangeiros, trabalhadores e trabalhadoras poderiam se organizar em sociedades de socorro mútuo, já que, até a República, as leis lhes negavam outras formas de arregimentação (Batalha, 2000:14-15). Sindicatos operários, pluriprofissionais e por ofício, passaram a ser mais comuns depois de 1890 e, ainda que convivessem com as organizações mutuais, se tornaram a base da organização operária na Primeira República (Batalha, 2000:17). As tentativas de uma organização sistemática eram mais constantes do que a própria duração das federações. Formou-se a Federação Operária do Rio de Janeiro em 1906 por um breve momento, retornando às atividades em 1907 até 1910, depois novamente reorganizada entre 1912 e 1917, quando foi fechada pela polícia (Batalha, 2000:19). A mais conhecida das centrais sindicais desse período foi a Confederação Operária Brasileira, criada pelo I Congresso Operário Brasileiro de 1906, com uma atuação mais presente entre os anos 1913 e 1915. Outros esforços parecidos esbarraram no mesmo obstáculo, de acordo com Cláudio Batalha (2000:20): "a ausência de uma base nacional real". Nesse quadro, não é impossível encontrar algumas mulheres que se envolveram na organização popular, mas, não raro, suas trajetórias são entendidas como casos excepcionais a destoarem de um mundo sindical tomado por homens que as manteve distantes das agremiações por quase todo o século XX.

Não dispomos de dados sobre a taxa de sindicalização de mulheres no Brasil como se pode encontrar para os Estados Unidos. As causas para isso são múltiplas e variadas, indo desde as modalidades de reconhecimento oficial dessas agremiações até os modelos de organização adotados. Assim, sugiro nos debruçarmos sobre a situação norte-americana por um momento: calcula-se que, no final do século XIX, as mulheres eram apenas 1,5% da população sindical e, em 1910, elas atingiram a taxa de 3,6%.[27] Em parte, os baixos números podem ser explicados pelo papel que as assalariadas desempenham, historicamente, no capitalismo. Entretanto, as pesquisas sobre o tema mostram também uma demarcação acentuada dos códigos de comportamento e de moralidade que derivam de um senso de família (Kessler-Harris, 2007:206). Uma pesquisa de opinião do Instituto Gallup, por exemplo, aferiu que, em 1936, 82% das pessoas, incluindo homens e mulheres, responderam que as esposas não deveriam trabalhar fora de casa.[28]

Para aprofundar os motivos de exclusão das mulheres no mundo sindical, há que se levar em conta, também, as formas de organização. Ruth Milkman elaborou estudos sobre os sindicatos americanos justamente com esse objetivo e considerou que era preciso compreender que "os sindicatos falharam ao representar os interesses das trabalhadoras ao enfrentar a desigualdade de gênero", concentrando suas forças na concepção de que o sentido desse agrupamento se concentrava na unidade de "luta contra os patrões", e não na organização de toda a classe (Milkman, s.d.). De fato, não era pouco usual encontrar documentos publicados por membros da American Federation of Labor (AFL) em que se defendia a ideia, em 1896, de que "toda mulher empregada retira um homem e incorpora um elemento inativo que fixa os salários em limites mais baixos". Samuel Gompers, um dos fundadores da referida federação, por sua vez, acreditava que não devia se "sacrificar a feminilidade" posicionando-se contrariamente à presença de mulheres nas fábricas.[29]

A noção de que as mulheres impulsionam para baixo os valores dos salários também chegou a ser argumento para justificar a organização delas em separado, em sindicatos específicos (Kersten, 2006:109). De modo geral, as disputas em torno da participação de mulheres resulta-

---

27. Para a taxa do século XIX, ver Kessler-Harris (2007:22) e para 1910, ver Kersten (2006:101).
28. A pesquisa foi citada por Kersten (2006:101).
29. O documento de 1896 foi citado por Kessler-Harris (2007:26) e o de Gompers, de 1917, foi citado por Kersten (2006:107).

ram, nos Estados Unidos, no fortalecimento de uma liga de sindicalistas que pressionava por uma espécie de *"bureau* da mulher" dentro da federação geral e que desenvolveu uma forma própria de feminismo, a colocar as necessidades da classe trabalhadora no centro de suas lutas e defender o movimento operário como um meio fundamental para melhorar a vida das mulheres (Kersten, 2006:109; Koble, 2004).

Guardadas as especificidades da história dos Estados Unidos, o fato é que as mulheres sindicalistas brasileiras também foram rotineiramente excluídas da direção (Kersten, 2006:137). Tanto lá quanto no Brasil, esse quadro só sofrerá alteração depois da II Guerra Mundial. Para maior precisão, no caso brasileiro, a entrada das mulheres no sindicato acontecerá de forma mais sistemática apenas nos anos 1990, quando a taxa de sindicalização delas chegou a 25%, apesar do fato de quase metade das brasileiras estarem empregadas em postos sem formalização (Araújo e Ferreira, 1998).

No entanto, é preciso ir além das barreiras colocadas pelos próprios sindicatos para compreender que a presença de mulheres na organização política não pode ser entendida como excepcionalidade. Com vistas a enfrentar a baixa sindicalização delas entre 1917 e 1937, e com o objetivo de envolver suas demandas e disputas, este capítulo explorará a presença delas no movimento operário tendo em vista suas pautas específicas e como essas reivindicações se inseriam na atuação política mais ampla da classe. Tratará de como as tensões do movimento de trabalhadores e a vida política, em São Paulo, afetaram a busca pelos direitos das mulheres e como se articularam com o nascente movimento feminista.

Greves, organização sindical e reivindicações

O ano de 1917 é um marco na história da classe trabalhadora da cidade de São Paulo, bem como de grandes cidades de diversas partes do mundo. Nem tudo começa em julho daquele ano. A organização operária e sindical e períodos grevistas culminaram, em 1907, na formação da

Federação Operária de São Paulo. A pesquisa de Luigi Biondi demonstrou as intrincadas relações sociais que envolviam identidade étnica e política e que compunham o cenário sindical na cidade de São Paulo nas primeiras décadas do século XX, considerando a massa de imigrantes italianos que faziam parte da mão de obra fabril e as diferentes correntes com as quais se identificavam e se organizavam – anarquistas ou socialistas (Biondi, 2011).[30] A predominância do sindicalismo revolucionário, demonstrada por Edilene Toledo desde os últimos anos do século XIX, não apagou a coexistência de outras perspectivas políticas – a autora revela as disputas e dinâmicas da história da classe trabalhadora que havia sido contada como hegemonicamente anarquista (Toledo, 2004).[31]

Entre sociedades mutualistas, combativas, políticas e de identidade étnica, organizou-se o Comitê Popular de Agitação, contra a exploração das crianças, fundado em março de 1917. Por meio de enquetes, reuniões e palestras, procurava revelar as torpes relações de trabalho a que os menores estavam sujeitos: jornadas extenuantes e graves acidentes.[32] O grupo não se reuniu sem motivo. Até mesmo nas notícias de jornais era comum encontrar casos como o de José, de 12 anos, que teve o braço esmagado por uma máquina amassadeira da fábrica de biscoitos A Fidelidade, e Henrique Guido, de oito anos, que teve os dedos decepados numa oficina da Barra Funda.[33]

A movimentação em torno do comitê colocava em jogo a retomada da organização sindical dos trabalhadores em São Paulo e nele apareciam as dissensões internas e as diferentes visões que se formavam

---

30. Ver também: Hall (1975, 2010).
31. Sobre as análises que consideram as greves dos anos de 1917 a 1920 como espontâneas e reforçam a hegemonia anarquista, ver Fausto (1979); Dulles (1977).
32. Sobre associativismo, ver Batalha (1997). Sobre o Comitê Popular de Agitação, ver Biondi (2011). As redes sociais formadas pelos italianos, que, por sua vez não dependiam exclusivamente de uma identidade étnica entraram na cidade de São Paulo nos primeiros anos do século XX são a preocupação central do livro de Luigi Biondi. Para estudos que demonstraram outras identidades étnicas e raciais no associativismo daquele tempo, ver Domingues (2007) e Hall (2010:51).
33. *O Combate*, 13 nov. 1917 e 3 jan. 1919.

sobre a organização da classe trabalhadora (Batalha, 2000:8). Socialistas e anarquistas não estavam de acordo quanto ao andamento do comitê contra a exploração de crianças – os primeiros defendiam que o Estado deveria tomar providências e apoiavam a efetivação de leis para regular o trabalho de menores, enquanto os anarquistas rejeitavam a intervenção do poder público e concentravam a atividade em agitação e propaganda (Biondi, 2011:335).

A distinção de posições, ao menos nesse momento, não foi obstáculo para a organização que tomava corpo entre mulheres e homens do trabalho nas fábricas. Trabalhadores de diversas correntes se organizavam contra a exploração desmedida e a carestia de vida, inflação e baixa qualidade dos gêneros alimentícios. Para Michael Hall (1975:404), os conflitos, que estavam tomando grandes proporções, mais se assemelhavam a motins contra a fome. Depois dos festivais do Dia do Trabalho de 1917, se formou a Liga Operária do Belenzinho, dirigida por Maria Antônia Soares, irmã de Florentino de Carvalho, escritor e anarquista. Logo em seguida, a liga se transformou na comissão organizadora de uma federação paulista, a União Geral dos Trabalhadores, que se filiaria à Confederação Brasileira Operária. Menos do que uma forma anarquista de organização a negar as corporações de ofício, a formação de ligas a partir dos bairros se mostrava como uma maneira de concentrar, numa mesma dinâmica, grupos diferentes de trabalhadores. Não raro, as ligas de bairro congregariam pessoas de uma mesma fábrica, como a Liga Operária da Mooca, fundada logo em seguida, cujos membros, em sua maior parte, eram mulheres empregadas no Cotonifício Crespi (Biondi, 2011:336-338).

Antes mesmo de o protesto social de junho de 1917 eclodir, os processos de organização sindical já estavam desenvolvidos (Biondi, 2011:336-338). As greves operárias de junho de 1917, em São Paulo, se tornariam o símbolo não só da miséria social vivida pela classe trabalhadora no período, mas também de rebeldia e revolta de mulheres e homens que compunham a força de trabalho da cidade e dos anos de guerra mundial que já pesavam sobre todos. Os conflitos propagaram-se a partir do Cotonifício Crespi, com cerca de 2 mil trabalhadores e, em pouco tempo, congregaram 50 mil pessoas numa cidade de 400 mil habitantes. A princípio, as greves, iniciadas em junho daquele ano, foram impulsionadas por anos seguidos de inflação, e, no contexto de carestia, as reivindicações eram a abolição de multas contra os trabalhadores, a regulamentação do trabalho de menores e a supressão do pagamento da comissão pró-pátria.[34] Duas operárias fizeram parte de um pequeno grupo cuja tarefa era a de informar a imprensa sobre o estopim dos conflitos visitando as redações dos jornais da capital.[35]

Naquele momento, as mulheres ocupavam quase 34% da força de trabalho, e no setor têxtil o número de empregadas superava o de homens (Pena, 1981:150). Na Fábrica de Fósforos Pauliceia, os trabalhadores chegavam a receber diárias de 4$000, mas havia lá 100 mulheres empregadas que não recebiam mais que 1$800 por dia.[36] As condições de trabalho, generalizadamente péssimas, e a mão de obra infantil, também largamente utilizada, não teriam fim com a vitória da greve: em 1925, as trabalhadoras da Mariângela afirmaram que os homens recebiam de 7$000 a 9$000 por dia e as mulheres, entre 4$000 e 5$500; as crianças, a maior parte delas, meninas, na tarefa de cuidar das espulas (grandes carretéis de linha que abastecem os teares), ganhavam entre 1$500 e 2$000.[37]

Com a deflagração da greve, a polícia igualmente se mobilizou, e as pressões, muitas vezes exercidas a pedido dos donos de fábricas, resultaram em investigação de ativistas, repressão de algumas lideran-

---

34. Desconto no salário de trabalhadores italianos para contribuírem com o Comitê Italiano Pró-Pátria no intuito de enviar donativos à guerra. No estado de São Paulo, no período, havia 1.500 famílias italianas que tinham ao menos um componente no *front* de guerra. Donos de fábricas de grande e pequeno portes organizavam o recolhimento e o envio de donativos (Biondi, 2011:328). Para Michael Hall (2010:51), a cobrança da comissão era um forte elemento da tensão existente entre imigrantes italianos e industriais da mesma origem.
35. *Correio Paulistano*, 30 jun. 1917.
36. *O Combate*, 13 jul. 1917.
37. Matéria publicada no jornal *A Classe Operária*, em 1925. Ver Hall e Pinheiro (1979:127-130).

ças, fechamento de reuniões e até assassinato de trabalhadores, como o de José Gimenez Martinez, sapateiro, anarquista, com 21 anos.[38] Em meio aos conflitos, o secretário de Justiça do Estado de São Paulo, Elói Chaves,[39] estabeleceu diálogo direto com os donos de fábricas, ao passo que se formava o Comitê de Defesa Proletária, que coordenava a greve geral e era composto por militantes político-sindicais; não faziam parte dele as comissões de grevistas (Biondi, 2011:347). Das pautas conduzidas pelo Comitê de Defesa Proletária constavam: abolição do trabalho noturno para as mulheres, direito de greve e reunião, abolição da exploração do trabalho de menores de 14 anos, ganhos salariais, jornada de trabalho de oito horas, acesso à alimentação e moradia.[40] Essa seria a primeira vez em que a abolição do trabalho noturno das mulheres aparecia como uma reivindicação nas greves do ano de 1917.

A imprensa passava a falar do trabalho das mulheres em fábricas com mais assiduidade. A maior parte dos editoriais abordava o assunto sem remeter ao que pensavam as mulheres presentes no**s** protestos que se iniciavam. Para *O Combate*, a questão tinha uma face higiênica e outra financeira. Defendia a limitação do trabalho das mulheres para evitar o "sofrimento da prole" e porque, "sem a concorrência das mulheres e das crianças", os homens encontrariam mais postos de trabalho, mais bem remunerados. Nas notícias, a imagem que se desenhava era a de que "as mulheres se prestam mais facilmente às explorações dos patrões que lhes pagam misérias a que operários conscientes não se sujeitariam".[41] Por esses motivos, defendiam abertamente que o governo cumprisse a lei que proibia o trabalho de menores de 14 anos

---

38. *O Combate*, 10 jul. 1917; Batalha (2000:42-43).
39. Elói Chaves (1876-1964) foi industrial e parlamentar. Durante o governo de Altino Arantes (1916-1920), foi secretário de Negócios da Justiça e esteve também à frente da Secretaria de Segurança Pública. Foi deputado federal pelo Partido Republicano Paulista (PRP) entre 1919 e 1930. Em 1921, fez a proposição da lei de caixas de aposentadoria e pensões que foi aprovada e promulgada como Decreto nº 4.682, de 24 de janeiro de 1923, que ficou conhecido como "Lei Elói Chaves".
40. *O Combate*, 12 jul. 1917.
41. *O Combate*, 18 jul. 1917.

e que velasse pelo impedimento das mulheres "se entregarem aos serviços noturnos".[42] O artigo se referia aos códigos sanitários aprovados e reformados, em 1893 e 1896, no estado de São Paulo, e que estabeleciam a proibição dos menores trabalharem em fábricas, mas que, por falta de fiscalização e inspeção, eram cotidianamente burlados e ignorados.[43] A falta de familiaridade com o Código Sanitário apareceu até mesmo na fala do presidente do estado, Altino Arantes. No calor dos protestos sociais, ele teria afirmado "não estar bem lembrado se as reclamações dos operários sobre o trabalho noturno de menores de 18 anos tinham apoio na lei".[44]

Depois da intermediação da imprensa, o Comitê de Defesa Proletária, o poder público e os empresários conseguiram atingir uma base de acordo que consistia em: reconhecimento do direito de reunião, aumento salarial de 20%, libertação de presos e proibição de demissão de grevistas (Biondi, 2011:347). As agitações não estavam terminadas e ainda se alastrariam por Campinas, Santos e Jundiaí.[45]

A manhã de 17 de outubro de 1917 começou com uma paralisação numa das fábricas de Matarazzo, a Mariângela. A notícia veiculada informava que as operárias do ramo têxtil reivindicavam aumento de 20% nos salários em atitude pacífica.[46] O padrão de mulheres "fura-greves" que o jornal havia tentado formular não encontrava respaldo nas suas próprias notícias. Os "fura-greves" denunciados na paralisação da Malharia Leão eram homens que se alistaram nos postos de trabalho deixados por mulheres e meninas, em greve por serem sistematicamente abusadas pelo dono da fábrica que, por sua vez, já havia respondido a processo por desonra na polícia.[47]

---

42. *O Combate*, 18 jul. 1917.
43. Lei nº 240, de 4 de setembro de 1893, e Lei nº 432, de 3 de agosto de 1896. Ver também Lei nº 2.141, de 14 de novembro de 1911, que regulamentou o Serviço Sanitário no Estado de São Paulo.
44. *O Combate*, 20 jul. 1917.
45. *O Combate*, 14 jul. 1917.
46. *O Combate*, 17 out. 1917.
47. *A Plebe*, 4 out. 1919.

No mesmo ano, a fábrica Mariângela voltou a paralisar. Dessa vez, queixavam-se do mestre de oficinas que, de acordo com as mais de mil mulheres em piquete, "as desrespeita até na hora do serviço", tendo ele perdido "a devida compostura". Diante da recusa do gerente em demitir o capataz, as operárias mantiveram o protesto até a chegada do delegado, que mandou a Cavalaria para a frente da fábrica. As operárias, então, debandaram e não houve emprego de violência, de acordo com o relato do jornal, "como, aliás, era natural, tratando-se de moças".[48] A Liga Operária do Belenzinho, que reunia o pessoal da fábrica de tecidos Matarazzo, se manteve mobilizada ao fim das greves de julho e decidiu lutar até que fosse demitido o revistador de peças do referido estabelecimento, conquistada a liberdade para um operário preso e permitida a falta ao emprego por motivo de doença, embora com perda dos vencimentos. Exigia ainda que ninguém fosse demitido por fazer greve e "que os patrões tratem os operários e as operárias com respeito".[49] A participação ativa das mulheres no andamento da organização se estendeu para além de julho e era constantemente atestada:

> É certo que há uma greve de operários na fábrica de tecidos de propriedade de F. Matarazzo, neste bairro e que os grevistas todos, na maioria mulheres, se utilizam da nossa sede para as suas assembleias, a fim de tratarem dos seus interesses, mas também não é menos certo que eles, até o presente, se têm conservado em atitude pacífica, sem a menor demonstração de hostilidade contra quem quer que seja.[50]

No Belenzinho, o delegado proibiu a realização de um encontro da liga, mas acabou consentindo que apenas mulheres entrassem na sede sob a vigilância de um subdelegado e dois secretas.[51] A participação das operárias era parte fundamental da negociação dos conflitos, a ponto de *O*

---

48. *O Combate*, 27 out. 1917.
49. *O Combate*, 24 out. 1917.
50. Ibid.
51. Secreta: termo que designa um agente ou um informante secreto da polícia.

Combate assim avaliar o ocorrido: "A imposição de só reunirem mulheres foi uma manobra que o delegado Bandeira de Mello pôs em prática imaginando que elas eram fracas e inconscientes, no que de todo se enganou".[52]

As operárias do Cotonifício Crespi paralisaram a fábrica por não ter sido ainda readmitido o "pessoal feminino" que havia participado do movimento de junho de 1917. Elas mesmas se dirigiram à delegacia do Brás para informar o ocorrido e pedir ainda autorização para uma reunião na Liga da Mooca, que não foi consentida. A comissão, composta por homens e mulheres, foi, em seguida, detida pelo delegado.[53]

As vitórias do movimento grevista, firmadas na base de acordo com empresários e poder público, atraíram mais adesões ao movimento, até mesmo aquelas provenientes de pequenas e médias fábricas. A nova Federação Operária do Estado de São Paulo foi criada, então, dias depois, em 26 de agosto de 1917, composta por ligas de bairro, associações por categoria e sindicatos (Biondi, 2011: 344-345). Os fins imediatos da entidade que se reestruturava foram estipulados da seguinte forma: que encarregados e gerentes respeitassem todos os operários; que se lutasse "pela igualdade dos salários das mulheres ao dos homens, e que lhes sejam garantidos o mesmo quando, no último período da gravidez ou após o parto, forem obrigadas a deixar de trabalhar";[54] que se proibisse a ocupação de menores de 14 anos. A federação também incorporou a reivindicação de pagamento de indenizações para acidentes de trabalho, regulação da jornada de trabalho em oito horas, extinção das horas extras e a supressão do trabalho noturno, salvo nos vapores, hospitais ou outros estabelecimentos em que este fosse de absoluta necessidade pública.[55] Dessa vez, a proibição do trabalho noturno aparecia como reivindicação a atingir homens e mulheres.

As bases da federação operária tinham sido moldadas a partir das resoluções dos congressos que precederam a reorganização da enti-

---

52. *O Combate*, 26 out. 1917.
53. *O Combate*, 12 dez. 1917.
54. *O Combate*, 17 ago. 1917.
55. Ibid.

dade. Em 1906, o sindicalismo revolucionário havia prevalecido nas resoluções vitoriosas em debates sobre a destruição do Estado e os perigos do reformismo (Hall e Pinheiro, 1979:41).[56] Os participantes, ao se questionar sobre "como regulamentar o trabalho feminino", consideraram que a principal causa da exploração das operárias era a falta de "coesão e solidariedade" entre elas e que, para enfrentar o problema, deveriam empenhar esforços para organizar as mulheres e torná-las companheiras de luta (Hall e Pinheiro, 1979:41). É preciso dizer que não trataram da condição da mulher que trabalha ou da regulamentação do trabalho delas, concentrando-se na organização sindical. Cabe ressaltar que o apelo para que o movimento exigisse a jornada de oito horas de trabalho motivou grandes greves na cidade de São Paulo (Hall e Pinheiro, 1979:41). O assunto das mulheres não voltou à tona no Congresso Operário de 1913, que reafirmaria os princípios do sindicalismo revolucionário.

A emergência do tema da normalização do trabalho das mulheres, nos momentos de organização sindical e grevista, apareceu numa pauta difusa. A presença delas como parte da força de trabalho e do movimento operário era difícil de ser silenciada ou apagada, mas a agenda proveniente dos momentos de mobilização não era homogênea. Mesmo em correntes opostas, algumas reivindicações ganhavam espaço, como a jornada de oito horas e o problema dos altos preços dos alimentos. A bandeira "salário igual para trabalho igual" constava dos princípios do Comitê de Defesa Proletária, e na Federação Operária de São Paulo figurava uma proposta de licença depois do parto e a proibição do trabalho noturno de mulheres. Por outro lado, ao nos determos nas reivindicações das numerosas paredes e piquetes que duraram poucos dias ou algumas horas depois de julho de 1917, é possível notar que as queixas mais comuns, mesmo em fábricas com grande número de mulheres empregadas, eram relacionadas a abusos dos mestres e aumento de salários. A greve do dia 30 de junho de 1917, na fábrica Mariângela,

---

56. Sobre a relação entre as greves de 1907 e as de 1917, ver Hall (1975:404); Aziz (2012).

reivindicava aumento de salários, fim das condições ruins de trabalho e o fim do abuso por parte dos feitores (Wolfe, 1993:16). As denúncias de abuso se tornaram frequentes na imprensa operária. "Conduta suspeita" para com as mulheres por parte de encarregados, baixos salários e jornadas de trabalho extenuantes eram as mais frequentes.[57]

As demandas a partir do cotidiano das fábricas não figuraram na pauta sistematizada pela direção das greves daquele ano. Absortas pelo sucesso do movimento, as lideranças da federação operária e do Comitê de Defesa Proletária dedicaram-se a formular resoluções e bases de acordo em itens que, para elas, levariam a sociedade a profundas transformações. Mesmo assim, em formas menos evidentes de organização, para além das barreiras colocadas pelos sindicatos, as reivindicações de direitos das mulheres tomaram maior fôlego e ocuparam sistematicamente a arena pública.

A organização social das mulheres

As ligas mantiveram-se fortes e atuantes nos tempos que se seguiram à mobilização de julho. Em reunião no Brás, discutiram o aumento de salário consentido pela Fábrica de Tecidos Ítalo-Brasileira,[58] todavia, ao menos naqueles dias, parecia mais fácil obter aumento de vencimentos que demitir um mestre de oficina que faltasse com o respeito ou praticasse atos tidos como imorais. À frente da liga do Belenzinho, um comitê formado por 10 tecelãs comandava uma reunião ordinária que combinava a organização de evento festivo.[59]

Reivindicar respeito, que bem poderia ser uma referência a abusos sexuais cometidos por feitores e capatazes, tinha mais valor e estava mais ligado à experiência de classe das mulheres do que, até mesmo,

---

57. *A Plebe*, 18 ago. 1917.
58. *O Combate*, 14 ago. 1918.
59. *O Combate*, 5 jul. 1918.

aos ideais de igualdade e emancipação, ao menos entre anarquistas. Maria Antônia Soares, ao tentar desvendar a forma de "outorgar a verdadeira emancipação" às mulheres, nas colunas de *A Plebe*, afirmou que não bastava a independência econômica, nem a instrução, nem governo, sequer a igualdade de salários ou a liberdade. O voto, para ela, deixava esse conjunto de soluções ainda menos completo: "Esta coisa, que bastaria, por si só, talvez, para elevar moralmente a mulher e emancipá-la é o respeito".[60]

Não era raro que os jornais retratassem a atividade das ligas nos anos que se seguiram com destaque para participação de mulheres. A disputa interna ao movimento operário e a pressão exercida pelos poderes públicos, somada à repressão policial, conduziram a organização para sindicatos de ofício, mas as ligas não acabaram da noite para o dia (Biondi, 2011:354).[61] O aniversário de 1918 da Liga Operária do Brás contou com a presença de "numerosas e gentis senhoritas"[62] e comemorou a vitória do pleito por aumento de salários.[63] A Liga Operária da Mooca sempre convocava membros de "ambos os sexos" para as reuniões.[64] As ligas se fundaram com princípios da Associação Internacional dos Trabalhadores (AIT) calcados na ideia de que a

---

60. *A Plebe*, 27 nov. 1920. Ainda que a colaboração de mulheres fosse pouco frequente nesse periódico, Maria Antônia Soares, da Liga Operária do Belenzinho, era a assinatura feminina mais assídua. Ela teria também colaborado para o jornal *O Grito Operário*, ligado aos operários da construção civil, entre 1919 e 1920. Em 1921, recebeu um artigo em sua homenagem assinado pelas iniciais "I. R." ressaltando sua trajetória heroica por "reclamar para o homem a nobilitação ao trabalho e aos prazeres da vida na equidade" (*A Plebe*, 12 mar. 1921). Em outros artigos, Maria Antônia Soares retomou a importância da educação formal de mulheres como incremento para a emancipação de toda a classe trabalhadora. Sobre isso, ver Macedo (2003).
61. A Liga Operária da Água Branca e a Liga Operária da Lapa, de acordo com Luigi Biondi, que reuniam trabalhadores da São Paulo Railway e membros de sindicatos de ofício, mantiveram suas atividades durante os anos 1930. Ver Arquivo do Estado de São Paulo (Aesp). Delegacia Estadual da Ordem Política e Social de São Paulo (Deops). Relatório de secreta. Informe Reservado. União dos Operários em Fábricas de Tecido [1929-1934]. Prontuário 0124/924 v. 1.
62. *O Combate*, 2 ago. 1918.
63. *O Combate*, 14 ago. 1918.
64. *O Combate*, 13 set. 1918.

emancipação deveria ser feita pelos próprios trabalhadores e de criar bases para a formação de uma grande associação operária de resistência (Lopreato, 2000:100).⁶⁵ A primeira liga havia se constituído na Mooca, meses antes do estopim da greve geral, já com centenas de membros. Na sequência, organizaram-se trabalhadores do Belenzinho e depois foram fundadas as ligas da Lapa, Água Branca, Brás, Cambuci, Bom Retiro, Vila Mariana e Ipiranga (Lopreato, 2000:101).

A participação das trabalhadoras na organização operária de 1917 é reconhecida em muitas pesquisas. A presença feminina era um dado em organizações por setores onde as mulheres eram destacada maioria: em 1912, mulheres e meninas compunham quase 72% da força de trabalho do setor têxtil.⁶⁶ Dessa forma, era de se supor um número grande de mulheres na Liga Operária do Ipiranga, que contava com cerca de 3 mil membros, sendo que 1.800 deles trabalhavam na fábrica de tecidos Nami Jafet (Biondi, 2011:349). A atuação das ligas se alimentava da atividade das comissões de fábricas e as pautas eram conduzidas de acordo com o cotidiano de trabalho.

Outras categorias, com considerável número de mulheres, ganharam força na organização operária durante os anos que se seguiram às greves. As cigarreiras, "maioria composta de pobres moças indefesas", definidas em A Plebe como uma das mais "exploradas da família operária", se organizaram em sindicato em 1919, e a negociação que entoaram com os patrões resultou em aumento de salário.⁶⁷ Uma parte das trabalhadoras exercia seu trabalho remunerado nas chamadas "indústrias domiciliares", unidades produtivas domésticas compostas, por exemplo, por costureiras, geralmente sujeitas a condições de trabalho nada parecidas com as das fábricas e quase desconhecidas do Estado. Ainda que nesses termos, em 1923, organizaram-se na União das Costureiras, sendo que

---

65. A Associação Internacional dos Trabalhadores, também conhecida como Primeira Internacional, foi fundada em 1864 e organizava operários de diversos países.
66. *Boletim do Departamento Estadual do Trabalho*, n. 2, v. 6, p. 138-139, 1913.
67. *A Plebe*, 12 jul. 1919.

desde 1919 estiveram reunidas na União das Costureiras e Alfaiates.[68] Em 1921, as costureiras capitanearam curso de instrução para todas as operárias femininas por acreditar que a emancipação da mulher na sociedade seria proveniente da educação e do fim do analfabetismo.[69]

Esforços parecidos, no sentido de promover a instrução das mulheres, foram colocados em prática pelo Centro Feminino Jovens Idealistas, que tinha ligação direta com as ligas operárias e de bairros. Com o objetivo de "proporcionar às operárias a oportunidade de conseguir uma situação despida de falsos tradicionalismos e preconceitos sociais", abriram duas escolas gratuitas, uma delas na rua Joli, no Brás, onde se concentrava um complexo de fábricas têxteis.[70]

Por meio das ligas ou fora delas e dos sindicatos, a participação das mulheres na força de trabalho e na organização social, dita enfraquecida por alguns, se alastrou pelos anos 1920. A atenção dos donos de fábricas foi permanente: houve greve na fábrica Paulistana, em 1921, na fábrica Ipiranga, em 1923, e algumas paralisações nos demais estabelecimentos. Diante desse estado de mobilização, os empresários travaram uma aliança forte e contínua com o aparato policial e com o poder público. Na Companhia Fabril Paulistana, 12 mulheres foram demitidas por praticar agitação política entre as trabalhadoras em virtude da última greve realizada.[71] Em São Bernardo, mais 12 perderam seus postos de trabalho pelo mesmo motivo.[72] A organização patronal mantinha olhar diligente sobre elas.

Como um dos resultados das greves de 1917, além do marco que significou para a classe trabalhadora, a classe patronal também passou a se organizar sistematicamente para evitar suas perdas financeiras e exercer pressão de forma mais contundente sobre os governos do

---

68. *A Plebe*, 21 jun. 1919, 16 out. 1919 e 18 jun. 1921. Sobre a fundação da União das Costureiras, cf. *A Plebe*, 4 ago. 1923.
69. *A Plebe*, 25 jun. 1921.
70. *A Plebe*, 11 set. 1920.
71. Arquivo Edgar Leuenroth (AEL). Circular Cift nº 26, 8 de junho de 1921.
72. AEL. Circular Cift, nº 106, 26 de maio de 1922.

estado e federal, principalmente naquilo que dizia respeito à aprovação de leis sociais. Dessa forma, o Centro dos Industriais de Fiação e Tecelagem (Cift), fundado em 1919, promovia debates sobre organização do trabalho, tarifas, impostos e o próprio movimento operário, por meio de suas circulares que tramitavam entre todos os donos de fábrica filiados à entidade.[73] O Cift mantinha sólida parceria com a polícia na vigilância de quem se projetava como "subversiva" ou "indesejável", muito antes mesmo da fundação da Delegacia Estadual de Ordem Política e Social (Deops), em 1924. Entre as "indesejáveis", figurava a operária Maria Teófilo, expulsa da fábrica Mariângela em 30 de abril de 1920, que logo foi trabalhar na fábrica Lusitânia e também foi de lá demitida por "atos reprováveis".[74] Maria Teófilo e diversas outras pessoas compunham listas detalhadas de trabalhadoras e trabalhadores que circulavam entre os donos de fábricas com o objetivo de evitar a recontratação desses "indesejáveis". Eram inclusive monitoradas aquelas que realizavam pequenos furtos ou entravam em confusão com colegas de trabalho, mas não seria possível aferir a justiça das acusações apenas pela fonte produzida pelo patronato que, vez ou outra, poderia considerar adequado demitir alguém por furto ou briga na intenção de se ver livre de um elemento agitador (Ribeiro, 1988).[75] Apenas para o ano de 1925, a lista de "indesejáveis" contém 36 nomes e, desses, 35 são acusados de roubo ou furto. Do total de demissões, constam 22 mulheres.

João Marinho Moura, Beatriz Sanches e Stella Polloni foram nomes que circularam entre os donos de fábricas como "maus elementos", "operários péssimos que chegaram ao extremo de parar máquinas em

---

73. Reproduções das circulares do Centro dos Industriais de Fiação e Tecelagem encontram-se no Arquivo Edgar Leuenroth como parte da coleção História da Industrialização no Brasil. Sobre a organização patronal, ver Lima (1992).
74. AEL. Circular Cift, nº 19, 21 de junho de 1921.
75. Nem só a carestia de vida explica o surrupio de mercadorias. Roubos, furtos, embriaguez podem ser elementos para a compreensão de uma cultura de classe. Uma análise acerca de portuários em Hamburgo, de Michael Grüttner, problematizou com sofisticação a questão. Ver Grüttner (1982).

movimento e arrastar companheiros dos seus postos de trabalho para fazê-los aderir à força ao movimento subversivo".[76]

Sabemos das greves que aconteceram nas fábricas de tecidos em 1924 mais pela leitura das circulares patronais do que pela imprensa, visto que a repressão policial cuidou de empastelar a maior parte dos jornais que circularam nos anos anteriores, impulsionando decisivamente a criação de uma polícia política a perseguir agentes organizados e militantes de esquerda dentro das fábricas.[77] Era o mesmo tempo em que as tensões entre uma parte do Exército e o governo de Artur Bernardes se agravaram. Um levante dos chamados "tenentes" tomou algumas estações de trem e eles foram violentamente reprimidos, criando um clima de terror na cidade. A insurgência dessas forças era também movida pela contestação da concentração de poder nas mãos de grupos oligárquicos que se beneficiavam da fraca presença do Estado na tomada de decisões sobre os conflitos sociais (De Decca, 1994:84).

Ainda que pouco seja possível saber acerca das mobilizações desse período e com alguma dificuldade, podemos propor uma leitura das fontes patronais a nos dizer sobre as relações de trabalho e a vida das mulheres. Naquele ano, América Montorso, urdideira (operária que trama o fio a partir do novelo) e a tecelã Ersília Montorso perderam seus trabalhos da fábrica Matarazzo do Belenzinho junto com o empregado da seção de estamparia João Montorso.[78] O mesmo já havia se passado com Palmyra Caffine e Angelina Caffine, demitidas do serviço da Companhia Fabril Paulistana na mesma leva de "indesejáveis".[79] Cornelia Bagnini e Olga Bagnini foram acusadas de roubar fios em espulas e dispensadas da

---

76. AEL. Circular Cift, nº 161, 16 de dezembro de 1922.
77. Sobre greve geral em 1924, ver Circular Cift, nº 283, 25 de janeiro de 1924. As relações de trabalho são acompanhadas minuciosamente pelo poder público por meio do pacto firmado entre empresários e polícia. A consolidação do pacto se deu com a fundação da Deops, em 1924, e marcará de forma indelével a existência da polícia política. Para os anos posteriores, ver Negro e Fontes (2001); Silva e Corrêa (2016:26).
78. O jornal *A Plebe* acompanhou as greves do setor de tecido. Cf.: *A Plebe*, 15 mar. 1924; Circular Cift, nº 304, 19 de março de 1924.
79. AEL. Circular Cift, nº 26, 8 de junho de 1921.

fábrica em que trabalhavam.[80] Junto com Manoel Sorita, Maria Sorita e Rosária Sorita foram desligadas da Fábrica de Tecidos São Bernardo.[81] Da fábrica Lusitânia, foram demitidas como agitadoras, na mesma feita, Benedita Cerqueira e Italgina Cerqueira, operárias maçaroqueiras (operadoras das máquinas que torcem fios). As retorcedeiras (responsáveis pelo nivelamento dos tecidos) da fábrica Mariângela, Vittoria Billot e Giuseppina Billot, assim como Ângelo Billot, ficaram sem os postos de trabalho acusadas de furto.[82] Moradoras da Penha foram desligadas do serviço de uma só vez: Creonice Ferreira e Eliza Vollo, que viviam na rua Guaiaúna, ambas na casa de número 20, acusadas de roubo junto com Maria dos Anjos, que morava no número 130 da mesma rua; Etelvina Prado Guimarães e sua filha Maria Prado Guimarães, moradoras da rua da Penha, foram demitidas da mesma fábrica Scarpa, por motivo de furto.[83] Seja fora das ligas, ou ainda dos sindicatos, a atuação das mulheres a questionar as relações de trabalho a que estavam submetidas aparecem sistematicamente em fontes cujo objetivo é policiar o que acontece dentro das fábricas. Essas fontes provêm, portanto, valiosas pistas sobre uma forma de sociabilidade largamente utilizada pelas mulheres e que não se encaixava, de antemão, nos padrões sindicais ou esperados: a família ou a vizinhança. A escolha da sociabilidade por esses dois critérios certamente promovia o conforto e alguma segurança para aquelas que tinham sua honra questionada todo o tempo, como veremos adiante.

Ausentes das fileiras sindicais, algumas dessas trabalhadoras não se fizeram ausentes das pressões por melhores relações de trabalho ou até mesmo das organizações grevistas. Uma greve que foi realizada muitos anos depois, em 1935, já numa correlação de forças que envolvia o pro-

---

80. AEL. Circular Cift, nº 41, 27 de junho de 1921.
81. AEL. Circular Cift, nº 84, 21 de janeiro de 1922.
82. AEL. Circular Cift, nº 419, 10 de fevereiro de 1925.
83. AEL. Circular Cift, nº 514, 28 de agosto de 1925. Há que se considerar que, de acordo com Maria Célia Paoli, as fábricas também se valiam das hierarquias familiares no emprego de mulheres (Paoli, 1988:184).

jeto corporativista de poder, foi deflagrada por um grupo de mulheres que envolvia duas irmãs. Ida Kenik e Helena Kenik, Maria Lopes, Anésia Lopes, Francisca Alegretti e Benta Alves foram apontadas como as agitadoras da mobilização na fábrica Fiação e Tecelagem Santo Elias, da família Calfat, que teve duração de três dias. Elas mobilizaram 300 pessoas que deixaram seus postos de trabalho por conta do mau estado dos rolos de fios que acabavam por tornar a produção mais lenta, causando perdas salariais. No registro do secreta da Deops, que cuidadosamente preencheu um documento timbrado do seu "talão de greves", elas eram as grandes responsáveis pela paralisação. A fábrica contava com aproximadamente 700 operários, sendo 400 mulheres e, de acordo com o polícia, 300 pessoas estavam em greve. A interferência amigável de um dos sócios fez com que o conflito terminasse em pouco tempo. As duas irmãs moravam defronte à fábrica e eram conhecidas dos sócios. Ao final da greve, todas foram demitidas, ainda que, no relatório do subchefe de investigação, a notícia tenha sido transmitida ao delegado da Deops com alguns nomes vertidos para o masculino: "Bento Alves", "Francisco Alegretti".[84]

O fim dessa greve de três dias na Santo Elias e o pacto entre empresários e a polícia na vigilância das relações de trabalho, já debatidos anteriormente, estavam selados com um gentil ofício assinado por "Calfat" em que agradece nominalmente aos polícias que desmobilizaram a greve dirigida pelas oito mulheres.[85]

Estado, partido e sindicato: os anos 1930

Os anos 1930 haviam sido inaugurados com o célebre episódio da tomada da Bastilha do Cambuci, quando um motim tomou de saque a delegacia da Deops. Em parte, a revolta provinha do sistema de identificação in-

---

84. Aesp. Deops. Prontuário nº 2.232, fábrica Calfat.
85. Ibid.

dividual de trabalhadores a serviço da polícia e dos donos de fábricas.[86] Dentro do movimento operário, mulheres do setor têxtil teriam mantido a organização por meio das comissões de fábrica. As greves se espalharam pelas fábricas de tecido Jaffet, Labor, Assunção e Tecelagem Santana.[87] Essas greves eclodiram face à crise econômica, que se agravara internacionalmente. Desemprego e redução dos salários tornavam as condições de vida mais difíceis; os empresários repassavam os custos da crise em forma de aumento da jornada de trabalho, que havia sido reduzida para conter estoques e produção de mercadoria, sem aumento dos salários. Esse era o quadro que moveu as mobilizações iniciadas logo após a posse do governo que havia operado a Revolução de 1930.

A chegada de Getúlio Vargas e da Aliança Liberal ao poder inaugurou o projeto de governo corporativista e de conciliação de classes, que convocava as instituições a desempenharem funções de colaboração com o governo, cujas primeiras ações foram a aprovação de decretos a regular as relações de trabalho (Araújo, 1998:161-162). As greves foram, em grande parte, vitoriosas, haja vista a conquista de ganhos salariais, e o projeto de conciliação aliancista dava seus primeiros passos ao nomear um tenentista como interventor do estado de São Paulo e trazer o PCB, que se organizava desde os anos 1920 e sofrera perseguição de diversas naturezas (Araújo, 1998:161-162).

Em meio à rearticulação política, aprovações de decretos de legislação social, revisão da lei de férias, em vigor desde 1919, e à crise econômica, as greves e a organização do movimento operário cresceram em 1932. As primeiras ações do governo de Vargas consistiram em fundar o Ministério do Trabalho, Indústria e Comércio e promulgar os decretos que instituíam juntas de conciliação de julgamento; ampliar a segurida-

---

86. O sistema de identificação não foi uniforme e era operado pela Deops, pelos donos de fábrica por meio das circulares da Cift e do banco de dados elaborado por essa entidade e pelo Departamento Estadual do Trabalho, que cobrava pelas carteiras de identificação e pretendia regular a vida profissional de cada pessoa.
87. As mobilizações também atingiram a fábrica de calçados Clark, as oficinas da Serraria Lameirão e do Gasômetro. Ver Carone (1974).

de social e estruturar um aparato de fiscalização para aplicação e cumprimento das leis, além de regular o trabalho de mulheres e crianças. O projeto envolveu ainda a lei de sindicalização que instituía o princípio da unidade sindical – segundo o qual apenas uma organização por categoria profissional seria reconhecida oficialmente –, transformava as agremiações de trabalhadores e de empresários em órgãos de colaboração do governo diretamente mediados pelo Ministério do Trabalho, que supervisionava sua existência e sua vida política.[88]

Iniciadas pelos ferroviários da São Paulo Railway, as greves desse período atingiram várias categorias e cidades do interior do estado, e a condução do movimento assumiu novas disputas que envolviam diversas correntes de esquerda (Araújo, 1998:181-251).[89] Trabalhadores do setor têxtil organizados na União dos Operários em Fábricas de Tecido (Uoft) mobilizaram mais de 15 mil pessoas, e José Righetti, principal liderança da organização têxtil, ganhou notoriedade ao organizar um grande comando de greve (Araújo, 1998:177).[90] Os trabalhadores reivindicavam, em linhas gerais, redução da jornada de trabalho, reescalonamento de turnos, pagamento adicional para horas extras e estabelecimento de piso salarial. Lutavam ainda pelo fim da caderneta de identificação aplicada pelo Departamento Estadual

---

88. Decreto nº 19.770, de 29 de março de 1931. Sobre o grande conjunto de leis aprovados nos primeiros anos de Getúlio Vargas no poder, ver Silva e Corrêa (2016:12).
89. Ângela Araújo analisou as posições políticas e sindicais assumidas por anarquistas, comunistas, trotskistas e pelos reformistas sobre a chegada de Vargas ao poder, até 1935. Sobre as mobilizações dos anos 1930, ver também Paoli (1988:161-185). De acordo com ela, foram aproximadamente 24 greves registradas em São Paulo no período entre 1930 e 1932.
90. Nascido em 1893, José Righetti foi tecelão na fábrica Votorantin, no Ipiranga. Figurou como delegado da União dos Operários em Fábricas de Tecido no III Congresso Operário no Rio de Janeiro, em 1920. Foi preso por ser considerado um "agitador popular" em 1924. Nos anos 1920, foi membro do Centro Feminino Jovens Idealistas. Em 1931, foi classificado como um "agitador de greves" e os registros afirmam que ele costumava atacar as iniciativas do Ministério do Trabalho, principalmente a lei de sindicalização. Ver Prontuário de José Righetti no Departamento de Trabalho Industrial, Comercial e Doméstico (1931) (AN. Fundo Secretaria do Gabinete Civil da Presidência da República, série 17.10. Ministério do Trabalho, lata 46, AN/RJ). É possível encontrar atividade de Righetti desde as greves de 1917, quando, preso por poucas horas, algumas operárias foram até a delegacia pedir sua soltura (O Combate, 11 set. 1917). A Uoft iria se reorganizar nesses anos 1930, mas estava em atividade desde os anos 1920.

do Trabalho e a regulação do trabalho de mulheres e crianças – pauta que compunha o programa político de greves desde 1917 (Araújo, 1998:174).

A União dos Operários em Fábricas de Tecidos começou suas atividades ainda em 1917 e se reorganizou no início dos anos 1930. Quando as greves voltaram a tomar a arena pública, a organização, representada por Righetti, foi até o Rio de Janeiro entregar nas mãos do ministro do Trabalho um memorial com as reivindicações. O detalhado documento apresentava as condições de trabalho nas indústrias têxteis, não sem antes demonstrar a força de mobilização que supunham ter: "a União, com 70.000 operários, será a maior corporação operária da América do Sul".[91] Na fábrica São Domingos, contam eles ao ministro, há apenas 15 mulheres no trabalho e cinco delas são menores de 10 anos e trabalham mais de 10 horas por dia. Na fábrica Matarazzo, as tecelãs chegavam a cuidar de seis teares automáticos ao mesmo tempo. A pauta descrevia que a proporção entre mulheres e homens nessa ocupação chegava a 85%, como na Fábrica Brasileira de Sedas, e que os patrões davam preferência à contratação de mulheres, a ponto de afirmar:

> Tendo em conta ainda que nas seções de tecelagem só aceitam mulheres, contribuindo desta forma para avolumar cada vez mais o número de homens desempregados, oferecendo assim um espetáculo ao mesmo tempo ridículo, vergonhoso e revoltante: o de ver a mulher na fábrica e o marido em casa cuidando dos serviços domésticos e levar as crianças ao portão das fábricas para serem amamentadas.[92]

A avaliação sofrida de José Righetti lamentava as tarefas de cuidados que os maridos de tecelãs tiveram, por vezes, de assumir. Para o sindicalista, os serviços domésticos e o trato com as crianças eram funções exclusivas das mulheres, tanto quanto a troca dessas funções entre homens e mulheres era concebida por ele como de menor valor,

---

91. AN. Fundo Secretaria do Gabinete Civil da Presidência da República, Série 17.10 Ministério do Trabalho, lata 46.
92. AN. Fundo Secretaria do Gabinete Civil da Presidência da República, série 17.10. Ministério do Trabalho, lata 46.

posto que não passava de algo "ridículo", "vergonhoso" e "revoltante". A noção de que existe uma massa de trabalho relegada tão somente às mulheres não era invisível a quem tivesse de lidar com o cotidiano da classe trabalhadora, mas isso não é o mesmo que dizer que havia um reconhecimento do peso que o desempenho do trabalho doméstico em cuidados e limpezas tinha na vida das mulheres. Por meio de Righetti, é possível demonstrar como relações sociais desiguais transformam diferenças biológicas em construções sociais.[93]

As pautas que a Uoft reivindicou ao Ministério do Trabalho, por ocasião daquela visita feita ao ministro no Rio de Janeiro, foram: que se aplicasse a licença-maternidade sem prejuízo de vencimentos; que fosse promovida a proteção à infância e à velhice e "que os lugares ocupados hoje por mulheres nas indústrias fossem, numa porcentagem crescente, de mês a mês, ocupados por homens, até a extinção total do elemento feminino nas indústrias".[94] Beirava o imponderável ignorar a presença das mulheres na força de trabalho, ao ponto de que quase todo o longo documento em questão versava sobre a exploração vivida por elas; de outra feita, a solução encontrada pelo sindicalista José Righetti seria a de eliminar a presença delas no mercado de trabalho formal. Certamente, a perspectiva difundida pelo tecelão pode ser uma das explicações para a baixa atuação delas dentro da Uoft: poucos registros foram encontrados para esse período, restritos à leitura de um poema por Rodolphina Augusta durante reunião relatada como "de pouca importância" por um dos secretas da Deops.[95] Em verdade, Righetti mobilizava milhares de operários de uma categoria cuja maioria era de mulheres e, mesmo assim, a direção política que assumia dialogava diretamente com toda a classe

---

93. Alice Kessler-Harris afirma que as mulheres que trabalhavam tinham de sopesar os papéis sociais e o comportamento feminino que eram esperados das mulheres com o apego primordial ao lar e à família (Kessler-Harris, 2007:32).
94. AN. Fundo Secretaria do Gabinete Civil da Presidência da República, série 17.10. Ministério do Trabalho, lata 46.
95. Aesp. Deops. Prontuário União dos Operários em Fábrica de Tecidos 0124/Sindicato dos Operários em Fiação e Tecelagem 0124/0924, v. 1.

trabalhadora, com preocupação especial para a situação dos homens. Os panfletos que tratavam dos motivos das greves de 1931 e 1932 explicavam que o grau de exploração prejudicava sobremaneira os homens, o que resultava em "um considerável número de chefes de família sem pão para seus filhos".[96] Se, por um lado, essa direção sindical considerava limpeza e cuidados como tarefas exclusivas das mulheres tecelãs, por outro, a mesma direção reforçava que o papel dos homens, como provedores familiares, era o de garantir o sustento, de modo que preservar os postos e salários deles eram formas de penhorar o bem-estar do núcleo familiar.

Mesmo que muitas pessoas envolvidas na Uoft se posicionassem contrárias à lei de sindicalização, não deixaram de participar do debate sobre a instalação da legislação social no país. Ao convocar a base de militantes a participar de reunião na sede do largo do Belém, a união propôs o debate sobre sugestões para as leis sociais "recentemente dadas à publicidade pelo Ministério do Trabalho". O convite também sugeria que fossem tratadas as condições de miséria e os altos preços de alimentos, aluguéis e serviços, mas não pautava a situação da maioria da categoria diante da pobreza:

> se para coroar este quadro de miséria, houver em casa um ou mais homens, membros da família, há meses desempregados, que os industriais não os aceitam, porque preferem o elemento feminino, que se submete com mais resignação a todas periódicas reduções nos salários e a todas [as] injustiças, arbitrariedades, multas, dispensas, suspensões, perseguições de toda espécie, de que deram suficientes provas; se finalmente a nossa vida é uma luta desesperada pela miséria existente de fome e privações, porque o operariado, especialmente as mulheres, não procura associar-se em seu sindicato de classe?[97]

---

96. Aesp. Deops. Panfleto assinado pela Comissão Executiva da Uoft. Prontuário União dos Operários em Fábrica de Tecidos 0124/Sindicato dos Operários em Fiação e Tecelagem 0124/0924, v. 1.
97. Aesp. Deops. Panfleto aos operários e operárias em fábricas de tecido (1931). Prontuário União dos Operários em Fábrica de Tecidos 0124/Sindicato dos Operários em Fiação e Tecelagem 0124/0924.

Há que se considerar que o trabalho proveniente da maternidade, dos cuidados e das tarefas de limpeza, relegado às mulheres, como Righetti bem apontou anteriormente, tornava a experiência de classe das mulheres uma luta ainda mais "desesperada pela miséria existente de fome e privações". Justamente por isso não estava tão evidente, ou ainda disponível às mulheres, como era para os homens organizados, a necessidade de se rebelar contra arbitrariedades, multas, dispensas, suspensões e perseguições de toda espécie.

Ao considerarmos o debate entoado em anos anteriores, não seria inédita a defesa do ponto de vista de que o trabalho da mulher prejudica o do homem, causando diminuição de salários e refreando greves, como vimos anteriormente durante as greves de 1917. A permanência desse valor ficará nítida na atuação de Righetti, que dirigia uma categoria com maioria de mulheres, mas que difundia a solução da questão social com a reposição delas por trabalhadores masculinos. Uma das sugestões que a Uoft debateu para ser apresentada ao Ministério do Trabalho com objetivo de melhorar as condições de trabalho foi a de que "toda mulher que trabalha na indústria e no comércio possa ser substituída pelo marido, irmão, tio ou pai desempregados da mesma profissão". A Uoft gostaria que essa resolução tivesse força de lei.[98]

A disputa sindical pela base têxtil, valiosa por ser numerosa e mobilizada, traria novos elementos para a atuação da Uoft. Já em 1931, Righetti teve de montar uma operação rígida na porta da reunião da organização para impedir a participação de dirigentes do PCB.[99] A presença de membros de outros sindicatos e da federação operária nas reuniões da entidade denotava que a relativa independência política que a Uoft teria cultivado entre 1931 e 1932 configurava um atrativo para que

---

98. Aesp. Deops. Panfleto aos operários e operárias em fábricas de tecido. Prontuário União dos Operários em Fábrica de Tecidos 0124/Sindicato dos Operários em Fiação e Tecelagem 0124/0924, v. 1.
99. Ao menos, é o que relata o secreta "Antonio Ghioffi" ao chefe da Deops em relatório reservado de 31 de agosto de 1931 (Aesp. Deops. Prontuário União dos Operários em Fábrica de Tecidos 0124/Sindicato dos Operários em Fiação e Tecelagem 0124/0924, v. 1).

outras correntes de esquerda participassem da mobilização da entidade. Em 1932, a Uoft chegou a não aderir a algumas movimentações e, de acordo com o secreta da Deops, fazia campanha contrária à lei de sindicalização por influência da federação operária. A tese levantada pela polícia poderia ter algum fundamento, visto que a entidade, ao menos nos primeiros meses de 1931, foi recebida pelo Ministério do Trabalho por força de sua atuação e só providenciaria seu enquadramento à lei de sindicalização, no dia 3 de agosto daquele ano.[100] A adesão à lei de sindicalização, ainda que muito pouco pudesse ser feito pela Uoft fora do sistema sindical, pelo menos a julgar pelo molde de atuação, qual seja o de dialogar com o governo revolucionário, não era um consenso na ampla base da organização.

Na metade de 1932, as greves diminuíram, em parte pela obtenção de algumas vitórias. Nas fábricas Armênia e Ítalo Massali, a volta ao trabalho foi negociada com o reconhecimento das comissões de operários, aumento de 50% para as turmas que trabalhavam no terceiro turno, fixação da jornada de oito horas e a instalação de um "compartimento especial para a mudança de roupas de trabalho", uma demanda que revelaria a convivência entre mulheres e homens na fábrica, uma vez que, nem sempre, elas contavam com a proteção de vestiários para se manter longe de prováveis abusos.[101]

Se não havia consenso sobre a lei de sindicalização, outra tarefa difícil seria a de manter o PCB longe das reuniões da Uoft. Em 1933, a tecelã Rachel Pilar, de 21 anos, desceu de um trem que vinha de Sorocaba para São Paulo em busca de um emprego na Fábrica de Tecidos Jafet. Ela vivia com parentes no Ipiranga e foi demitida do trabalho por faltar muito ao serviço. No seu encalço por mais de um ano por suspeita de pertencer ao PCB, a Deops a deteve para identificação, sem muito sucesso, pois até aquele momento não se sabia ao certo se ela se chamava Rachel Freitas, Rachel Alves ou Maria Paiva. O cunhado da

---

100. A lei de sindicalização foi promulgada em 29 de março de 1931.
101. *Diário Nacional*, 20 maio 1932.

tecelã, interpelado pela polícia, afirmou que ela "costumava se recolher tarde da noite" e que, por ser ela comunista, a família decidiu colocá-la para fora da casa.[102] Não saberemos se o cunhado acobertava a tecelã de Sorocaba ou se, de fato, ela agora contava com a própria sorte para viver em São Paulo, mas é provável que a tarefa da militante na cidade tenha sido a de se alistar na base da Uoft.[103]

No mesmo tempo da chegada de "Rachel" à cidade de São Paulo, a Uoft passou a convocar "camaradas" para a reunião da entidade que, ainda muito preocupada com a situação dos homens "substituídos por mulheres e menores", também passou a difundir a exploração sofrida pela maioria da categoria e pelas crianças. Isso ao menos nos panfletos. O programa geral incorporou a necessidade da luta revolucionária "independente da conquista de reivindicações" e, no pleito, inseriu: licença de um mês depois do parto, com vencimentos, cumprimento integral da lei de férias e da jornada de oito horas e "salário igual, para trabalho igual".[104] Até 1932, a entidade havia se posicionado pouco sobre as diferenças entre homens e mulheres nas relações de trabalho nas fábricas, mas, durante seus esforços para organizar uma tabela unificada de preços para a manufatura de tecidos, recomendou que ela fosse confeccionada de forma a pagar "igual preço para igual tecido" porque a diferença de valores variava entre 20% e 50% na remuneração de homens e mulheres.[105]

As suspeitas sobre a grande influência que o PCB passava a exercer na Uoft foram confirmadas pelo secreta "Juvenal Almeida", que assistiu a um festival na sede do centro dos tecelões e presenciou o coro dos

---

102. Aesp. Deops. Prontuário 2496, caixa 199: Rachel Alvez ou Rachel de Freitas ou Maria Paiva.
103. Em 1936, ela pediu, numa carta a Stalin, para ser mantida no ofício. Carta de "Raquel" a Stalin, 24 de agosto de 1936 (Aesp. Deops. Prontuário União dos Operários em Fábrica de Tecidos 0124/Sindicato dos Operários em Fiação e Tecelagem 0124/0924, v. 1).
104. Aesp. Deops. Manifesto da Comissão Executiva da Uoft (fevereiro de 1933). Prontuário União dos Operários em Fábrica de Tecidos 0124/Sindicato dos Operários em Fiação e Tecelagem 0124/0924, v. 1.
105. Aesp. Deops. Panfleto da Comissão Executiva da Uoft (1932). Prontuário União dos Operários em Fábrica de Tecidos 0124/Sindicato dos Operários em Fiação e Tecelagem 0124/0924, v. 1.

presentes que cantava "A Internacional", assistiu a uma palestra sobre as mortes de Lênin, Rosa Luxemburgo e Karl Liebknecht, e presenciou a venda de livros sobre a exploração de trabalhadores. Nas palavras do polícia, que até aquele momento não tinha "presenciado propaganda comunista mais intensa que daquele festival", "percebe-se perfeitamente [...] o operariado [...] minado pelo vírus das ideias avançadas e subversivas" e que atacavam o governo com "adjetivos notáveis".[106] Por essas razões, pouco mais de um mês depois do festival, a polícia proibiu as reuniões da união, mas isso não significa que a disputa pela Uoft havia terminado: trocas de correspondências entre militantes e o Comitê Central do PCB atestavam que eles haviam perdido as eleições da direção da Uoft para Righetti, em 1933.[107] Em 1934, o PCB abandonaria de vez a tática de "frente única" que havia adotado nesse período e, diante do avanço de Hitler e Mussolini, passaria a praticar alianças com forças que se propunham a enfrentar o fascismo numa "frente popular".[108]

"Rachel" tinha ido ao Uruguai, na companhia de Tarsila do Amaral,[109] para uma reunião do comitê contra a guerra. Com ela, trouxe panfletos e jornais do Paraguai e da URSS que denunciavam a opressão vivida pelas mulheres e sobre as jornadas de trabalho de mais de 12 horas exercidas

---

106. Aesp. Deops. Relatório reservado de 14 de janeiro de 1933. Prontuário União dos Operários em Fábrica de Tecidos 0124/Sindicato dos Operários em Fiação e Tecelagem 0124/0924, v. 1.
107. Para a resolução de proibir as reuniões da Uoft, ver Aesp. Deops. Ofício ao Chefe do Gabinete de Investigação, 22 de fevereiro de 1933; prontuário União dos Operários em Fábrica de Tecidos 0124/Sindicato dos Operários em Fiação e Tecelagem 0124/0924, v. 1. Para a troca de correspondências entre militantes e o Comitê Central, ver AEL. Carta, 20 de janeiro de 1933. Documentos da Internacional Comunista. A cobertura cotidiana operada pelo jornal *A Plebe* sobre o movimento sindical confirma a intensa disputa pela direção da Uoft: em fevereiro de 1933, uma nota convidava para reunião cujo tema seria a "demissão de toda a Comissão Executiva" (*A Plebe*, 4 fev. 1933).
108. Sobre a mudança de tática do PCB, ver Karepovs (2006); Araújo (1998:231). Ver também Pinheiro (1991).
109. Tarsila do Amaral (1890-1976), artista que integrou o movimento modernista. Em 1931, filiou-se ao PCB e, depois da prisão que sofreu durante a revolta paulista contra Getúlio Vargas, em 1932, abandonou a militância política.

pelas trabalhadoras domésticas de Montevidéu.[110] Porém, o partido que Rachel e Tarsila conheceram e no qual militavam tinha alterado a direção sobre as mulheres havia pouco tempo.

O repertório dos jornais que divulgavam a plataforma comunista, ao final dos anos 1920, se restringia a tratar da criação dos filhos e orientar o papel da mulher na revolução, como companheira dos revolucionários, mas não deixava de lado a noção de que "a mulher é a maior vítima do capitalismo". Os conselhos de orientação política infantil, além de atribuir exclusivamente às mulheres os cuidados da família, não guardavam sutilezas:

> Nos primeiros tempos não convém dar explicações especiais: iriam sobrecarregar o cérebro infantil. A mãe, por exemplo, mostrará ao filho um retrato de Lênin. E dirá: – É Lênin, comunista, amigo dos operários.[111]

Em verdade, o papel exclusivo das mulheres como mães ou esposas não era naturalizado sem conflitos, nem mesmo na URSS, que, desde 1919, havia montado um núcleo de trabalhadoras no partido, desmantelado em 1929 por Stalin.[112] No geral, as mulheres eram vistas como parte da luta de emancipação de toda a classe trabalhadora e, no final dos anos 1920, muitas instâncias do partido já fomentavam comissões femininas ou de mulheres com a tarefa de convidá-las a engrossar as fileiras da revolução.[113]

A orientação política estabelecida pela Internacional Comunista em 1922 visava "preparar uma base orgânica política legal" e propiciar

---

110. Os recortes de jornais, de acordo com o prontuário da militante, foram encontrados na casa de "Rachel" (Deops. Prontuário 2496, caixa 199: Rachel Alvez ou Rachel de Freitas ou Maria Paiva).
111. *A Nação*, 15 jan. 1927 e 30 jan. 1927.
112. Sobre o Zhenotdel, ver Goldman (2014). Ver também Bernardes (2007).
113. O PC tinha adotado a formação de comitês femininos dentro da direção do partido. Ver "Las mujeres obreras frente al peligro guerrero" (AEL. Documentos da Internacional Comunista).

a conquista do que chamavam de pequena burguesia para o proletariado. Em construção no Brasil desde o começo dos anos 1920, o PCB ainda tinha a tarefa de enfrentar a organização de um partido e sua empreitada eleitoral em meio a um movimento operário (e parte de seus membros) que, até então, tinha vivido boa parte de suas experiências em debate com o sindicalismo revolucionário e com o anarquismo (Karepovs, 2006). O lançamento do Bloco Operário e Camponês (BOC), que constituía a frente eleitoral do PCB, se deu em 1927. Com a criação do BOC, os comunistas também decidiram pela criação do Comitê de Mulheres Trabalhadoras, em 1928, para conduzir a pauta das mulheres, tarefa desempenhada por meio da convocação de "operários de fábricas, usinas e oficinas, empregadas domésticas, de escritórios comerciais, bancos e de repartições públicas, taquígrafas, telefonistas, serventes e guardiãs de escolas, mulheres proletárias, mães e filhas de trabalhadores" para lutar contra as barreiras do futuro de "nossos filhos", com as seguintes palavras de ordem:

> Vivam as mulheres trabalhadoras do Brasil e do mundo!
> Abaixo às guerras imperialistas!
> Abaixo à reação burguesa![114]

A troca de cartas e o envio de direções partidárias entre a direção e os núcleos do PCB revelaram que, naqueles anos, o número de mulheres que integraram as fileiras comunistas era muito baixo. Falava-se em 20 ou 50 mulheres e, de acordo com os dirigentes, "isso mal dá 3% de todo o partido" e que os atos chamados em nome delas não reuniam mais de 100 pessoas.[115] A atividade do PCB era mais concentrada no Rio de Janeiro que em São Paulo e, mesmo com a adesão diminuta, vez ou

---

114. Panfleto do Comitê das Mulheres Trabalhadoras. 3 de agosto de 1929 (AEL. Documentos da Internacional Comunista).
115. "Aos camaradas da Sessão Feminina da Internacional Comunista", 29 de novembro de 1929 (AEL. Documentos da Internacional Comunista).

outra algumas mulheres saíam presas das manifestações.[116] A falta de presença delas não significava deixar de lado o tema da opressão específica – as trabalhadoras domésticas figuravam como uma preocupação para a organização da classe, ao menos desde a formação do Comitê das Mulheres Trabalhadoras. "As mulheres que alugam seu braço nos palácios da burguesia, assalariadas, portanto". Ao que tudo indica, o debate sobre elas estaria em torno de construir uma entidade de classe pela categoria ou reuni-las num outro sindicato cujo setor fosse similar, como o da indústria de alimentos.[117]

Desde então, o partido se esforçava por tributar o dia 8 de março como uma jornada de lutas das mulheres.[118] Algumas células se queixavam da falta de possibilidades de cumprir a tarefa por haver poucas mulheres mobilizadas, mas viam nas fábricas um potencial de atuação[119]. A recomendação da Internacional Comunista era de que as jornadas não poderiam ser consideradas tarefa apenas da Comissão Feminina do partido, mas que deveria ser uma função de toda a militância para atrair as mulheres para a causa, "especialmente as operárias".[120] Menos que uma demanda proveniente dos quadros do partido brasileiro, o debate sobre a mulher trabalhadora provinha da alta direção que orientava para uma organização bem executada do 8 de março, capaz de alertar as trabalhadoras privadas dos direitos políticos e da vida política do Brasil. Como sugestão, a direção que afirmava que as palavras de ordem

---

116. "Aos camaradas da Sessão Feminina da Internacional Comunista", 29 de novembro de 1929 (AEL. Documentos da Internacional Comunista).
117. "Aos camaradas da Sessão Feminina da Internacional Comunista", 28 de setembro de 1929 (AEL. Documentos da Internacional Comunista).
118. Em recente livro, Ana Isabel Álvarez González se dedicou a desvendar os mitos e as origens da comemoração do Dia Internacional da Mulher. Para a autora, as socialistas haviam emplacado a celebração a partir do Congresso Socialista de Copenhague, em 1910, por proposição de Clara Zetkin, em grande medida inspirado pelo Woman Day (Dia da Mulher) entoado pelas norte-americanas. Daí em diante, a autora explorou os diversos significados que a data reuniu envolvendo a atuação e a militância de socialistas ligadas à Revolução Russa (González, 2010).
119. *A Nação*, 19 set. 1927.
120. *A Nação*, 12 mar. 1927.

deveriam versar sobre a vida real das trabalhadoras eram assim anunciadas: jornada de sete horas, proteção delas como mão de obra, proteção à maternidade, instalação de creches e "trabalho igual, salário igual".[121]

A incorporação das mulheres na luta geral da classe trabalhadora, do ponto de vista dos comunistas, sofreu mudança em 1930. A direção que circulou para as organizações latino-americanas foi a de que o "trabalho feminino é especial, mas não é um trabalho alienado, na margem, que corre de forma separada do Partido". E, para eles, essas características particulares exigiam a constituição de seções e comissões especiais para efetivar mobilização e fiscalização de militantes em torno do tema. Com base nisso, orientaram:

> A reivindicação central comum deve ser: a trabalho igual, salário igual, fórmula que em muitos casos oferece a resistência de certos "capas obreiros" [referindo-se aos altos cargos de direção], mas que deve ser sustentada vigorosamente para acentuar por um lado um grau refinado da exploração da mão de obra feminina e para mobilizar as mulheres para o comunismo.[122]

As mulheres, no PCB, vistas como companheiras da revolução e de revolucionários, ao menos nos textos que chegavam e eram publicados no Brasil, a partir de 1930 obtiveram um programa que tratava da igualdade e direitos relativos às trabalhadoras.[123] Uma parte dos elementos

---

121. "Au comitê central du Parti Communiste Brésilien", 27 de janeiro de 1930 (AEL. Documentos da Internacional Comunista). A orientação foi repassada em documento resumido e vertido para a língua portuguesa em 10 de fevereiro de 1930; "Aos camaradas encarregados do trabalho entre as mulheres", 10 de fevereiro de 1930 (AEL. Documentos da Internacional Comunista).
122. *La Correspondência Sudamericana* (Argentina), 15 fev. 1930. Este era o principal periódico da Internacional Comunista nos países da América Latina e circulou de forma não regular entre 1927 e 1930.
123. A partir de 1930, Wendy Goldman verifica uma inversão da visão soviética oficial sobre família: "Depois de começar com o compromisso feroz e libertário com a liberdade individual e a 'extinção' da família, o período terminou com uma política baseada no fortalecimento repressivo da unidade familiar", referindo-se ao reforço da família e

que explicam a mudança programática residia no debate internacional posto pelo feminismo. O texto que redirecionava a questão das mulheres afirmou que, para os comunistas, a burguesia havia realizado "um trabalho particularmente enérgico entre as trabalhadoras com o objetivo de alijá-las da luta de classes", utilizando reivindicações "neutras" e criando associações femininas especiais. Contra essas iniciativas, os dirigentes se viam atuando de forma insuficiente e acreditavam que a tarefa do partido deveria ser "desmascarar a tentativa, mostrando que unicamente a luta pela revolução oferece a base para a emancipação da mulher trabalhadora".[124]

---

do papel da mulher como cuidadora e esteio da sociedade, muito defendida por Stalin (Goldman, 2014:389).
124. *La Correspondência Sudamericana* (Argentina), 15 fev. 1930.

CAPÍTULO 3
O feminismo no Brasil e a igualdade no mundo do trabalho

Quanto ao "trabalho enérgico" elaborado pela burguesia, certamente os comunistas se referiam ao fortalecimento das organizações feministas no mundo todo, durante o período entreguerras e que se intensificaram nos anos 1930. Muito mais conhecidas por levantar a bandeira do voto feminino, em verdade, desde o final do século XIX, as feministas estabeleceram longas discussões sobre a necessidade de elaboração de uma legislação trabalhista específica para as mulheres, porém a divisão de opiniões nem sempre estava claramente separada em grupos definidos (Wikander, 2010). A partir da proposta de um tratado de direitos iguais elaborada para a Liga das Nações, em 1926, por integrantes do British Six Point Group e do National Woman's Party, dos Estados Unidos, o Equal Rights Treaty, iniciaram-se discussões e esforços políticos que dividiam as mulheres e seus grupos a respeito da adoção de convenções e legislações internacionais específicas para as mulheres (Miller, 1994:220-221).[125] Com grande visibilidade em Genebra, sede da Organização Internacional do Trabalho, que depois do Tratado de Versalhes se tornou um lugar onde se concentravam entidades cuja preocupação era a formulação de padrões internacionais de trabalho,

---

125. O British Six Point Group foi uma campanha formada por mulheres britânicas, em 1921, que propunha seis pontos de mudança legislativa para direitos, o que incluía a demanda por direitos iguais entre mulheres e homens. Durante os anos 1920, foi ativa em pressionar a Liga das Nações para estabelecer um tratado internacional de equidade de direitos. O National Woman's Party foi uma organização norte-americana, formada em 1916 que, entre outras coisas, lutou por uma emenda de direitos iguais na Constituição dos Estados Unidos e tinha grande peso na articulação internacional de mulheres.

tais grupos geraram um impasse em torno da imbricada fórmula política que deveria servir como base para a igualdade econômica e civil, assim como para a proteção da maternidade.[126]

A formação de organizações internacionais no entreguerras contou com uma forte mobilização das mulheres de diferentes países que lutavam por mais participação e ainda disputavam a elaboração de diretrizes para o trabalho. O debate internacional travado entre as organizações estava dividido entre as que acreditavam que a regulamentação traria algum ganho para toda a classe trabalhadora, como era o caso da Organização Internacional do Trabalho (OIT), fundada em 1919;[127] entidades defensoras do feminismo por direitos iguais, que acreditavam que a redução da regulamentação, ou nenhum ordenamento, teria como efeito a redução da discriminação de gênero; e grupos que defendiam a regulamentação para ambos os sexos e toleravam apenas os regulamentos de gênero já existentes, como a proibição do trabalho noturno e a proteção à maternidade (Zimmerman, 2014:9).

O Brasil participou dessa articulação entre fronteiras por meio da atuação da bióloga Bertha Lutz[128] que, em 1923, havia recém-organizado a Federação Brasileira pelo Progresso Feminino (FBPF) e com ela integrara uma conferência internacional realizada na Itália cujo objetivo era fomentar a organização feminista em diversos países. A IX Conferência da International Woman Suffrage Alliance aconteceu em Roma, onde

---

126. Sobre o impacto do Tratado de Versalhes e a formação da OIT, ver Ghizini (2015).
127. A Organização Internacional do Trabalho foi um organismo criado pela Liga das Nações para estabelecer padrões internacionais de trabalho em nome da justiça social como forma de firmar a paz ao fim da violenta I Guerra Mundial (1914-1919). A OIT estabeleceu, em suas primeiras convenções, que os Estados-parte da Liga das Nações deveriam proibir o trabalho noturno das mulheres e garantir licença-maternidade. A organização internacional empregava um modelo tripartite de negociação que envolvia empregadores, trabalhadores e governo. Fundada em 1919, em assembleia da Liga das Nações, promoveu a I Conferência Internacional do Trabalho no mesmo ano.
128. Bertha Lutz (1894-1976). Foi educada na Europa e graduada em biologia na Sorbonne, em 1918. Pertencia a uma alta classe, ocupava um alto cargo público no Museu Nacional e mantinha relações próximas com as elites políticas. Fundadora da Federação Brasileira pelo Progresso Feminino, sua atuação acerca dos direitos das mulheres será aprofundada nos textos que se seguem.

Bertha Lutz se concentrou em compreender "a mulher como um fator econômico", tratando inclusive de responsabilidades familiares.[129] A brasileira se tornaria uma referência internacional desde então, integrando essa entidade e representando-a em congressos e conferências pelo mundo afora. A FBPF foi fundada com apoio direto de Carrie Chapman Catt, dirigente da National Woman Suffrage Association, dos Estados Unidos.[130] Para as americanas que compunham a entidade, a exclusão da mulher na sociedade tinha um motivo maior e o sufrágio era um meio para ampliar as conquistas, e não um fim (Dubois, 1987).

De volta ao Brasil, Bertha Lutz se viu envolvida com as demandas de trabalhadoras do serviço público e do comércio. Em cartas enviadas ao poder público em defesa desses casos particulares, a feminista afirmou que a FBPF estava ao lado da instalação da legislação do trabalho no Brasil e da batalha pela ratificação do Tratado de Versalhes, bem como defendia "todas as medidas que interessam à mulher operária, principalmente no seu papel de mãe".[131]

O surgimento de uma organização feminista com proeminência nacional e reconhecida internacionalmente não foi ignorado pelo movimento operário ou pela esquerda organizada. O programa levantado pela International Alliance of Women em 1927, entidade à qual a brasileira Bertha Lutz estava vinculada, foi abordado por integrantes do PCB, que consideraram que debater sufrágio universal, direitos civis, divórcio e a igualdade de condições era uma agenda "um pouco assustadora e perigosa, pois não tocava nem nos privilégios dos grandes, nem na miséria dos humildes".[132] O direito de voto, bem como o reconhecimento dos direitos

---

129. Relatório de Bertha Lutz para a International Woman Suffrage Alliance (AN. Fundo FBPF, caixa 37, pacote 2). A International Woman Suffrage Alliance é uma articulação internacional civil de direitos políticos para as mulheres que foi fundada em 1904. Em atuação até os dias de hoje, é também conhecida por International Woman Alliance.
130. A National Woman Suffrage Association foi fundada em 1896 e se propunha a lutar pelo sufrágio das mulheres. Carrie Chapman Catt (1859-1947) foi presidente dessa associação e fundadora da International Alliance of Women.
131. AN. Fundo FBPF, cartas, caixa 42, pacote 1, v. 30.
132. *A Nação*, 3 jan. 1927.

civis e políticos da mulher, para o comunismo brasileiro, não seria suficiente para garantir a liberdade, "enquanto pesarem sobre ela, como sobre o conjunto da classe trabalhadora, a exploração do capital e o domínio da burguesia".[133] A tensão internacional entre os grupos que se organizavam a partir de Genebra aparece no repertório da imprensa de esquerda na forma de traduções de artigos produzidos fora do país e no calor do debate internacional; dessa forma e por outro lado, também se veiculava a ideia de que o comunismo "reclamava o direito de voto às mulheres".[134]

Dentro da organização anarquista, durante os anos 1920, destacaram-se iniciativas para a formação de grupos femininos que tratassem com especificidade a questão da mulher trabalhadora. Muitas dessas iniciativas contaram com Maria Lacerda de Moura.[135] A Federação Internacional Feminina, que teve alguma atividade em 1922, e o Centro Feminino, a partir de 1924, proferiam palestras que abordavam o conformismo diante da dura realidade social e a importância da rebeldia para o grupo que se organizava em torno das ligas de bairros e do jornal *A Plebe*.[136] Consideravam a professora Leolinda Daltro e seus intentos eleitorais como "sentimentos politiqueiros da velha feminista constitucional".[137] Junto com Bertha Lutz, Moura havia fundado a Liga para Emancipação Intelectual da Mulher, que figurou como uma das organizações que dava sustentação para a FBPF. Pouco anos depois, sem convicção na organização política que tinha vivido, Moura se afastou das trincheiras da disputa se dizendo "livre de igrejas" e "livre de muletas", reforçando até mesmo o individualismo, em que se acreditava livre também de contradições:

---

133. *A Nação*, 5 jan. 1927.
134. "As feministas e nós", tradução de artigo do jornal *Le Ouvriére* (Paris) por A. Gillea, publicado em *A Nação*, 22 abr. 1927.
135. Sobre a trajetória de Maria Lacerda de Moura, ver Correia (1986); Leite (1984). Sobre a trajetória rebelde e as imagens de Moura, ver Schpun (2004).
136. *A Plebe*, 10 nov. 1923.
137. *A Plebe*, 2 out. 1919. Leolinda Daltro havia se destacado pela campanha que deflagrou sobre o alistamento eleitoral de mulheres. Em 1910, fundou no Rio de Janeiro, o Partido Republicano Feminino. Em 1919, candidatou-se à Intendência do município do Rio de Janeiro. Sobre ela, ver Melo e Marques (2015).

Não sou do progresso feminino pró-voto da senhorita Bertha Lutz e nem do bando militarizado e catequista da Professora Daltro. Voto? – Nem secreto, nem masculino, nem feminino. [...] me sinto livre para respirar no campo aberto do meu individualismo, reivindicando o dever de ser humana.[138]

Iveta Ribeiro, uma das editoras da *Revista Feminina*, que se dedicava a tratar desses temas por dentro da tradição católica, enfatizava a natureza conservadora "do verdadeiro feminismo" e se sentia representada, em parte, pela bandeira da participação política hasteada pela FBPF.

Por outro lado, a mesma organização feminista era assim vista nas páginas do carioca *Jornal do Povo*, dirigido por Aparício Toreli (o barão de Itararé):

As feministas...
O que as mulheres, não as "damas" têm lucrado com as atividades das Bertas Lutz? As fábricas estão cheias de operárias tuberculosas, gestando e trabalhando, sujeitas a multas extorsivas e às negaças [engano, logro] imorais do Ministério do Trabalho; os armazéns, as lojas de modas, os ateliês de costura, os escritórios esfomeiam milhões de jovens – ou lançam no mercado da prostituição as que cedem aos apetites sexuais dos patrões e por toda a parte a miséria campeia.[139]

Ideais de igualdade entre mulheres e homens estavam em formação desde o século XIX, embora tivessem ganhado fôlego e impacto depois das greves de 1917, na construção do movimento operário, no PCB e nas camadas médias da sociedade. A noção de cidadania para as mulheres era debatida em termos de direitos civis (que englobavam o acesso ao voto e o divórcio), da maternidade, da igualdade salarial e da proibição do trabalho noturno às mulheres, e se misturavam com perspectivas

---

138. *A Manhã*, 9 dez. 1928.
139. *Jornal do Povo*, 12 out. 1934. Sobre o feminismo católico, ver Besse (1999:203-211).

de proteção e de conquista de direitos. O diálogo, na maior parte das vezes travado em fortes tons de discordância, estava posto desde que se levantaram as primeiras resoluções e projetos para as mulheres, especialmente aquelas que estavam no mercado de trabalho. E a pergunta "O que é que as mulheres têm lucrado com as atividades das Bertha Lutz" orientou boa parte das pesquisas realizadas sobre o tema.

Diversos estudos se debruçaram largamente sobre a experiência das mulheres no entreguerras, sendo que a maior parte dos trabalhos proporcionou a compreensão de um fenômeno considerado novo na história do Brasil, até esta época: a organização feminista. Como forma de legitimar o campo de estudos, muita atenção foi dedicada à atuação da Federação Brasileira pelo Progresso Feminino, que seria a grande "promotora do feminismo brasileiro" ou ainda "a orientadora do movimento feminista nacional".[140] Branca Moreira Alves e Heleieth Saffioti inauguraram esse campo de estudos, e suas pesquisas colocaram na história, em definitivo, o feminismo no Brasil, a atuação da federação e sua liderança (Alves, 1980:127; Saffioti, 1969:258).

Por outro lado, essa estratégia de pesquisa redundou no que Mônica Raisa Schpun chamou de "centralidade de Bertha Lutz":[141] para Branca

---

140. AN. Gabinete Civil da Presidência da República. Série Correspondências. Carta a Lindolfo Collor – ministro do Trabalho, 29 de abril de 1931.
141. A "centralidade de Bertha Lutz", no entanto, já foi questionada por novos estudos que demonstraram outras perspectivas do feminismo, por exemplo, as pesquisas de Mônica Raisa Schpun sobre a atuação de Carlota Pereira de Queiroz (Schpun, 2002:83). Tal centralidade, no entanto, não foi apenas construída *a posteriori* e podia mesmo ser uma estratégia impetrada pela própria entidade para dar ainda mais destaque à atuação da FBPF. Uma nota irônica, publicada no *A Manhã*, trazia notícias do congresso da International Alliance of Women, em Istambul, e relatava que a delegada da FBPF, Ana Amélia Carneiro de Mendonça, contava aos presentes sobre o trabalho realizado pela "única deputada brasileira, Bertha Lutz", que assumiria apenas em 28 de julho de 1936. Sobre a atitude, a nota dizia: "Algum repórter descobriu que Dona Carlota Pereira de Queiroz era pseudônimo de dona Bertha Lutz? Agora eu só acredito no que acontece quando o que acontece chegar a Istambul, de Istambul só vêm certezas" (*A Manhã*, 9 jul. 1935). Por outro lado, o esforço de problematizar o complexo cenário de conquistas jurídicas do período provocou a perspectiva de que Lutz desenvolvia um "feminismo tático", que aproveitava ocasiões e possibilidades oferecidas pelas classes dominantes para garantir o exercício da cidadania.

Moreira Alves, a atuação da FBPF era concentrada no sufragismo e Heleieth Saffioti demarcou que as ideias feministas eram estrangeiras e ganharam força por meio da atuação da bióloga; de acordo com ela, "as manifestações feministas têm início no Brasil em consequência da visita da Dra. Bertha Lutz a Londres" (Saffioti, 1969:257). Considerando a distância existente entre as mulheres que atuavam na FBPF e aquelas que trabalhavam em fábricas ou em postos menos favorecidos, as análises sobre esse período no Brasil tentaram esclarecer justamente essa contradição.

As "feministas de classe média relutavam em cruzar a fronteira de classe" e essa seria a razão que explicava por que "as operárias tinham poucos motivos para aderir ao movimento feminista" (Besse, 1999:194-196). No entanto, a eleição de marcos históricos feministas, como a fundação da FBPF, calcados na experiência de uma determinada classe, qual seja a de Bertha Lutz, conduziu a contradição numa linha reta e sem desvios. A depender das greves e mobilizações entre os anos 1917 e 1920 e ainda daquelas dos anos 1930 que, não sem conflitos e com grande participação de mulheres, denunciaram abusos, reivindicaram licença-maternidade e "trabalho igual, salário igual" pode-se afirmar que o tema da igualdade entre homens e mulheres esteve mais presente na disputa da classe trabalhadora do que nos primeiros anos da federação feminista.

O I Congresso Internacional Feminino aconteceu em 1922 no Rio de Janeiro, poucos meses depois da fundação da FBPF, com a presença de feministas dos Estados Unidos. As discussões da reunião englobaram as perspectivas difundidas pela realização da I Conferência Internacional do Trabalho, em 1919, visto que debateram os temas relativos à mulher que trabalha. De suas resoluções, constava o apoio à "incorporação imediata à nossa legislação social dos projetos da convenção de 1919 que visam especialmente à proteção das mães e que deverá ser ratificado pelo Brasil".[142] Lutz, como parte da International Alliance of Women, fez representar seu país na conferência que a entidade organizou, em Roma. Ela havia levado para a Itália, em 1923, suas preocupações sobre

---

142. AN. Resoluções do I Congresso da FBPF, 1922.

as restrições impostas à mulher casada, pois havia anunciado, em seu informe, que no Brasil existia "uma condição de igualdade entre homens e mulheres", mas que elas não podiam exercer atividade profissional sem o consentimento do marido.[143] Da conferência da International Alliance of Women, de 1923, ela trouxe a resolução de que o direito ao trabalho das mulheres fosse reconhecido e que nenhum dispositivo deveria funcionar como um obstáculo àquelas que desejassem se inserir no mercado de trabalho. Dessa forma, para ela, o emprego da licença-maternidade, por exemplo, deveria ser estipulado de modo a não impelir desvantagens para a posição econômica da trabalhadora.

Os temas que receberam a atenção da federação, ainda que pertinentes à condição da mulher trabalhadora, pouco falavam em igualdade de direitos entre mulheres e homens, e não envolviam diretamente a perspectiva de igualdade salarial, mais afeta às classes de rendimentos mais baixos. Porém, já em 1931, a bandeira "trabalho igual, salário igual" passou a fazer parte, efetivamente, das reivindicações da entidade e ganhou força de resolução no II Congresso Internacional Feminista, realizado pela FBPF.[144]

Em 1924, ao analisar o estatuto das servidoras públicas brasileiras, Bertha Lutz afirmou que a FBPF "tem se empenhado de preferência na campanha pelo voto feminino" por considerar que as reformas da legislação civil não seriam "nem urgentes, nem oportunas".[145] Já no ano de 1936, movida pelo estudo proposto pela OIT sobre a situação das mulheres em diversos países do mundo,[146] a bióloga coordenou,

---

143. International Woman Suffrage Alliance. Report of Ninth Congress, Rome, 1923. In: Kathryn Kish Sklar and Thomas Dublin (Ed.). *Women and Social Movements, International*: 1840 to present (Database). Lutz referiu-se ao Código Civil brasileiro, que expressamente requisitava autorização do marido para o trabalho da mulher casada. Lei nº 3.071, de 1º de janeiro de 1916, art. 12.
144. Resoluções do Segundo Congresso Internacional Feminista, 1931 (cópia enviada ao ministro do Trabalho) (AN. Ministério do Trabalho 17.10, lata 46).
145. Texto avulso sobre a situação das funcionárias públicas, 1924. (AN. Fundo FBPF, caixa 42, pacote 1, v. 30).
146. Acredito tratar-se dos estudos que deram origem ao documento ILO – Law and women's work: a contribution para the study of the status of women, 1938.

na competência de seu cargo de deputada federal, a captação de dados sobre a legislação vigente, o que culminou em duas inovadoras proposições legislativas: a criação de um departamento nacional da mulher e um estatuto das mulheres.[147] Entre um episódio e outro, há um grande fluxo de ideias e disputas, do Brasil e de fora do país, que marcaria a formulação da legislação nacional.

Entre um episódio e outro, há também disputas e debates travados na imprensa que constantemente avaliavam o trabalho da FBPF e geravam pressões que explicam, ao menos em parte, as mudanças de posição da entidade e de sua dirigente, em que pese a própria existência e atuação do movimento operário. Elas sofreram críticas coetâneas tanto por não terem cuidado de criar uma academia de artes para as mulheres quanto por não se importarem com projetos de habitação popular.[148] A atuação de Lutz e da federação, considerada elitista desde sua própria época, não o foi sem receber as críticas de quem impetrava esforços para se organizar nas bases da sociedade.

Patrícia Galvão, ainda que pouco articulada com os comitês de mulheres do PCB e mais ligada ao que ela, mais tarde, chamaria de Comitê Fantasma (ao se referir à alta direção e à clandestinidade dessa militância), dedicou análises severas à forma como se criava o movimento feminista nacional e, por conseguinte, à FBPF. A amarga realidade da ficção de *Parque industrial* não deixava de cutucar esse movimento político e a burguesia letrada da São Paulo dos anos 1930, o que pode nos levar a pensar que o romance não pretendia mesmo ser apenas um "texto social" a denunciar opressões e abusos seguindo o bê-a-bá da cartilha comunista. Fazia também um diálogo com outros grupos sociais de seu tempo, revelando-lhes suas contradições.

O raconto, *Parque industrial*, a certa altura, fala de Alfredo, personagem rico e conhecedor de Karl Marx, que está solitário num bar do

---

147. Câmara dos Deputados [documentação organizada por Bertha Lutz]. O trabalho feminino: a mulher na ordem econômica e social. Rio de Janeiro: Imprensa Nacional, 1937, p. 23 (AN. Fundo FBPF, caixa 37, pacote 1, dossiê 2).
148. *A Manhã*, 8 jan. 1926; *A Manhã*, 22 jun.1929.

centro da cidade, bebendo uísque. De acordo com o livro, ele acorda do porre com a chegada de "emancipadas, intelectuais e feministas que a burguesia de São Paulo produz" (Galvão, 2006:76).

> – Acabo de sair do Gaston. Dedos maravilhosos!
> – O maior *coiffeur* do mundo! Nem em Paris!
> – Também você estava com uma fúria!
> – A fazenda, querida!
> – O *Diário da Noite* publicou uma entrevista na primeira página. Saí horrenda no clichê. Idiotas esses operários de jornal! A minha melhor frase apagada!
> – Hoje é a conferência. Mas acho melhor mudar a hora das reuniões. Para podermos vir aqui! [...]
> Uma matrona de gravata e grandes miçangas aparece espalhando papéis.
> – Leiam. O recenseamento está pronto. Temos um grande número de mulheres que trabalham. Os pais já deixam as filhas serem professoras. E trabalhar nas secretarias. Oh! Mas o Brasil é detestável no calor. Ah! *Mon Palais de Glace*.
> – Se a senhora tivesse vindo antes, podíamos visitar a cientista sueca.
> – Ah! Minha criada me atrasou. Com desculpas de gravidez. Tonturas. Esfriou demais o meu banho. Também já está na rua! [Galvão, 2006:76].

O diálogo entre as feministas do bar imaginado, ao cogitar a visita da "cientista sueca", é provável, aludia à visita da cientista Marie Curie ao Brasil.[149] A doutora –francesa, na verdade – aportou no cais do Rio de Janeiro no dia 15 de julho de 1926 e passou os 45 dias no país em reuniões e palestras; boa parte das ocasiões, esteve com Bertha Lutz e Carlota Pereira de Queiroz. Há que se considerar que a militante comunista, a partir do bar e do testemunho de Alfredo, havia entabulado um diálogo direto com as feministas da época, apontando a elas as contradições. O feito, em

---

149. Marie Curie (1867-1934) era, na verdade, polonesa e foi naturalizada francesa. Cientista de renome e vencedora do prêmio Nobel.

alguma medida, foi apresentado no livro em oposição à própria atuação de Galvão, que, por sua vez, realizava sua militância por meio do alistamento em fábricas e células do partido, onde nem sempre conseguia dar vazão às suas opiniões sobre maternidade, abusos, estupros ou discriminações. O diálogo do livro ainda deu relevo à vida das "criadas", sem as quais o feminismo de "gravatas e miçangas" não conseguiria, definitivamente, participar de uma reunião com Marie Curie. A crítica à atuação limitada das feministas da FBPF veio no próprio tempo da entidade, e o movimento feminista brasileiro, de outra parte, não se fez por um grupo só.

Patrícia Galvão, assim, também se alistou no debate sobre a formação do feminismo brasileiro organizado e, certamente, esse embate promoveu mudanças e ajustes nas atuações por todos os lados. Num jornal de curta duração, em que trabalhou ao lado de Oswald de Andrade, ela escreveu algumas colunas de opinião que tinham o objetivo de dialogar diretamente com as forças feministas que se erguiam naquele momento. O texto abaixo é um excerto de "Maltus Além", uma ironia com o nome do economista Thomas Malthus, que defendia, *grosso modo*, o controle da natalidade como forma de regular a economia. O artigo foi publicado em 1932 na coluna "A Mulher do Povo", que integrava o jornal *O Homem do Povo*:

> Excluída a grande maioria de pequenas burguesas cuja instrução é feita nos livrinhos de beleza, nas palavras estudadas dos meninos de baratinha, nos gestos de artistas de cinema mais em voga ou no ambiente semifamiliar dos coquetéis modernos – temos a atrapalhar o movimento revolucionário do Brasil uma elitezinha de "João Pessoa" que sustentada pelo nome de vanguardistas e feministas berra a favor da liberdade sexual, da maternidade consciente do direito do voto para "mulheres cultas" achando que a orientação do velho Maltus resolve todos os problemas do mundo.
>
> Essas feministas de elite, que negam os votos aos operários e trabalhadores, sem instrução, porque, não lhes sobra tempo do trabalho forçado a que se têm que entregar para a manutenção dos seus filhos, se esquecem

que a limitação de natalidade quase que já existe mesmo nas classes mais pobres e que os problemas da vida econômica e social ainda estão para ser resolvidos. Seria muito engraçado que a ilustre poetisa Maria Lacerda de Moura fosse ensinar a lei de Malthus ao senhor Briand, para que ele evitasse a guerra mundial atirando à boca a vida dos imperialistas gananciosos, um punhado de livros sobre maternidade consciente.[150]

No texto, a colunista desferiu golpes duros ao grupo que se organizava na FBPF – ironizando as alianças feitas com deputados da Paraíba para a votação parlamentar do sufrágio e, de quebra, denunciava que a proposta de voto das mulheres não era sustentada por uma visão popular de ampliação da participação eleitoral. Às voltas com a própria maternidade, cerceada por companheiros do partido que a aconselhavam a sublimar a culpa e a ternura que o nascimento de Rudá havia provocado nela, Patrícia Galvão também atirava seus argumentos.[151] A frágil saúde do seu filho nos primeiros anos de vida, e a de outras crianças com quem ela conviveu em Santos, a colocava em alerta sobre a mortalidade infantil e as altas ocorrências de morte de mulheres nos partos nas famílias mais pobres. Com alguma indignação ela se voltava às feministas mais próximas ao poder, grupo em que Pagu incluía Maria Lacerda de Moura, para lembrar que o primeiro-ministro francês, o que comandou o debate sobre a separação entre Igreja e Estado, não se furtou de lançar seu país, e seus jovens, à Grande Guerra.[152]

Em 1935, as mulheres do PCB se organizaram na União Feminina do Brasil que, por sua vez, e de acordo com a própria união, recebeu reprovação de Bertha Lutz por aceitar a colaboração dos homens na condução do movimento. Em resposta, as militantes da entidade revelaram que a bióloga já havia aceitado o apoio dos homens ao participar de um par-

---

150. *O Homem do Povo*, 27 mar. 1932.
151. Para a relação dela com a maternidade, ver Galvão (2005:54-150).
152. Aristide Briand (1862-1932) foi primeiro-ministro francês por diversos momentos entre os anos 1909 e 1929. Recebeu o prêmio Nobel da Paz, em 1926, por seu plano de cooperação econômica e política entre nações europeias.

tido para sua candidatura à Assembleia Nacional Constituinte de 1934 e que não admitiam a atuação eleitoral e restrita que, consideravam, vinha produzindo a FBPF:

> Se há algum ponto de contato com o nosso e seu programa, é prova de que as necessidades femininas são ainda as mesmas que antes da fundação de sua Federação, e, a prova de que nada foi feito, pela satisfação desses desejos, apesar da amplitude de lindos programas, é que as mulheres resolveram se unir, e elas mesmas lutar pela conquista de seus direitos, sem esperar por associações inócuas.[153]

A União Feminina do Brasil encampou a denúncia do caso de Genny Gleizer, uma jovem militante do PCB, que foi presa pela polícia num cárcere de péssimas condições e que acusava a corporação de ter sido nele violentada. Genny tinha sido detida em 15 de julho de 1935, com pouco mais de 16 anos, no Sindicato dos Empregados do Comércio, onde participava de uma reunião da juventude comunista e poucos dias depois de Getúlio Vargas ter decretado a ilegalidade da Aliança Nacional Libertadora (ANL).[154] As militantes produziram numerosas denúncias na imprensa e, ao mesmo tempo, conseguiram demonstrar o silêncio revelador das integrantes da FBPF sobre a violência sofrida pela jovem. A omissão da federação duraria dois meses e só foi rompida depois que o caso tomou a arena pública, com a visita de Amélia Duarte, integrante da federação, para oferecer apoio jurídico, em nome da entidade.[155]

As diversas opiniões e formulações que se empregaram sobre igualdade não só fizeram parte do repertório feminista, como agiram diretamente sobre a formulação da legislação trabalhista. É nessa medida que a organização da FBPF interessa à pesquisa, assim como a visão de

---

153. *A Manhã*, 30 maio 1935.
154. Organização política de projeção nacional fundada em 1935 com o objetivo de combater o fascismo e o imperialismo. A ANL contava com militantes de diferentes correntes políticas em suas fileiras.
155. *A Manhã*, 26 set. 1935. Para mais sobre o caso Genny Gleizer, ver Arruda (2011).

outros grupos sociais, do PCB, de sindicatos e organizações patronais. Por isso, é preciso notar que a FBPF não se empenhou apenas em obter o direito de voto para as mulheres nem esteve isolada das disputas que o campo da chamada emancipação feminina impunha. Compreender os diferentes períodos da história do feminismo envolve encampar a importância de se dar precedência às definições que as mulheres faziam de si mesmas e dos movimentos aos quais elas se vincularam, como forma de obter análises capazes de explicar por que o feminismo e as conexões internacionais se constituíram e cresceram, primordialmente, nas camadas altas da sociedade e em países ricos.[156] Os efeitos obtidos pela organização de mulheres burguesas e provindos de países euro--americanos, medidos apenas pela natureza dos movimentos, não explicam a circulação dos ideais de igualdade e as disputas travadas entre classes sociais na conquista de direitos das mulheres. No feminismo, havia mais do que polêmicas.[157] Por esse motivo, a polarização narrativa a separar e escalonar os campos do feminismo não é uma estratégia capaz de produzir sínteses. As trajetórias de "Rachel", de Leolinda Daltro, de Bertha Lutz, de Patrícia Galvão, de Maria Lacerda de Moura, de Maria Antônia Soares, de Carlota Pereira de Queiroz ou, ainda, das irmãs Kenik geralmente entendidas como casos isolados, como excepcionalidades, são histórias que podem ser compreendidas a partir de

---

156. Leila Rupp, ao contar a história das conexões internacionais do movimento feminista, enfrentou desafio semelhante (Rupp, 1997:5-8). Esse livro analisa a relação e as disputas travadas entre três grandes associações internacionais de mulheres: o International Council of Women, fundado em 1888, a International Alliance of Women e a International League for Peace and Freedom, criada em 1915.

157. Savarsy (1992). A autora busca compreender a síntese das práticas de feministas pós-sufragistas, que haviam lutado pela emenda de equidade de direitos e as feministas conhecidas como *reformers* nos Estados Unidos: "As defensoras da Emenda por Direitos Iguais são criticadas por terem falhado em desenvolver políticas voltadas para a família, e as defensoras de uma legislação protetiva para as mulheres foram julgadas por promoverem a segregação entre mulheres e homens no mercado de trabalho. Como resultado, as tentativas feministas de síntese se perderam em registros históricos". A análise que a autora faz sobre o pagamento de pensões às mulheres retoma a atuação dos dois campos do feminismo e demonstra a síntese anunciada (Savarsy, 1992:331-333).

suas disputas e no conjunto, de modo a revelar a história dos direitos das mulheres no Brasil.

A distância entre as classes sociais, ainda que grande, e as "discordâncias aborrecidas" revelaram uma "perversa operação de classe" (Kessler-Harris (2001:9)[158] na historiografia. Contar a história do feminismo por seus grupos hegemônicos foi uma estratégia narrativa que escondeu os conflitos a ponto de escamotear tudo aquilo que as trabalhadoras pensavam sobre sua condição. O resultado foi uma história de poucas mulheres a realizar grandes feitos. Ao se retomar a experiência de classe delas e observar a circularidade de ideias e reinvindicações, é possível encontrar projetos diferentes de igualdade em disputa no campo do feminismo. A FBPF, nos anos 1930, decidiu se envolver fortemente na implantação da legislação trabalhista. A partir das pressões das trabalhadoras, das militantes comunistas e, até mesmo, de uma rede transnacional de movimento feminista é possível compreender melhor como a entidade, a princípio tão preocupada com direitos civis, passou a tratar de um programa sobre trabalho.

---

158. A historiadora ficou conhecida também por atuar num debate sobre os Estados Unidos contemporâneos quando se envolveu no processo jurídico em que a Comissão de Oportunidades Igualitárias no Emprego, do governo norte-americano, acusou a companhia Sears de praticar sexismo ao não promover mulheres para cargos mais altos da empresa. Para mais, ver Kessler-Harris (1986).

PARTE II

Maternidade, matéria de direitos

A ambulância tilinta baixo numa curva da rua Frei Caneca. Para diante do portão enferrujado da maternidade. Uma padiola muito branca, um braço muito moreno, acenando na polidez do lençol. Mais uma para o pavilhão dos indigentes. No vasto quarto, uma porção de camas iguais. Muitos seios à mostra. De todas as cores. Cheios, chupados. Uma porção de cabecinhas peladas, redondas, numeradas.

– Deixe meu filho aqui. Vocês me trocam ele!

Não percebe que a distinção se faz nas próprias casas de parir. As criancinhas da classe que paga ficam perto das mães. As indigentes preparam os filhos para a separação futura que o trabalho exige. As crianças burguesas se amparam desde cedo, ligadas pelo cordão umbilical econômico [Galvão, 2006:63].

O romance político de Patrícia Galvão descreve a organização de um hospital de maternidade a partir das diferenças de classes sociais. Para a autora, o parto não era vivido da mesma maneira pelas mulheres. Acesso às crianças e formas de cuidado poderiam variar de mulher para mulher, de classe para classe, de raça para raça, nas letras da militante comunista. Mulheres e crianças engrossavam a classe trabalhadora do período, somando os lucros do parque industrial paulista que geraram uma boa parte dos conflitos de classe durante os primeiros anos da República.

Pretendo, aqui, explorar como as noções de maternidade e cuidado entraram na ordem do dia do poder público, considerando que mulheres e crianças, naquele momento, pertenciam a uma camada social com grandes dificuldades de sindicalização e de barganha. O objetivo é compreender como as tensões do período, provocadas entre trabalhadores na relação com o Estado e com o empresariado, puderam constituir um repertório sobre justiça social que envolvia a vida das mulheres que trabalham. Para isso, as relações políticas construídas a partir do feminismo, numa perspectiva transnacional que envolvia as disputas desse movimento a partir de diversos países, na relação com a Organização Internacional do Trabalho, pesaram sobre o Estado corporativista brasileiro ao criar suas leis que visavam proteger os direitos das mulheres.

CAPÍTULO 4
Entre direitos e benefícios

Enquanto paralisações e piquetes ainda aconteciam na cidade de São Paulo, as soluções para os conflitos que vieram à tona por meio das greves de julho de 1917 eram debatidas tanto no movimento operário quanto na imprensa e no Parlamento. Como vimos, o trabalho de menores era um dos pontos centrais das discussões, não sem motivo, já que constituía uma das causas para a deflagração das greves. Dessa forma, a regulação do trabalho das crianças foi uma das maneiras pelas quais a classe trabalhadora expressou seu envolvimento com a aprovação de leis. As atrocidades cometidas contra as crianças nos postos de trabalho fabris sequer terminariam com o ano de 1917. Damiano Cacciolito, em idade escolar, encostou para descansar na fábrica Penteado porque sentia dores de dente. Conforme registrou *A Plebe*, fragilizado pela febre, foi devorado por cães a mando dos mestres. Seu enterro se tornou um protesto de homens e mulheres contra a exploração das crianças.[159] Nem mesmo o interventor do estado de São Paulo sabia dizer sobre o regramento do trabalho de menores,[160] mas, depois de julho daquele ano, ficaria difícil ignorar o problema:

> Os leitores devem estar lembrados de que uma das reclamações apresentadas pelos operários durante as greves de julho, era relativa aos trabalhos de menores nas fábricas. Felizmente, agora, a Diretoria do Serviço Sanitário resolveu agir e está fazendo distribuir um aviso por todas as oficinas e

---

159. *A Plebe*, 4 nov. 1922.
160. *O Combate*, 20 jul. 1917.

fábricas, lembrando aos respectivos proprietários algumas das disposições do Regulamento Sanitário do Estado, a respeito do trabalho de menores.

Resta ver, ainda, se os industriais que se recusarem a obedecer estas disposições da lei serão punidos de fato, pois até agora as multas não têm sido cobradas.[161]

Um gerente "inconstante e prepotente" organizava o trabalho de crianças que ficaram conhecidas como "vítimas do conde" por trabalharem muito e por baixos salários na fábrica Mariângela, do conde Francisco Matarazzo.[162] Na fábrica Santa Isabel, um menino foi multado por não ter cumprido o protocolo de suas tarefas e foi reclamar com o "casmurro e injusto" gerente, que o tratou a pontapés. O garoto recebeu solidariedade dos adultos que pararam a fábrica logo em seguida, junto com mais 70 crianças.[163] Efetivar os dispositivos do Código Sanitário e fazer valer as regras para o trabalho de menores era um dos caminhos possíveis para acalmar os ânimos insuflados pelas greves do período. Estimava-se que uma em cada três crianças morria em decorrência da brutalidade das relações de trabalho e, de acordo com Nicanor Nascimento, no Brasil, não havia legislação operária como "meio de segurança" para amparar as classes trabalhadoras.[164]

Desde 1894, o Código Sanitário estabelecia que o trabalho noturno de menores de 15 anos e de mulheres até 21 anos era "terminantemente proibido". Mesmo assim, as crianças não deveriam ser escaladas para trabalhos comuns em fábricas e oficinas. Em 1911, um novo código estabeleceu que nenhum menor de 10 anos deveria trabalhar e aqueles entre 10 e 12 anos deveriam apenas executar serviços leves, além de proibir

---

161. *O Combate*, 29 nov. 1917.
162. *O Combate*, 20 mar. 1920.
163. *O Combate*, 13 nov. 1920.
164. *O Combate*, 13 maio 1918. Nicanor Nascimento foi deputado federal pelo Distrito Federal entre os anos de 1911 e 1917 e entre 1924 e 1926. Esteve ligado a grupos socialistas e procurava difundir as pautas do movimento operário do período.

a execução do trabalho noturno por parte dos menores de 18 anos.[165] As greves certamente impulsionaram a reforma dos códigos também em 1918 – menores não deveriam trabalhar em indústrias de bebidas alcoólicas, lidar com máquinas pesadas e executar trabalhos que produzissem fadiga demasiada. O regulamento sanitário também estabelecia que menores de 18 anos e mulheres não deveriam trabalhar à noite. A licença-maternidade aparecia pela primeira vez nos regramentos do estado de São Paulo e as leis para higiene do trabalho determinavam que as mulheres não poderiam trabalhar na indústria durante o último mês de gravidez e o primeiro do puerpério. O Código Sanitário legislava apenas sobre o trabalho e sobre a higiene no estado de São Paulo.[166]

As leis e os regulamentos sanitários existentes estavam longe de produzir algum efeito dentro das fábricas. Eles não só eram ignorados pelas autoridades como também eram atacados pelos empresários, que chegaram ao ponto de requerer um interdito para a norma do trabalho de menores ao Supremo Tribunal, cujo resultado foi a anulação dos efeitos do Código Sanitário: "Conhecíamos a lei municipal e nunca tivemos a ingenuidade de acreditar na sua utilidade. A regulamentação do trabalho nas fábricas precisa vir, porém, para todo o Brasil".[167]

A relação que o regulamento para o trabalho das crianças guardava com a formulação de um ordenamento específico para as mulheres estava posta para além do fato de serem os menores e as mulheres largamente utilizados como mão de obra nas indústrias de São Paulo. Grande parte dos menores inseridos na indústria têxtil era composta por meninas.[168] As normas para o trabalho das crianças e as leis para o trabalho das mulheres também estavam relacionadas, visto que provinham da noção de

---

165. Decreto nº 233, de 2 de março de 1894, e Decreto nº 2.141, de 14 de novembro de 1911.
166. Decreto nº 2.918, de 9 de abril de 1918.
167. *O Combate*, 5 dez. 1917.
168. Matéria publicada no jornal *A Classe Operária*, em 1925. Ver Hall e Pinheiro (1979:127-130). Somam-se a isso os relatórios da Ciesp que revelavam a preferência por mão de obra de "mocinhas" nas indústrias têxteis. Ver ata da Ciesp nº 76, de 8 de junho de 1929; Paoli (1988:175-193).

que caberia às mulheres, quase exclusivamente, o cuidado e a criação de filhos e filhas. A elas incumbia também a responsabilidade de livrar as crianças da condição de exploração, como destacava o jornal *O Combate*:

> Nós devemos quanto antes legislar sobre o trabalho dos menores. Quisesse a mulher brasileira concorrer para esta caridade e teria conseguido arrancar milhares de crianças desgraçadas das garras de torpes exploradores sem coração. Por que não inicia a mulher uma propaganda nesse sentido?[169]

A alta taxa de mortalidade das crianças também era explicada pelos cuidados recebidos nos primeiros meses de vida, ou pela falta deles. Para o médico Clemente Ferreira, a ausência de aleitamento era uma das principais causas da morte de bebês e estava vinculada ao "abuso do trabalho feminino, pelo excessivo esforço e dispêndio de forças orgânicas prolongado até as vésperas do parto". Os "malefícios das usinas", para o médico, deveriam ser tratados como um "problema social", a exemplo de países europeus que utilizavam a aplicação de leis e direitos para, em nome da maternidade, salvaguardar a mulher. Alemanha e Itália faziam uso de creches industriais; Suécia, Bélgica, Inglaterra e Argentina, ao menos na capital, proibiram o trabalho antes e depois do parto.[170] O caso da França foi trazido por Ferreira com particular atenção, fundamentando-se nos estudos de Pinard. O médico brasileiro ajuizou ser preciso que o auxílio do Estado "se torne um direito para todas as mães necessitadas", por se tratar de um "ato civilizador, de um ato econômico e de um ato de justiça".[171]

Clemente Ferreira asseverou que o Brasil era uma "página em branco" sobre as questões das mulheres e da infância, embora reconheces-

---

169. *O Combate*, 5 dez. 1917.
170. *O Combate*, 25 set. 1917.
171. *O Combate*, 27 set. 1917. Clemente Ferreira aludiu aos estudos de Adolphe Pinard (1844-1934), parlamentar e médico higienista francês que se dedicou aos estudos de obstetrícia e puericultura.

se os empenhos regulatórios dos códigos sanitários.[172] Pouco tempo depois, tais páginas vazias passariam a ser escritas com projetos de instalação de creches, licença-maternidade e proibição do trabalho noturno de mulheres, questões que orientaram o debate travado pelos parlamentares da Comissão de Constituição e Justiça, particularmente preocupada em envolver as demandas emergidas dos conflitos sociais de 1917, "despertados violentamente pela veemência tumultuosa das reivindicações do proletariado, pelo apelo vibrante do exército de operários que reclamam justas concessões e razoáveis vantagens".[173] Registrava-se ser mesmo um momento de mudança para as questões afetas às mulheres, que já tinham recebido alguma preocupação legislativa por parte do deputado Maximiano Figueiredo,[174] mas sem a mesma notoriedade que o ano de 1917 proporcionou:

> Agora, porém, parece que os dirigentes compenetraram-se afinal de que não é possível adiar por mais tempo o dever social inelutável de proteger e preservar a saúde das mães operárias e de seus filhos na vida uterina e durante a lactância.[175]

Foram cinco os projetos de lei apresentados pelo deputado Maurício de Lacerda[176], ainda em julho de 1917, três dos quais abordavam o trabalho de mulheres e crianças: o Projeto nº 125, de 16 de julho de 1917, sobre o trabalho feminino, o Projeto nº 135, de 24 de julho de 1917, sobre criação de creches em estabelecimentos industriais e o Projeto nº 137, de 18 de julho de 1917, sobre a criação de contratos de aprendizagem.[177]

---

172. *O Combate*, 27 set. 1917.
173. Ibid.
174. João Maximiano Figueiredo (1868-1918) foi deputado federal pela Paraíba entre 1912 e 1917.
175. *O Combate*, 27 set. 1917.
176. Maurício de Lacerda (1888-1959), advogado e parlamentar, desenvolvia sua atuação em contato com organizações operárias.
177. Os demais projetos apresentados por Maurício de Lacerda foram o Projeto nº 119, de 11 de julho de 1917, que visava regular a jornada de trabalho de oito horas, e o Pro-

Até 1920, todos foram discutidos pela Comissão de Legislação Social, formada em 1918, e o tema das mulheres que trabalhavam passou a ser tratado pelo deputado João Pernetta.[178] Mais tarde, as medidas propostas por Maurício de Lacerda seriam discutidas a partir do escopo do Projeto nº 284, que ficou conhecido como Código do Trabalho e reunia as proposições sobre o tema.

As emendas propostas por Maurício de Lacerda ao texto elaborado por João Pernetta envolviam a redução da jornada de trabalho das mulheres para seis horas diárias, proibição delas no trabalho noturno e em atividades pesadas, insalubres e que fossem "ofensiv[as] ao pudor ou contra moral". Todas essas emendas eram abordadas pelos parlamentares em termos de um "pensamento protetor" de Lacerda, para quem "não haveria leis nem tratados capazes de igualar a situação fisiológica e social do homem, da mulher e da criança".[179] Em termos de diferença de condições entre os três segmentos, os debates se seguiram com o objetivo de melhorar a situação da classe trabalhadora diante das péssimas condições de trabalho e ausência de direitos, principalmente na indústria.

Desde o princípio, ao se pensar a instalação de uma legislação para o trabalho, o que estava em jogo era remediar a questão social e a proteção do trabalhador e sua família (Gomes, 1979:31). Isso significava dizer que se construía a concepção do trabalho livre, como matéria de direitos, de forma nada neutra – conjugava-se a noção de que as prerrogativas masculinas estavam enraizadas na existência de uma família que dependia do trabalho da mulher em casa e na criação dos filhos. A proteção da força de trabalho, em vista de uma legislação pensada como um fator de ordem sanitária e moral, envolvia o futuro da raça humana e a repro-

---

jeto nº 137, de 18 de julho de 1917, que pretendia estabelecer comissões de conciliação e arbitragem, com representação de operários e patrões. Ver Gomes (1979:65).
178. O engenheiro João Pernetta (1874-1933) foi deputado federal pelo Paraná entre 1915 e 1920 e interventor daquele estado em 1931 e 1932. Participou da Conferência de Washington, em 1919, e foi membro da Comissão de Legislação Social.
179. Câmara dos Deputados. Atas da Comissão de Legislação Social, 7 de novembro de 1919.

dução e conservação da própria força de trabalho. Foi por dentro desses aspectos que se forjou o pensamento sobre a proteção do trabalho das mulheres no Parlamento (Gomes, 1979:78).

Ao menos dentro do debate promovido pela Comissão de Legislação Social, visto que o Código do Trabalho não seria aprovado nos moldes em que fora proposto, as emendas vitoriosas na disputa de ideias foram aquelas que menos estabeleciam dispositivos para permitir o trabalho das mulheres, mas que também, por outro lado, não abriam mão de envolver algum critério de proteção. Maurício de Lacerda, apoiado no relator João Pernetta, propôs um projeto de licença-maternidade de 100 dias, com manutenção dos vencimentos e garantia de estabilidade no emprego. A extensão da licença não foi aceita de pronto pelos demais parlamentares, pois alguns deles conjecturaram reduzir o prazo que, na proposta de Andrade Bezerra, seria de apenas 15 dias.[180] Na imprensa, o jornal *O Combate* também demonstrou preocupação com a emenda de 100 dias:

> Os projetos de Maurício de Lacerda em suas linhas gerais asseguram um conjunto de medidas de proteção legal e de assistência social às mães e às crianças, mas exigindo muito, por exemplo, no tocante à duração do repouso antes e depois do parto – 100 dias – receamos que sérios riscos corram a sua exequibilidade, parecendo mais prático que nos contentemos com a exigência da lei francesa [oito semanas entre antes e depois do parto]. Além disso, não declara o primeiro projeto se a licença que fruirá a operária por concessão do patrão, será indenizada e por quem?[181]

Nenhum dos deputados apresentou uma proposta clara sobre a responsabilidade do pagamento e dos encargos da licença-maternidade, o que tornava pertinente o questionamento do jornal. A proposta de equiparar a compensação da licença-maternidade ao pagamento de indenização de acidentes, ou seja, a de se estabelecer um sistema de se-

---

180. Ibid.
181. *O Combate*, 10 nov. 1919.

guridade geral com vencimentos quitados na proporção de dois terços do salário, foi ventilada por Andrade Bezerra, mas Maurício de Lacerda argumentou que eram diferentes as naturezas das indenizações. No caso dos acidentes, o propósito era o de forçar o patrão a não abandonar a vítima, enquanto a maternidade, por sua vez, configurava impedimento temporário do trabalho e seria do interesse do Estado "proteger e não deixar ser [a maternidade] um espantalho para a mulher proletária".[182] Argumentou ainda que se o Estado resguardava a vida do nascituro, "em nome de interesses superiores", deveria também se incumbir de defender "o sossego materno" e "a vida das crianças, assegurando-lhe todas as regalias precisas para que venha ao mundo".[183] A vitória da emenda se deu com a ressalva de José Lobo,[184] deputado que costumeiramente se posicionava contra a "desorganização do setor industrial" face às leis trabalhistas. Em outros termos, foi vencedora a proposta legislativa que garantiria a licença-maternidade de 30 dias antes e depois do parto, e não os 100 dias defendidos por Lacerda, além da proposição de pagamento de dois terços do salário, aprovada pela Comissão de Legislação Social.[185] Para prever a garantia da execução das normas, a comissão também estabeleceu multas para os empresários que demitissem mulheres grávidas "sem motivo imperioso".[186]

No que concerne aos temas da maternidade e da proteção que o Estado deveria garantir, foram ainda debatidos a necessidade de troca de posto da mulher grávida em serviço nas oficinas, a licença quando da ocorrência de "qualquer acidente com a gravidez" e os intervalos designados para amamentação. A troca de posto, apenas durante o período de gravidez, não sofreu polêmicas ou oposições e foi defendida por

---

182. Câmara dos Deputados. Atas da Comissão de Legislação Social, 10 de novembro de 1919.
183. Ibid.
184. José Manuel Lobo (1864-1930) foi deputado federal por São Paulo de 1903 a 1923.
185. Câmara dos Deputados. Atas da Comissão de Legislação Social, 7 de novembro de 1919.
186. Câmara dos Deputados. Atas da Comissão de Legislação Social, 10 de novembro de 1919.

Lacerda como uma "questão de higiene do trabalho, em favor, em uma só pessoa, de duas vidas". A licença para o caso de aborto também foi debatida com algum consenso e aprovada, prevendo licença de 30 dias, mediante atestado médico. Entretanto, o estabelecimento de intervalos durante a jornada de trabalho para a amamentação, mesmo com todas as recomendações do médico Clemente Ferreira, passou por escrutínio dos membros da comissão. A matéria estava vinculada ao estabelecimento de creches e salas de aleitamento em unidades industriais com mais de 10 operárias, e o relator João Pernetta condenava a instalação desses equipamentos por acreditar que eles funcionavam "contra a formação moral e afetiva da família".[187] Foi feita a proposta segundo a qual, "nos últimos meses que durar a lactação, terá a operária direito a meia hora por dia, durante o trabalho, para amamentar seu filho". Deu-se também a polêmica que considerava meia hora um tempo muito curto para a mulher realizar o trajeto de casa para o trabalho. Diante de tais posicionamentos, Pernetta respondeu que, "naquele andar, a Comissão acabaria legislando sobre com que pé a operária deve sair de casa". O cuidado da família como prerrogativa exclusiva das mulheres era um pressuposto das opiniões do relator da comissão. Por sua vez, também se posicionou contrariamente ao estabelecimento de equipamentos, advogando que às mulheres cabia não só a lactação, mas todo o conjunto de cuidados, mesmo sem prever ou supor quem cuidaria da criança durante todo o restante do período em que a mulher cumprisse sua jornada de trabalho. Com o objetivo de relembrar aos parlamentares a importância e os motivos que os levaram a debater sobre o trabalho das mulheres e os termos da regulação, Lacerda, assim, discursou sobre os supostos excessos legislativos, inserindo os direitos da maternidade no debate geral das questões operárias:

---

187. São tratados, aqui, neste texto, como equipamentos as políticas praticadas pelo Estado ou pelo empresariado para compartilhar cuidados tais como creches, escolas patronais e salas de aleitamento.

Caso contrário [na ausência de leis para as mulheres], o melhor seria abandonar o problema ao agudo conflito de classes, assistindo-o de braços cruzados sem dele tirar nenhuma consequência.[188]

Os intervalos de meia hora, a serem usufruídos para amamentação no horário fixado a critério da trabalhadora, foram aprovados assim que Lacerda fez seu discurso, sob protestos de Pernetta que, não convencido, ainda considerava a emenda "regulação excessiva". Por trás da discordância do deputado paranaense estava sua oposição ao estabelecimento de creches e salas de aleitamento. Lacerda respondeu às queixas do colega: a utilização dos equipamentos não era compulsória e as trabalhadoras que desejassem manter seus filhos em casa poderiam fazê-lo. O projeto das creches e das salas de aleitamento, da parte de Lacerda, deveria prever não apenas o compartilhamento dos cuidados, mas também da gestão e do financiamento dos equipamentos. Parte dos custos deveria ser coberta com os descontos dos salários de mulheres e homens, em proporções diferentes: um terço da diária das mulheres e um quinto da renda diária "de adultos solteiros que não sejam arrimo de mãe viúva ou irmã solteira ou irmãos menores". A administração dos equipamentos ficaria a cargo de uma comissão de operários e operárias escolhidos, apenas, por estas últimas por meio de votação. Uma dupla de mulheres que já fossem mães deveria deixar suas funções periodicamente e cuidar das crianças, recebendo normalmente seus salários. As salas de aleitamento seriam voltadas aos bebês de até seis meses, e as creches receberiam crianças até os dois anos. Andrade Bezerra sugeriu uma emenda em que qualquer um dos dois equipamentos, ou ambos, poderiam ser instalados por uma ou mais empresas. A proposta de instalação e a emenda de Bezerra foram referendadas pela Comissão de Legislação Social.[189]

---

188. Câmara dos Deputados. Atas da Comissão de Legislação Social, 10 de novembro de 1919.
189. Ibid.

As proposições de Lacerda e o pensamento de Clemente Ferreira, que advogavam pela interferência do Estado na reprodução da vida e na maternidade como um direito social, encontraram, ao longo do debate, opiniões diferentes. Carlos Penafiel, parlamentar do Rio Grande do Sul, era menos propenso à mediação do Estado nas relações de trabalho, pois receava que o precedente para intervenção do Estado nessas questões pudesse ameaçar a autonomia do Rio Grande do Sul e sua elite política, "ferindo de morte o federalismo" defendido pela bancada (Gomes, 1979:73-80; Ghizini, 2015:63). O deputado considerava que a generalização do trabalho das mulheres era causa de "um profundo mal-estar social", pois, para ele "o verdadeiro reino da mulher é o lar". A partir de seu ponto de vista, defendeu que "toda proteção legal econômica se faz necessariamente contra a própria mulher, contra aquela que se visa proteger" (Gomes, 1979:78). O parlamentar pouco havia participado dos debates sobre o tema durante a atividade da comissão e protestou por meio de um único texto em que testemunhava sua oposição a tudo quanto havia sido discutido. Penafiel e, de acordo com ele, "toda bancada rio-grandense" consideravam que uma lei sobre acidentes de trabalho poderia ser mais efetiva do que as medidas debatidas pela comissão "como obra de segurança e solidariedade social", pois defendia que preservar o "chefe da família ou o sustentáculo" era a melhor forma de impedir o infortúnio e conservar a unidade familiar. Conquanto se concentrasse em defender direitos para os homens como forma de favorecer as mulheres, Penafiel se posicionou contrário às emendas aprovadas, por considerar que "a mulher adulta não deveria ser coagida por lei ao afastamento da fábrica".[190]

Os termos da discordância de Penafiel e, por conseguinte, da "bancada rio-grandense" em relação às emendas aprovadas pela comissão, ainda que supostamente voltados aos interesses das mulheres, versavam mais sobre a falta de prerrogativa da comissão em legislar sobre o trabalho no estado federativo do que sobre a defesa humanitária do

---

190. Ibid.

regulamento para mulheres e menores.[191] Nas palavras do parlamentar gaúcho:

> De resto, o Estado não me parece ter o direito de sacrificar a mulher em um direito natural, inalienável e sagrado, constantemente presente a todos os membros do corpo social, princípios simples e incontestáveis sob o pretexto de proteger, marcando a duração do trabalho, quando não lhe dá garantia quanto à intensidade do trabalho que afeta mais o organismo delicado da mulher e não fixa salário mínimo.[192]

As palavras de Penafiel demonstravam que as propostas de legislação para o trabalho das mulheres encontravam programas diferentes. De um lado, a "bancada rio-grandense", que fazia oposição à aprovação de dispositivos que regulassem o trabalho e considerava qualquer esforço nesse sentido uma ação "melindrosa e funesta à liberdade humana", também advogava que qualquer lei para as operárias seria uma forma de retirá-las do mercado (Gomes, 1979:78). De fato, Penafiel fez mais oposição aos termos de regulação de jornada do que se expressou sobre a licença-maternidade. O trabalho de reduzir os impactos promovidos pelos parâmetros desenhados na comissão, como os 100 dias de descanso proposto por Lacerda, ficou a cargo de outros parlamentares. No entanto, Lacerda capitaneou uma série de debates e fez a defesa de princípios que haviam colocado as trabalhadoras na disputa de classe e no debate geral dos problemas operários que serviriam de base, anos mais tarde, para elaborar dispositivos de direitos do trabalho para as mulheres.

Por mais que, muitas vezes, os direitos das operárias se revestissem de sentimentos humanitários e higiênicos, não foi a proposta de licença-

---

191. A competência legislativa do Parlamento nos temas do trabalho foi amplamente debatida pela legislação social e a contenda só vai ter definitivo desfecho com a chamada "Emenda 26", quando uma alteração constitucional firma essa prerrogativa em 1926. Ver Gomes (1979:37, 75).
192. Câmara dos Deputados. Atas da Comissão de Legislação Social, 10 de novembro de 1919.

-maternidade que se salvou da pressão das bancadas antirregulamentação e do debate nacional para ganhar força de lei. O projeto nº 284 do Código do Trabalho deu origem a uma lei operária sobre acidentes de trabalho, à aprovação das leis de férias, à "Lei Eloy Chaves" e ao Código de Menores, aprovados e em vigor nos anos subsequentes.[193] O malogro na aprovação de um código global do trabalho, muitas vezes criticado por ser a comissão morosa nos debates ou não ter legitimidade para legislar nacionalmente, criaria parâmetros definitivos para o direito do trabalho que seriam retomados diversas vezes em momentos posteriores.

A emenda de Andrade Bezerra sobre creches e salas de aleitamento daria origem ao debate sobre "escolas maternais". Essas escolas

> obedeceriam a um critério social e a colocação delas, entre as fábricas, decorria da obrigação do estado de velar pela infância, cujos pais estavam presos ao trabalho, desviando assim da vadiagem enorme população escolar proletária.[194]

A comissão decidiu ser esse um tema que dizia respeito diretamente à União e não deveria ficar a cargo dos estados por ter como matéria a educação. As escolas maternais existiam desde 1902 como um projeto da professora Anália Franco, mas ainda não havia se tornado uma política de governo (Kishimoto, 1998).[195] Entretanto, a instalação de equipamentos de cuidados passaria a ser debatida como uma questão que dizia respeito à educação e às trabalhadoras.

Em 1924, os empresários de São Paulo encamparam o projeto como uma medida afeta ao mundo do trabalho e às trabalhadoras: a instala-

---

193. A lei sobre acidentes de trabalho, nº 3.724, foi aprovada em 1919. A lei "Eloy Chaves", que instituía caixas de aposentadoria e pensões, é o Decreto nº 4.862, de 1923, e o "Código de Menores" é o Decreto nº 5.083, de 1º de dezembro de 1926.
194. Câmara dos Deputados. Atas da Comissão de Legislação Social, 12 de novembro de 1919.
195. A educadora Anália Franco (1853-1919) instalou escolas, com apoio das elites paulistas, desde a Lei do Ventre Livre, de 1871. Junto com Maria Rennotte, editou o jornal *A Família*. Ver Mott (2001).

ção de "escolas maternais" para filhas e filhos de operários. O decreto estadual de 30 de abril de 1924, que criava o equipamento, estabelecia que o governo do estado deveria instalar escolas junto às fábricas, com capacidade para 120 alunos, que poderiam ter de 0 a 7 anos, "durante as horas de trabalho dos operários".[196] A adesão às "escolas maternais", por parte dos empresários, era facultativa, devendo funcionar como "intermediárias entre a família e a escola [regular]".[197] Por iniciativa da Câmara dos Deputados do estado de São Paulo, a proposição legislativa foi encabeçada pelo parlamentar, jornalista e advogado Hilário Freire e submetida à casa em 1923.[198]

As escolas maternais e as creches, de acordo com a nova legislação, passariam a funcionar todos os dias úteis durante o funcionamento das fábricas, não havendo férias. O Cift recebeu o decreto com satisfação e circulou entre empresários e donos de fábricas a notícia com avaliação positiva ao bom andamento do trabalho de operárias e operários, de modo a incentivar a adesão ao projeto. Demonstraram, pelo ponto de vista da categoria, duas vantagens:

> A fixação do operário na fábrica e a possibilidade de mães trabalharem com eficiência, uma vez que os filhos de tenra idade ficam confiados às escolas; o amparo das crianças durante as horas de trabalho dos pais.[199]

A experiência das "escolas maternais" já havia sido aplicada por fábricas do interior do estado e foi relatada pela entidade como uma forma de se ter "operário fixo" e satisfeito, o que consideraram melhor que "mal satisfeito", fazendo referência ao grande número de greves e paralisações

---

196. Decreto nº 2.014, de 26 de dezembro de 1924; Deops. Prontuário União dos Operários em Fábrica de Tecidos 0124/Sindicato dos Operários em Fiação e Tecelagem 0124/0924, v. 1.
197. Decreto nº 3.078, de 30 de abril de 1924.
198. Acervo Histórico da Assembleia Legislativa do estado de São Paulo. Documento 27.255, caixa C157. Hilário Freire (1883-1962), advogado, escritor e parlamentar, foi deputado estadual entre 1922 e 1930.
199. AEL. Circular Cift nº 322, 5 de maio de 1924.

e aludindo ao numeroso contingente de operários e operárias que constavam na lista de "indesejáveis" nas páginas das circulares do centro.

O potencial de satisfação da classe trabalhadora com o advento das "escolas maternais" deveria ser mesmo algo concreto, visto que, do ponto de vista dos empresários, as despesas com elas foram consideradas pequenas diante do efeito de "tornar mais eficiente o trabalho feminino, libertando a mãe dos cuidados que as criancinhas requerem".[200] O Cift se empenhou em convencer os demais empresários a aderirem ao projeto do governo do estado e organizou uma conferência entre a classe e o secretário do Interior para firmar a parceria entre eles: a cargo dos donos de fábrica ficava o custeio do prédio, com capacidade para 150 alunos, a alimentação de crianças e da equipe pedagógica, o salário do médico e do dentista, que poderiam ser aqueles que já prestassem serviço para a fábrica; o governo do estado deveria arcar com o material escolar e os salários da equipe pedagógica. Ao fim da reunião, circulou a seguinte recomendação para os membros:

> Cremos não haverá um único sócio deste Centro que não queira aproveitar-se dos favores desta bela lei. Em troca de despesas mínimas e até ridículas de pequenez, terão os filhos dos seus operários recolhidos a creches, quando pequeninos, e a jardins de infância, quando maiores. Poderão as mães trabalhar, a mortalidade infantil baixará incontinente e à sociedade se incorporarão novos elementos sadios e eficientes.
>
> Reiteramos o nosso convite: o Centro, sem trabalho algum para os seus sócios, providenciará perante o Governo no sentido de serem instaladas as creches e escolas junto das fábricas que quiserem fazê-lo.[201]

A parceria entre governo e donos de fábricas vinculadas ao Cift para promover o bom funcionamento das escolas maternais mostraria um

---

200. AEL. Circular Cift nº 397, 31 de dezembro de 1924.
201. AEL. Circular Cift nº 399, 5 de janeiro de 1925. Ver também Hall e Pinheiro (1979:211).

novo elemento na complexa relação que empresários e estado estabeleceram nos anos 1920. Se, por um lado, esses empresários desejavam que o poder público ficasse longe das relações de trabalho e rechaçavam as tentativas de implementação de legislação social, por outro, parcerias como essa eram aplicadas em nome de iniciativas que contemplassem e freassem a mobilização operária. No entanto, não se pode perder de vista que "modernizar" as relações de trabalho fazia parte do repertório dessas lideranças econômicas, como no caso de Jorge Street, dono da fábrica Maria Zélia.[202] De sua parte, orgulhava-se de ter implementado uma vila operária, com habitações de boa qualidade, creche e escola primária, fornecendo farmácia, mercearia, igreja e opções de lazer. Algumas vezes, essas iniciativas de Street foram confundidas com uma estratégia fordista ou ainda foram interpretadas como ações paternalistas de autoridade; mas é certo que parte dos seus esforços consistia em propagandear que não havia necessidade de intervenção pública no mundo das indústrias (Weinstein, 2000:39-42).

A instalação de escolas maternais guardava relação muito próxima com o posicionamento delineado nas circulares elaboradas pelo centro empresarial de São Paulo, qual seja, demonstrar que não havia necessidade de intervenção sistemática do Estado nas relações de trabalho, visto que os próprios donos de fábrica estavam dispostos a criar os dispositivos necessários para o bem-estar e a boa produção da classe trabalhadora. O exemplo dado por Jorge Street na instalação da Vila Operária Maria Zélia forneceu fortes argumentos para a prática de resolver os conflitos. Criada em 1912, atingiu a capacidade de abrigar cerca de 340 famílias em seus momentos mais áureos, e, de acordo com seu próprio criador, era o exemplo de uma "obra de justiça e de direito social". Com áreas de lazer, escolas, igrejas e praças, a vila também contava com uma creche com capacidade para atender 240 crianças menores de quatro anos. O aleitamento dos bebês era feito nessas instalações, e os mais velhos recebiam garrafinhas de leite para alimentação em casa

---

202. Jorge Street (1863-1939), empresário e dirigente da classe patronal.

e durante os finais de semana. O empresário entendia o cuidado das crianças como "um elo inatingível" entre patrão e empregadas capaz de fazer desaparecerem "mal-entendidos e malquerenças" entre eles.[203]

Por outro lado, nem mesmo o custo dessa resolução de conflitos, sem a força das leis, estaria a cargo exclusivo dos empresários. Algumas dessas vilas existiam desde o final do século XIX e foram implantadas com subsídios ou amortizações do Estado. Aluguel e contas eram abatidos dos salários e até mesmo o fiado do comércio era feito com vales da empresa. Menos do que dádivas, os serviços prestados eram, de alguma forma, pagos pelos empregados ou repassado aos governos. O critério para viver na confortável vila operária Maria Zélia era o de ter altos cargos na fábrica ou de ter uma família numerosa. Quanto mais crianças fizessem parte da família, maiores as chances de usufruir das facilidades oferecidas por Jorge Street (Teixeira, 1990:86). De acordo com a memória de uma moradora da vila:

> Tinha muita criança trabalhando... dez, doze, treze anos. Eles tinham medo que o vestido pegasse na correia, então elas tinham um calçãozinho assim, que nem as crianças, com elástico aqui na perna, cinturadinho com dois bolsos, manguinha curta... bonitinho [Teixeira, 1990:92].

O trabalho de menores, cujos salários eram mais baixos que dos trabalhadores adultos, sustentava uma parte dos benefícios concedidos pelo empresário sem que Jorge Street sentisse necessidade da participação das leis ou de regulamentações. O mesmo empresário, ao se opor à regulação da jornada das crianças, deixava claro que essa era parte substancial da força de trabalho e, por que não dizer, dos lucros somados:

> De fato, como poderemos nós substituir essas centenas de milhares de operários que hoje trabalham o dia cheio e iriam trabalhar só 50 ou 60% desse tempo? A desorganização do trabalho fabril será fatal e de gravís-

---

203. As citações de falas de Jorge Street estão em Teixeira (1990:80-81, 84).

simas consequências para todos, pois cerca de 50% do operariado fabril brasileiro é constituído por pessoas abaixo de 18 anos [Teixeira, 1990:146].

Jorge Street foi um dos empresários mais ativos na formação de uma rede de donos de fábrica a exercer pressão sobre o poder público com o objetivo de organizar a classe patronal. Sua atuação envolvia também uma forte articulação com o governo do estado de São Paulo e conseguiu alcançar algumas vitórias em nome de sua classe durante a implementação da legislação social brasileira. Em 1931, seria incorporado ao governo provisório no comando do Departamento Nacional da Indústria e Comércio (Araújo, 1981:65).

Em 1923, por ocasião da criação do Conselho Nacional do Trabalho (CNT), os empresários recordavam o memorial que haviam enviado ao Ministério da Agricultura quando o governo "acabava de tomar de novo em apreço o seu antigo projeto de regulamentar o trabalho nacional".[204] Referiam-se aos esforços de regulação feitos pela Comissão de Legislação Social e reclamaram a ausência de resposta aos seus pleitos, embora atestassem que a identificação compulsória de trabalhadores estivesse dando conta dos conflitos. Consultada desde, ao menos, os anos 1920 pelo poder público, a classe empresarial de São Paulo mantinha alguma resistência em absorver os acordos feitos nacionalmente e as mudanças geridas pelos governos.

Para além do sistema de identificação de trabalhadores e trabalhadoras que causavam instabilidades na vida das fábricas, os empresários também impulsionavam a garantia de benefícios por eles patrocinados, como no caso das creches. A Companhia Nacional Estamparia, de Sorocaba, era uma referência nesse tipo de gestão empresarial por ter instituído um programa de aposentadorias, um seguro-saúde e auxílio por doenças, assistência dentária e material escolar para as crianças das operárias e um complemento salarial de 10% para aquelas que se tornavam viúvas e se mantinham "honestas". As condições de

---

204. AEL. Circular Cift, 8 de setembro de 1923.

acesso aos benefícios eram de não fazer greve e trabalhar na fábrica por certo período mínimo, que variava de acordo com a vantagem oferecida.[205] No balanço político e financeiro de 1926, o Cift se queixava de que esse tipo de iniciativa não havia ganhado adesão da maioria dos empresários, "que tinha alto e nobre intuito de preparar para amanhã uma nova geração operária, sadia de corpo e sadia de espírito".[206] Ainda assim, o núcleo dos donos de fábricas mantinha-se firme em assegurar que controlavam e resolviam, por eles mesmos, os conflitos advindos das relações de trabalho. Tais conflitos, para eles, seriam remediados ou com benefícios sem força de lei ou com a criminalização dos pleiteantes.

> Nunca tivemos uma parede oriunda de outras causas, concretas ou abstratas e, se por vezes, em paredes provocadas por desejos de ganho maior surgiram reivindicações de outra natureza, pode este fato ser posto à conta de desejos criminosos de agitadores profissionais.[207]

Dessa forma, ao menor sinal de que o Código de Menores batia nos portões das fábricas, os empresários propagandearam as condições de trabalho que ofereciam às crianças como "quase um brinco". Relataram que as contratavam para "serviço levíssimo e extremamente fácil", que era o de substituir espulas, com longos intervalos de descanso. Como contratavam basicamente meninas, descreviam que elas eram "pequenas operadoras, aprendizes de ofício".[208] A promulgação do Código de Menores veio em 1º de dezembro de 1926 e foi denunciada pelos empresários por ser "uma lei sem critério e sem maior exame das condições do país". Jorge Street foi um dos articuladores, com apoio de Júlio Prestes, da aprovação de uma emenda legislativa que permitia que se

---

205. AEL. Circular Cift, sem número e sem data, 1924.
206. AEL. Circular Cift, Balanço 1925-1926.
207. Ibid. "Parede" era um termo usado no período para designar greves e piquetes.
208. Biblioteca do Instituto de Filosofia e Ciências Humanas da Unicamp (BIBIFCH). Circular Ciesp. Memorial Código de Menores, 1927.

aplicasse a jornada de oito horas diárias para jovens entre 14 e 18 anos (Teixeira, 1990:150). Com certo tom de alívio, também denunciaram que a lei não era fiscalizada e que, caso alguma fábrica fosse autuada, deveria entrar imediatamente em contato com o centro empresarial.[209] Era consenso no centro patronal que a lei de acidentes, a lei de férias e o Código de Menores ameaçavam "a organização do trabalho no Brasil e traziam prejuízos econômicos de monta ao proletariado".[210]

A tentativa de barrar o Código de Menores e permitir o trabalho de meninas nas fábricas envolveu duas táticas diferentes engendradas pelos empresários: propor substitutivos às leis e angariar o apoio do Poder Judiciário. No caso de não lograrem a mudança legislativa, a lei não deveria ser aplicada ou, ainda, deveria ser aplicada ao modo patronal. A proposta de substitutivo enviada por eles ao ministro da Agricultura em 1928 parecia reunir numa única lei todo um código do trabalho e, em poucas páginas, pretendia abordar globalmente os termos necessários: aposentadoria, trabalho de mulheres e crianças e assistência à saúde. Conquanto dessem por certo que a mãe operária deveria gozar de licença puerperal e quartos de hora reservados à amamentação natural, a proposta do centro dos donos de fábricas estabelecia períodos mínimos de 10 meses de contratação para que as trabalhadoras usufruíssem do benefício. Nesse ponto, há que lembrar que qualquer gravidez ou nascimento de crianças ocorridos antes dos 10 meses de trabalho na empresa não estariam assegurados pelo patronato.[211] O apoio do Poder Judiciário para barrar a aplicação do Código de Menores veio da comarca de Jundiaí. O magistrado dessa cidade se manteve em reuniões constantes com donos de fábricas do interior do estado e, a pedido do centro empresarial, "suspendeu a execução do Código de Menores".[212] O posicionamento do juiz funcionou como um foco de resistência à

---

209. AEL. Circular Cift nº 706, 15 de julho de 1927.
210. AEL. Circular Cift nº 711, 26 de julho de 1927.
211. Todas as proposições legislativas citadas aqui estão no mesmo documento: AEL. Circular Cift nº 778, 7 de maio de 1928.
212. AEL. Circular Cift nº 788, 4 de agosto de 1928.

aplicação da lei das crianças em contraposição aos juízes da cidade de São Paulo, que estavam recebendo e acolhendo numerosas denúncias efetuadas pelo próprio Conselho Nacional do Trabalho. Do Rio de Janeiro, os empresários também noticiavam que o Judiciário considerou prorrogar o cumprimento da lei.[213]

No entanto, as exigências dos empresários não surtiram os efeitos esperados. O juiz Mello Mattos, do Distrito Federal, que era um juiz de menores, refutou o requerimento dos industriais cariocas para postergar a aplicação da regulação do trabalho das crianças que ainda sugeria que ficasse a cargo dos magistrados a fiscalização das boas condições oferecidas pelas fábricas. O indeferimento de Mello Mattos causou verdadeiro furor entre empresários e se transformou numa espécie de jurisprudência, muitas outras vezes acionadas por juízes de localidades diversas que recebiam os mesmos requerimentos. Nas palavras de Mello Mattos não seria possível adiar a aplicação do Código de Menores porque "a pretensão dos suplicantes é ilegal, injurídica, injusta, desumana e impatriótica".[214] No documento, ainda se lia:

> Conseguinte, não importa que a diminuição do trabalho fabril dos menores de 18 anos desorganize a indústria desde que concorre para lhes conservar a saúde e poupar a vida. O conflito de interesses entre menores operários e os industriais não pode ter outra solução que esta: Salve-se a raça, embora se desorganize a indústria.[215]

A campanha dirigida pelo Cift para barrar a aplicação de leis sociais se fundamentava na própria exploração para almejar que as medidas

---

213. AEL. Circular Cift nº 822, 2 de abril de 1929.
214. O indeferimento do juiz foi publicado na íntegra nas circulares da Ciesp. Ver AEL. Circular Ciesp nº 32, 2 de abril de 1929.
215. A mesma citação foi usada em outro processo pelo juiz Haroldo Bastos Cordeiro, em São Paulo, feito relatado pelo empresariado como "cópia da catilinária do juiz do Distrito Federal". Ver sentença do recurso da Fábrica de Sedas R. (BIBIFCH. Circular Ciesp nº 80, 30 de janeiro de 1930).

necessárias ao mundo do trabalho fossem implementadas diretamente por eles, sem que o Estado e os governos se comprometessem em regular e fiscalizar as condições de trabalho. Na opinião do patronato, melhor seria essa solução do que deixar as mulheres e as menores à própria sorte e em trabalhos que não haviam recebido a mesma atenção do poder público:

> Premidos pela necessidade, estes menores, principalmente as mulheres, terão que procurar recursos no serviço doméstico ou, o que certamente acontecerá, irão aumentar o número já considerável das infelizes operárias que trabalham a domicílio. Não é necessário explicar o que seja no mundo inteiro o trabalho das mulheres a domicílio. Em sociologia, denominou-se esse trabalho "sweat system", sistema de suor e de miséria.[216]

Com a intensificação do processo de instalação do Código do Trabalho no começo dos anos 1930, os protestos dos empresários ganharam novo fôlego. A contribuição que enviaram ao governo depois de consulta ao posicionamento dos donos de fábricas era de que deveriam ser expurgadas todas as disposições que colidissem com a organização do trabalho industrial. Cientes da proporção que a regulação do trabalho havia alcançado depois da tomada do poder pela Aliança Liberal, assim afirmaram:

> Devemos repetir o que consta nos nossos longos memoriais: se a lei que prefixa os horários de trabalho, se as que regem a atividade do menor e da mulher são suscetíveis de francos valores, o mesmo não ocorre com as outras.[217]

De fato, os empresários passaram a não mostrar rejeição inconsequente aos termos de regulação do trabalho de menores e de crianças, o

---

216. AEL. Circular Cift nº 883, 9 de novembro 1929.
217. AEL. Circular Cift. Relatório 1931 e 1932.

que, também, não iria significar suporte e aplicação dos termos das leis e decretos. Depois de resistirem às mudanças por quase toda a década de 1920, era preciso reconhecer que as greves, a organização operária e os padrões internacionais do trabalho haviam avançado em termos quase incontornáveis para as negociações entre patrões, poder público e trabalhadores. A proteção à maternidade, que ganhava algum consenso entre patrões, também preservava o trabalho de reprodução da vida exercido pelas mães e pelas mulheres, o que garantia o trabalho de uma nova geração a ser rapidamente absorvida nas fileiras das fábricas. Com base nesses interesses, e a partir da pressão exercida pelas próprias condições de trabalho, o Ciesp (Centro dos Industriais de São Paulo) forneceu ao ministro do Trabalho parecer favorável ao Decreto do Trabalho das Mulheres: "As concessões feitas à mulher grávida já haviam sido objeto de estudo desta federação e não representam nenhuma inovação pois que já são de uso corrente nas indústrias".[218] Menos do que exigir que o Estado se mantivesse longe das questões fabris, delineava-se uma proposta política que não rejeitava certo protecionismo na manutenção da taxa de lucros do empresariado nacional, ao passo que se propunha resolver os conflitos sociais entre os próprios donos de empresas (Teixeira, 1990:45).[219]

Com a vitória das noções de que era imprescindível regular a exploração sofrida por mulheres e crianças nos chãos de fábrica das grandes cidades do Brasil, os industriais concordaram em cercar o trabalho das operárias de benefícios, de "cautelas, garantias e privilégios". Por fim, a ressalva que restaria à disputa foi a de recomendar ao governo que se organizassem fundos públicos e o sistema de seguridade para financiar as licenças e não onerar os empresários.[220] A pressão exercida pelas

---

218. BIBIFCH. Circular Ciesp. Pareceres de anteprojetos de lei, 1931, p. 569.
219. Sobre a mudança de posição dos empresários em relação à regulamentação do trabalho de mulheres e crianças, ver também Leopoldi (2000). A autora argumenta sobre a existência de um "corporativismo privado" que tanto funcionou para manter os interesses da burguesia industrial em disputa quanto formou um espaço de interação direta com o governo de Vargas nos anos 1930.
220. BIBIFCH. Circular Ciesp, livro de 1936, 2, a partir da página 560.

mulheres no chão da fábrica inseriu a maternidade como matéria de direitos tanto no Parlamento quanto no repertório de benefícios preparado pela classe patronal, elaborado com o objetivo de resolver, por ela mesma, os conflitos que emergiam das relações de trabalho.

CAPÍTULO 5
A OIT e os efeitos dos padrões internacionais de trabalho

A Comissão de Legislação Social havia tratado de questões referentes à redução da jornada de trabalho, especialmente para as mulheres. A fixação da jornada de oito horas diárias para toda a classe trabalhadora também se refletiu na proposta de Lacerda de reduzir para apenas seis horas o cômputo do trabalho das mulheres, mas ambas as proposições esbarraram no debate sobre a competência real do Parlamento em legislar sobre questões do trabalho. A inserção do tema da jornada específica para as mulheres se deu a partir dos estudos que a comissão realizou sobre os documentos que vinham de Washington, quando seus membros se debruçaram sobre cada um dos pontos do Tratado de Versalhes. José Lobo argumentou contra a proposição de Lacerda e, com base nos papéis "sobre o tratado de paz" que ele havia lido, afirmou:

> O mesmo tratado, organizando a ordem do dia para a Primeira Conferência do Trabalho, a se reunir em Washington, no corrente ano, incluiu a "aplicação do princípio do dia de oito horas e da semana de 48 horas" sem distinção de sexo [...] isso indica que o pensamento do legislador internacional foi o de aplicar ao operário adulto de ambos os sexos.[221]

Dentro do propósito de enfrentar o desafio de estabelecer os padrões de legislação trabalhista que funcionassem para os Estados que faziam parte da Liga das Nações, a OIT organizou sua primeira conferência no

---

221. Câmara dos Deputados. Atas da Comissão de Legislação Social, 10 de novembro de 1919.

formato tripartite, ou seja, composta por membros do governo, do patronato e dos trabalhadores, convocados em todos os países-membros, que se realizou na cidade de Washington, em 1919. A ordem do dia da conferência, com base no texto "Parte XIII", foi:

> 1. Aplicação do princípio de oito horas ou de semana de 48 horas; 2. Questões relativas aos meios de prevenir desemprego e de remediar suas consequências; 3. O emprego de mulheres: a) antes e depois do parto, inclusive, a questão da indenização pela maternidade; b) durante a noite; c) nos trabalhos insalubres; 4. Extensão e aplicação das convenções internacionais adotadas em outras conferências sob a interdição do fósforo branco na fabricação de fósforos.[222]

O final da guerra, em 1919, conduziu os países ao debate sobre que tipo de paz seria instaurado nos anos que se sucederiam. O momento guardava mesmo alguma peculiaridade, posto que estavam todos atentos à revolução bolchevique, ao enfraquecimento do domínio europeu no mundo, ao nascimento do fascismo e à emergência de movimentos liberais. Não sem motivo, portanto, o estabelecimento de padrões internacionais para o trabalho foi um dos pontos centrais que desembocaria na chamada "Parte XIII".[223]

Desde antes de 1919, alguns países europeus se envolveram na tarefa de criar padrões internacionais do trabalho. A maior parte deles não possuía leis para o trabalho e gostaria de dar impulso à legislação social.

---

222. Câmara dos Deputados. Relatório de Andrade Bezerra para a Comissão de Legislação Social. Documentos Parlamentares, 3, 1921, p. 520.
223. A parte XIII do Tratado de Versalhes, de 1929, é a parte do acordo de paz que estabelece padrões internacionais para o trabalho acordado entre as nações beligerantes e os Estados que vão compor a recém-fundada Liga das Nações. A entidade estava destinada à resolução dos conflitos internacionais por meio da mediação e do arbitramento. Era composta por uma secretaria-geral e um conselho executivo e tinha sede em Genebra. O Tratado de Paz criou também um organismo internacional que deveria dirigir o debate sobre os padrões internacionais do trabalho e fundou, no mesmo ano, a Organização Internacional do Trabalho. Sobre a influência da OIT nos trabalhos da Comissão de Legislação Social, ver Ghizini (2015:61-77).

Ainda em 1890, a tentativa desses governos no sentido de estabelecer regramentos gerais para o trabalho, em Berlim, resultou em convenções cujo escopo não extrapolou a normatização das péssimas condições de trabalho, o trabalho das crianças e as mulheres trabalhadoras. Mais tarde, o encontro de Zurique, em 1897, conseguiu expandir o programa de internacionalização para o estabelecimento de acordos internacionais sobre descanso semanal, jornada de oito horas e o trabalho de crianças. Outras tantas conferências foram realizadas no continente europeu, contudo foi a barbárie da guerra que forneceu motivo para o engajamento das nações no tema e que formou o consenso de que as condições ruins de trabalho são causas da miséria e do descontentamento da classe trabalhadora a ponto de colocar em perigo a paz e a harmonia universais.[224]

Fração substancial dos temas que foram considerados em Washington, em 1919, versava sobre a condição da mulher trabalhadora. Por esse motivo, a comissão preparatória da primeira conferência da OIT criou documentos subsidiários para informar aqueles que fariam as tomadas de decisão. A partir de então, a assistência técnica promovida pela OIT aos seus Estados-parte ganharia grande notoriedade.[225] A agência gerou dados massivos sobre as condições sociais, econômicas e culturais de seus membros e sobre as forças políticas que se envolveram e moldaram padrões para o trabalho das mulheres (Boris e Jensen, 2012). Por esse motivo, a OIT se tornaria uma fonte rica de investigação histórica, do ponto de vista dos direitos das mulheres, por ser também uma forma

---

224. Câmara dos Deputados. Relatório de Andrade Bezerra para a Comissão de Legislação Social. Documentos Parlamentares, 3, 1921, p. 494, 516.
225. A quantidade de documentos sobre o acúmulo legislativo dos países acerca dos direitos das trabalhadoras é valiosa e está disponível na Labordoc, base de dados patrocinada pela OIT. Destaco aqui: The law and women's work: a contribution to the study of the status of women. Genebra (OIT, 1938); Laws regulating for the work of women (OIT, 1929a); The protection of women in industry and commerce: a comparative study of legislation (OIT, 1929b). As obras apresentam estudo meticuloso sobre o avanço das leis para as mulheres nos Estados-parte da Liga das Nações, até mesmo em perspectivas comparativas.

de acompanhar as dimensões dos desafios comuns colocados ao feminismo e sobre aquilo que era considerado um tratamento justo para as mulheres nos regimes de trabalho de quase todo o globo (Boris e Jensen, 2012).

Os documentos consultados pela Comissão de Legislação Social descreviam o estado das discussões que haviam se dado internacionalmente. Um comitê, com representação de alguns países europeus, havia introduzido na I Conferência Internacional do Trabalho (1919) o tema da redução da jornada de trabalho das mulheres sob pretexto de se considerar importante a redução da carga de serviço daquelas que se dedicam também ao "trabalho de limpeza" e ao "trabalho de mãe".[226] Argumentava-se que algumas nações haviam aplicado o dispositivo de forma bem-sucedida, como a Lei das Indústrias, da Inglaterra (1844), que estabelecia o limite de 12 horas diárias de trabalho para mulheres e crianças.[227] Os propositores da medida na Liga das Nações estavam movidos por "um forte humanitarismo" e pretendiam dar os primeiros passos na "aplicação da proteção a todos os trabalhadores".[228] Já em 1919, os Estados-parte que haviam se debruçado sobre o tema da redução da jornada de trabalho para as mulheres consideraram que o momento era propício para efetivar a diminuição do tempo de serviço diário para ambos os sexos. Depois de quase uma década de estudos sobre a temática, aprovou-se, na I Conferência Internacional do Trabalho, a convenção inédita a ser defendida pela OIT: Horas de Trabalho na Indústria, 1919 (nº 1), que limitava a jornada nesses estabelecimentos para oito horas diárias e 48 horas semanais.[229] O entendimento final na discussão sobre o tema foi o de que a diminuição do tempo

---

226. OIT. The Law and women's work (1938:114).
227. Ibid., p. 114.
228. Ibid., p. 116.
229. Em 1930, outra convenção estabelecia o mesmo padrão de jornada de trabalho nos escritórios e estabelecimentos comerciais. Todos os documentos aprovados pelas reuniões internacionais da OIT estão publicados integralmente no portal: <www.ilo.org/dyn/normlex/en/f?p=NORMLEXPUB:1:0>, acessado em ago. 2016. Deste ponto em diante, serão citados apenas os títulos das convenções e recomendações.

de serviço, mesmo que para ambos os sexos, favoreceria diretamente as mulheres no desempenho da carga familiar de tarefas. O curso do desenvolvimento dos padrões internacionais era compreendido pela OIT como os "primeiros passos na aplicação da proteção a todos os trabalhadores".[230]

Das tentativas de estabelecer os padrões internacionais de trabalho na Europa do começo do século XX, permaneceu, por algum tempo, o debate sobre a proibição do trabalho noturno das mulheres. De acordo com a OIT, essa proibição esteve atada ao problema da redução da jornada de trabalho. A referida Lei das Indústrias, em prática na Inglaterra de 1844, por exemplo, permitia o emprego das mulheres entre 5:30 horas 20:30 horas, o que significava estabelecer 12 horas diárias de trabalho, com intervalos, e apenas durante o dia. Em 1906, a International Association for Labour Legislation apresentava às nações europeias um estudo vigoroso que recomendava a proibição do trabalho noturno para as mulheres no âmbito da Conferência de Berna.[231] De acordo com a OIT, já naquela época a proposição tinha apoio de sindicatos e organizações de trabalhadores. O resultado disso foi a aprovação de um padrão, em 1906, que ficou conhecido como Convenção de Berna, que estipulava a proibição do trabalho noturno das mulheres e proibia o contato delas com algumas substâncias químicas perniciosas à saúde. Até 1919, apenas três países eram signatários do acordo: Alemanha, Polônia e Suécia. No entanto, a força que o tema da regulação do trabalho ganhava no período justificava a afirmação de Alexandre Millerand, em 1913. Para o político francês, a Convenção de Berna seria "a certidão de nascimento da legislação internacional do trabalho".[232]

---

230. OIT. The Law and women's work (1938:116).
231. International Association for Labour Legislation. Memorial explanatory of the reasons for an international prohibition of night work for women, 1904. Documento citado em OIT. The Law and women's work (1938:174).
232. Alexandre Millerand foi presidente da França entre 1920 e 1924 (Câmara dos Deputados. Relatório de Andrade Bezerra para a Comissão de Legislação Social. Documentos Parlamentares, 3, 1921:513; OIT. The Law and women's work (1938:178)).

Com base no acúmulo anterior, a OIT, que se organizava a pedido da Liga das Nações e antes da realização da sua primeira conferência internacional, preparou um projeto de convenção que estipulava o mesmo teor da Convenção de Berna. A emenda proposta pela comissão da OIT ampliava a aplicação da proibição do trabalho noturno das mulheres, que era prevista pela norma apenas para grandes estabelecimentos industriais. A definição de trabalho noturno permaneceria a mesma: aquele realizado entre 22 horas e cinco horas. O aproveitamento do acúmulo que vinha de Berna deu origem, então, à aprovação da Convenção sobre Trabalho Noturno das Mulheres (nº 4), que até 1939 foi ratificada por 30 países. Na América Latina, Guatemala, El Salvador, Honduras, Nicarágua e Costa Rica firmaram entre si um tratado internacional que estabelecia a proibição do trabalho noturno das mulheres a partir de 1923. No entanto, a referida proibição foi tema de disputas internacionais que colocariam em xeque as noções de proteção ao trabalho das mulheres e motivariam intensos debates nos anos subsequentes.

Para a OIT, a necessidade de legislação e padrões internacionais específicos para as mulheres estava colocada desde um tempo em que poucas garantias e direitos regulavam a crueldade das relações de trabalho. A entidade internacional situava sua atuação ao defender convenções específicas para as mulheres face à necessidade de diminuir a sobrecarga de trabalho delas, que além do trabalho assalariado desempenham cuidados e limpeza em suas casas. Somavam-se a isso possíveis problemas de saúde causados pelo peso das tarefas e o consequente alijamento que elas sofriam ao não terem condições concretas de se engajar nos debates públicos e nos sindicatos. A OIT também lembrava que a instabilidade da vida das mulheres, causada pela maternidade e pelas tarefas de cuidado, reduzia o valor ocupacional delas e justificava, dessa forma, a necessidade de convenções internacionais que alterassem essa realidade.[233]

Nesse sentido, a entidade internacional considerou que as regulações especiais para as mulheres deveriam versar sobre a maternidade

---

233. OIT. The Law and women's work (1938:1-9)

na medida em que esta seria o aspecto que sublinharia a maior parte dos problemas enfrentados por elas no trabalho. Ao aprovar padrões que seriam capazes de poupá-las do trabalho pesado e da proximidade com substâncias químicas nocivas, a OIT estaria incidindo sobre a formulação de leis nacionais para "preservar a maternidade e assegurar o bem-estar das futuras gerações".[234] Impulsionada por esses argumentos, a I Conferência Internacional do Trabalho aprovou a Convenção de Proteção à Maternidade (nº 3), que estipulava o descanso de seis semanas antes e depois do parto, sem distinção de idade ou nacionalidade da trabalhadora, para mulheres solteiras ou casadas, empregadas na indústria ou no comércio. A provisão também deveria garantir o posto de trabalho da mulher, recolocação no emprego depois da licença e locais para amamentação. O relatório que pautou a I Conferência Internacional do Trabalho admitia que a matéria de direitos quanto à maternidade variava de padrões em diversos países e que a tendência de regular as licenças de forma remunerada começou a ser verificada na primeira década do século XX.[235]

A OIT convencionou que o valor do benefício a ser pago às mulheres deveria ser estipulado pelo Estado-parte e que deveria ser "suficiente para o bem-estar da mulher e da criança". Adicionou a isso a garantia de atendimento médico e reposição de salários durante a licença. A distribuição dos custos da licença-maternidade entre patrões, trabalhadoras e governo, prevista no texto da convenção, era vista como uma forma de atender às reivindicações de justiça social, já que a maternidade era reconhecida como uma função social de reprodução da vida e seria desejável que toda a comunidade arcasse com as despesas advindas da ausência das trabalhadoras nos seus postos (OIT, 1938:17, 20-21, 37).

Para a OIT, que havia, então, consolidado a inserção da regulação específica para o trabalho das mulheres internacionalmente, a maternidade era o "patamar inatacável" que justificava o feito. A entidade levava

---

234. Ibid., p. 16
235. OIT. Liga das Nações (1919).

em consideração que o corpo da mulher deveria ser preservado não apenas durante a gravidez, mas todo o tempo, por conta da sua capacidade reprodutiva. Foi justamente essa noção que orientou a aprovação de provisões que proibiam o contato das mulheres com substâncias químicas nocivas e a convenção sobre proibição do trabalho noturno das mulheres (OIT, 1938:231). De acordo com a OIT:

> Ainda que se assuma que o poder de resistência fisiológica das mulheres seja igual ao dos homens, os fatos revelados podem ser explicados por razões sociais: uma mulher que volta para a casa depois que todos os membros da família estão acordando (ainda mais numa pequena habitação onde seja difícil estar sozinha) é constantemente perturbada no seu descanso e pela necessidade de desempenhar as tarefas domésticas [OIT, 1938:171].

A entidade, portanto, explicava a necessidade de estabelecer provisões específicas para as trabalhadoras, não pelas diferenças biológicas entre mulheres e homens, mas por conta do reconhecimento do desempenho de papéis sociais, quais sejam, a maternidade, a reprodução da vida e as tarefas de cuidados e limpeza que são dispensadas, quase que exclusivamente, a elas. Embora a OIT promovesse, nesses primeiros anos de existência, um franco e aberto debate sobre os papéis das mulheres na sociedade e alertasse para as diferenças e necessidades de equiparação de direitos, nem todas as categorias de trabalhadoras foram abarcadas. "Trabalho igual, salário igual" era um princípio geral a nortear os Estados-parte, mas até 1939, das 63 convenções aprovadas pelas conferências internacionais do trabalho, quatro legislavam diretamente sobre o trabalho das mulheres.[236] No entendimento da OIT, ou-

---

236. São elas: Convenção Relativa ao Emprego das Mulheres Antes e Depois do Parto (Proteção à Maternidade), 1919, (nº 3); Convenção sobre Trabalho Noturno das Mulheres, 1934 (nº 4); Convenção sobre Trabalho Noturno das Mulheres (Revisão), 1934 (nº 41) e Convenção sobre o Emprego de Mulheres em Trabalhos Subterrâneos em Todos os Tipos de Minas, 1935 (nº 45).

tras convenções, dirigidas a toda a classe trabalhadora, poderiam afetar especialmente as mulheres, como aquela que proibia o uso de chumbo branco nas fábricas para evitar contaminações.[237]

As recomendações são dispositivos aprovados também nas conferências internacionais pelos países-membros e cuja função é orientar práticas sobre possíveis medidas a serem tomadas no nível legislativo e outras de modo a aplicar os princípios e os direitos consagrados em convenções. Os direitos de trabalhadoras domésticas e de trabalhadoras rurais, até 1939, não foram aprovados nas modalidades de convenção, embora tivessem sido trazidos ao debate em algumas ocasiões de reuniões entre países. A recomendação nº 12, de 1921, orientava os Estados-parte que adotassem, para as trabalhadoras das empresas agrícolas, medidas de proteção antes e depois do parto "semelhantes" àquelas oferecidas às trabalhadoras da indústria e do comércio. No mesmo ano, a recomendação nº 13 considerava ineficiente proibir o trabalho noturno das mulheres rurais, optando por orientar que fossem garantidos a elas períodos de descanso entre uma jornada e outra.[238] A condição das trabalhadoras domésticas foi raramente abordada nos termos das convenções, e essa lacuna gerou críticas e enfrentamentos, destacadamente, nas reuniões organizadas em 1936 com países da América Latina.[239] A exclusão das trabalhadoras rurais como "participantes mais esquecidas da economia" ocultava o problema preponderante da relação entre casa e trabalho porque são elas que sublinham a realização de serviços

---

237. Convenção sobre o Uso de Chumbo Branco na Pintura, 1921 (nº 13); Convenção sobre Trabalho Forçado ou Compulsório, 1930 (nº 29) e Convenção sobre Seguro-Saúde (Trabalho no Mar), 1936 (nº 56).
238. Recomendação sobre Proteção à Maternidade (Agricultura), 1921 (nº 12), e Recomendação sobre o Trabalho Noturno de Mulheres (Agricultura), 1921 (nº 13). Ver também OIT. The Law and women's work (1938:178).
239. Os interesses das trabalhadoras domésticas foram tratados com mais força na OIT nos anos 1990. A conferência internacional de 1995 considerou a possibilidade de estabelecer padrões para a categoria que foram aprovados apenas na reunião de 2011. Ver Convenção sobre Trabalho Digno para o Trabalho Doméstico, 2001 (nº 189). Ver também Boris e Prügl (1996:7-10).

essenciais para o sistema econômico por estarem ligadas à produção de alimentos e aos serviços, nos campos e em casa.[240]

A reunião de 1936, no Chile, realizada com o objetivo de criar laços mais fortes entre os Estados americanos e a OIT, trouxe à tona o problema da exclusão das trabalhadoras domésticas e das rurais quando aprovaram a resolução de que todos os direitos e benefícios da licença-maternidade deveriam ser estendidos a todas as mulheres, quaisquer que fossem seus empregos.[241]

Desde os anos 1920, a OIT já acumulava alguma força nos debates nacionais sobre regulação do trabalho dentro do governo brasileiro. A participação do Brasil na Conferência Internacional do Trabalho de 1925, mesmo que não tivesse levado representantes da classe trabalhadora para dar conta dos princípios tripartites da instituição, demonstrou a intenção de trabalhar nacionalmente pela organização legislativa das relações de trabalho. A delegação brasileira, chefiada por Melo Franco,[242] assegurou ao pleno da reunião internacional que o Brasil tinha se empenhado em assegurar condições humanas de trabalho e que, para tal feito, reconhecia o importante papel da OIT.[243] Questionado pela entidade sobre as ações concretas que o governo brasileiro deveria ter efetuado até aquele momento, Melo Franco respondeu que a ausência de ratificações até 1925 não deveria ser interpretada como uma "falha":

---

240. Esse conjunto de atividades é também chamado de prática do *care* (cuidado) e sua acepção envolve a tentativa de evitar a cisão entre casa e trabalho que teria gerado um impasse político e intelectual generalizado que dominou os estudos sobre as mulheres nos Estados Unidos. Ver Boris (2014:102-103).
241. OIT. The Law and women's work (1938:17). Ver também OIT. Conferencia del Trabajo de los Estados de América Miembros de la Organización Internacional del Trabajo. *Actas de las Sesiones* (1936a); OIT. Informe sobre el Trabajo de las Mujeres (1935); OIT. Record of Proceedings (Santiago, 1936b); OIT. Resolutions adopetd by the Conference (Santiago, 1936c).
242. Afrânio de Melo Franco (1870-1943), advogado, foi ministro da Viação no curto mandato presidencial de Delfim Moreira (1868-1920) entre 1918 e 1919, tido como "homem forte" desse governo. Participou da Conferência de Paz, em 1919, e foi embaixador do Brasil na Liga das Nações, em 1924, quando trabalhou para conseguir ao Brasil assento no conselho da entidade.
243. OIT. Relatório da Sétima Conferência Internacional do Trabalho (1925a:134).

Não é falta de interesse, nem do governo, nem de pessoas sobre as questões da reforma social e da legislação internacional do trabalho. Em muitos aspectos, eu afirmaria, que a iniciativa privada está adiantada em matéria de legislação sobre estas questões.[244]

A fala de Melo Franco ainda envolveu menção ao trabalho da Comissão de Legislação Social como uma "ferramenta importante para garantir as ratificações da OIT e outras leis". Ao mesmo tempo, o diplomata também reverberou a posição política dos empresários que sustentavam que muitos benefícios já vinham sendo oferecidos diretamente pelos donos de fábricas sem que fosse requisitada a mudança da legislação, como no caso das vantagens sobre licença-maternidade, creches e intervalos para amamentação.[245]

O grande repertório gerado pelas provisões da OIT que revelavam o papel social desempenhado pelas mulheres no cuidado de crianças e nos cuidados com a família, largamente tratado pela Comissão de Legislação Social, jamais esbarrou no tema da responsabilidade legal das mulheres sobre seus filhos e filhas. As leis de 1890, algumas delas em vigor até 1934, concediam o pátrio poder exclusivamente ao homem e o cedia às mulheres somente em caso de viuvez.[246] O Código Civil de 1916 reforçou a autoridade paterna sobre o núcleo familiar na medida em que concedia aos homens a chefia da família, e sob suas prerrogativas estava a capacidade de dispor de bens comuns e dos das esposas, decidir sobre o local de moradia, autorizar ou não o trabalho das mulheres e o "poder" sobre o filho reconhecido.[247] Tendo isso em vista, é necessário assinalar que o poder público, antes mesmo de reconhecer a autoridade

---

244. Ibid., p. 134.
245. Ibid., p. 154.
246. Decreto nº 181, de 24 de janeiro de 1890, é o dispositivo que cedia o pátrio poder às viúvas. De acordo com Clóvis Bevilacqua, a aplicação do decreto causou longos debates nos pleitos judiciais e não foram poucas as vezes que se decidiu de forma favorável às mães (Bevilacqua, 1936; Besse, 1999:156).
247. Arts. 360 e 233 do Código Civil de 1916.

legal advinda da maternidade, considerava fortemente legislar sobre o desempenho dos cuidados das crianças e sobre a responsabilidade das mulheres pela reprodução da vida na medida em que procurava estabelecer parâmetros para o descanso depois do parto, os horários de amamentação da mãe que trabalha e os turnos de serviço. Como sujeito de direitos, a prerrogativa da maternidade era precedida pela autonomia das mulheres nas tomadas de decisão. Apenas em 1943, o Estado passava a aceitar que a tutela legal de uma criança pudesse ser exercida exclusivamente pela mãe.[248]

Ao analisar centenas de processos de defloramento da capital federal durante os anos 1920 e 1930, Sueann Caulfield percebeu que as mulheres envolvidas "evocavam valores tradicionais ou modernos numa série de narrativas estratégicas" que mostravam como seria possível perder a virgindade antes do casamento, dar queixa à polícia e casar com quem se queria desde o princípio. O conceito de honra sexual, dessa forma, sofreu diversos ataques a partir da experiência das mulheres, alterando o ponto de vista de médicos e juristas sobre a sexualidade feminina (Caulfield, 2000). A honra, tanto defendida pelo poder público, visava estabilizar a base da família e da nação na medida em que garantia a reposição da tarefa social das mulheres de cuidar da casa e, principalmente, das crianças. A defesa da força moralizadora da honestidade sexual das mulheres era realizada, segundo Caulfield (2000:28), para evitar "a dissolução da família, um aumento brutal da criminalidade e o caos social". Conquanto a honra do Estado fosse manchada pela pressão exercida pelas mulheres, as leis produzidas no período não deixaram de garantir a regulação do trabalho de cuidados realizado gratuitamente por elas, reproduzindo uma hierarquia entre homens e mulheres. As leis também reforçavam o vigor de uma forma de organização da vida e funcionavam de maneira a evitar as rupturas das relações sociais e o tão temido "caos".

---

248. Decreto-Lei nº 5.513, de 24 de maio de 1943.

As redes internacionais feministas e a OIT

O fim da I Guerra Mundial é o marco na articulação internacional pelo reconhecimento geral das mulheres como trabalhadoras. As organizações fundadas no período entreguerras eram o pano de fundo para essa articulação, e a fundação da Liga das Nações e da OIT contribuíram para que as mulheres passassem a agir e se reconhecer como parte do mundo do trabalho. A suposta força da identidade nacional se via questionada em meio a articulações entre países do Sul e do Norte sobre a formação de padrões de trabalho para as mulheres (Rupp, 1997:6). Com a fundação da OIT, as organizações de mulheres também almejaram participar da formulação de políticas do trabalho.

Formou-se uma articulação internacional em torno das propostas que vinham de Genebra, que havia se tornado uma arena na qual as feministas debatiam o avanço da igualdade de direitos e que transformaria a OIT num foro institucional com potencial para influenciar a ordem de gênero em boa parte do mundo e melhorar a condição de vida das mulheres (Boris e Jensen, 2012). De acordo com Carol Miller, a historiografia britânica, tal como no Brasil, havia dado peso primordial à campanha do sufrágio na história do feminismo, ignorando as redes internacionais formadas no entreguerras, ao passo que também subsumia as diferentes correntes feministas que emergiram quando da aplicação dos primeiros padrões internacionais para o trabalho operado pela Liga das Nações.[249]

A depressão econômica e a emergência de regimes totalitários eram os elementos que explicavam por que as feministas haviam adotado a participação junto à Liga das Nações como uma estratégia para obter mudanças legislativas nos pontos em que os ordenamentos nacionais apresentassem falhas. Os padrões internacionais de trabalho voltados para os interesses das mulheres seriam, então, uma forma encontrada pelo movimento feminista de avançar sobre a agenda do sufrágio como uma bandeira capaz de garantir a unidade política dos movimentos so-

---

249. Ver Miller (1994:219).

ciais. No entanto, menos esperada foi a repercussão que o engajamento em Genebra causaria – foi justamente o debate sobre padrões de trabalho que provocou grande disputa entre diferentes concepções de igualdade de direitos (Miller, 1994:221; Zimmerman, 2013).

É possível dizer que a contenda estava em andamento desde a Conferência Internacional da Legislação do Trabalho, em 1890, que aprovou o dispositivo internacional que bania o trabalho noturno para as mulheres. A disputa entre grupos feministas havia tomado corpo com a Convenção de Berna de 1906 e a Convenção do Trabalho Noturno de 1919, da OIT (Zimmerman, 2013:67-89).[250] No entanto, foi a proposição de um tratado por direitos iguais, em 1926, a matéria que evidenciou tais diferenças políticas nas noções e formulações de igualdade entre mulheres e homens. A organização feminista British Point Group deflagrou o debate por meio da articulação internacional pela aprovação do tratado, cuja minuta assim se apresentava: "Os Estados contratantes concordam que depois da ratificação deste tratado, homens e mulheres devem ter direitos iguais por todo o território e suas respectivas jurisdições". O objetivo era convencer a Liga das Nações e seus Estados-parte de que o dispositivo em questão fosse adotado no lugar de medidas específicas, como a proteção à maternidade ou a proibição do trabalho noturno. Alice Paul ficou com a tarefa de espalhar a proposta pela América Latina.[251] Daí por diante, o mundo assistiria ao agrupamento de diferentes noções de feminismo situadas em campos distintos que formaram redes não governamentais e executavam suas próprias conferências internacionais para fomentar ações e gerar recomendações direcionadas à OIT (Boris e Jensen, 2012).

---

250. Ver também OIT. Convenção do Trabalho Noturno (Mulheres), 1919 (nº 4); OIT. Convenção de Proteção à Maternidade, 1919 (nº 3).
251. Alice Paul (1885-1977), membro do National Women's Party, foi ativista pelo feminismo, pelo sufrágio e pela Emenda dos Direitos Iguais que foi impulsionada nos Estados Unidos em 1923. Para ela, uma única emenda por direitos iguais deveria garantir a aplicação igualitária da Constituição, independentemente do sexo. O debate sobre a referida emenda perdura até hoje naquele país.

O grupo propositor da provisão internacional por direitos iguais fundamentava-se na ideia de que as diferenças existentes entre mulheres e homens não justificavam legislações e acordos internacionais com base na diferença de tratamento e de que as formulações elaboradas nesse sentido "restringiam liberdades" e colocavam as mulheres em desvantagem, especialmente, no mercado de trabalho (Miller, 1994:222). Esses grupos, formados no final dos anos 1920, questionavam fortemente os efeitos das convenções que estabeleciam a licença-maternidade e o banimento do trabalho noturno.

Em contraposição, outro grupo tendia a definir que as necessidades das mulheres, particularmente as das trabalhadoras, se situavam nos conflitos de papéis sociais, ao mesmo tempo que admitiam que legislações e acordos deveriam ser elaborados de modo não discriminatório, reconheciam que tais dispositivos teriam de prever o ajuste de problemas específicos enfrentados pelas mulheres. Para essas pessoas, a regulação baseada em sexo poderia melhorar a situação das mulheres que trabalham uma vez que afetariam a jornada, as condições de trabalho e a proteção à maternidade (Miller, 1994:223-224). Havia ainda um terceiro agrupamento que era composto por aquelas que defendiam a estipulação de padrões internacionais de trabalho para ambos os sexos e se opunham ao rebaixamento de provisões já existentes (Zimmerman, 2014; Wikander, 2010:79-81).

A organização internacional que empunhou mais fortemente a bandeira do tratado por direitos iguais foi a Equal Rights International, fundada em 1930. Em Genebra, a entidade foi a única a propor diretamente o dispositivo para a Liga das Nações e, ao longo da sua existência, exerceu forte influência na integração governamental entre países da América Latina, onde a militância de Alice Paul encontrou a oposição liderada por Mary Anderson e não conquistou seu principal objetivo.[252] No entanto, as tratativas para fazer valer a equidade fizeram com que

---

252. Mary Anderson (1872-1964) foi sindicalista, dirigiu a Woman's Trade Union League entre 1900 e 1919 e assumiu o Women's Bureau desde sua fundação em 1920 até 1944. Sobre ela, ver Downey (2010).

a OIT reconsiderasse o apoio incondicional à proteção específica para as mulheres. Dessa forma, uma contenda que havia se iniciado a partir da discordância sobre as formas legislativas de proteção às mulheres deu espaço para uma tendência internacional de defesa do princípio de equidade entre os sexos (Zimmerman, 2014:2). Na esteira desse debate, a articulação transnacional do feminismo deu origem também ao grupo Open Door International,[253] que se destacou por atuar em confronto direto por equidade de direitos e que via na OIT uma ferramenta de proliferação de princípios que discriminavam as mulheres, ainda que não fizesse oposição a medidas de proteção que beneficiassem toda a classe trabalhadora (Zimmerman, 2013:4). Além de organizar suas próprias conferências, a rede feminista enviava cartas e relatórios para a OIT com o objetivo de persuadir o ponto de vista da equidade em oposição à adoção de medidas consideradas protetivas. As cartas solicitavam audiências e denunciavam a baixa representação das mulheres dentro do escritório da própria OIT, avaliada por essas mulheres, muitas vezes, como a causa da fragilidade das questões das trabalhadoras dentro da organização internacional (Natchkova e Schoeni 2013:50).[254] Por esse motivo, a OIT recebia a pressão de se dedicar diretamente aos efeitos que as convenções específicas tinham para as mulheres e reconhecia a necessidade de se manter em cooperação com as redes feministas (Natchkova e Schoeni, 2013:50, 52). Em 1928, Albert Thomas, o primeiro diretor-geral da OIT nomeou Martha Mundt para dirigir uma seção, dentro do escritório, responsável pelas questões das trabalhadoras (Natchkova e Schoeni, 2013:50).[255] A OIT seguiu sem um organismo es-

---

253. Organização formada em 1929, composta por mulheres britânicas, algumas das quais vinham do British Six Groups, e que tinha o objetivo de impulsionar o Tratado por Direitos Iguais.
254. As cartas podem ser examinadas no Arquivo da Organização Internacional do Trabalho. Um grande conjunto de organizações partidárias, sindicais, civis e religiosas da França, da URSS, Inglaterra, Japão e Estados Unidos estabeleceu uma comunicação sistemática com o escritório (Arquivo da OIT. WN-06-01-1, WN-06-01-3, WN-06-01-5, WN-6-86, WN-9-1-9, WN-1-9-1, WN-14-1-9, WN 104-1086, WN100-19-1, WN 1002-9).
255. Martha Mundt foi contratada em 1920 como "encarregada de acompanhar as questões relativas ao trabalho das mulheres e das crianças e ao movimento feminista e de

pecífico para subsidiar a pujante questão até 1932, quando criou o Comitê de Correspondência da Trabalhadora, cuja função era a de atuar nas lacunas ainda deixadas pela entidade (Natchkova e Schoeni, 2013:59).

Marguerite Thibert substituiu Martha Mundt à frente do comitê e das questões das mulheres na OIT, ficando responsável por estabelecer o diálogo entre a entidade e as redes feministas. Em pouco tempo, Thibert teve de empreender um estudo detalhado sobre os temas afetos às trabalhadoras num momento em que alguns países relutavam em ratificar as convenções específicas para as mulheres sob a grave crise econômica mundial (Natchkova e Schoeni, 2013:59).[256] Em parte, a coleta de dados se justificava também pela pressão exercida pelas redes feministas, que advogavam que as convenções tinham causado impacto negativo da vida das trabalhadoras, afastando as mulheres de cargos com maiores salários. No intuito de tirar isso a limpo, a francesa acionou as especialistas, as organizações civis e os governos para responder a um questionário (Rupp, 1997:59). A pouca legitimidade do comitê e da área das mulheres dentro da OIT é uma das causas apontadas para justificar o resultado impreciso do estudo de Thibert. O modelo tripartite, na visão das integrantes das redes feministas, favorecia muito pouco a participação geral das mulheres nas conferências internacionais do trabalho e no cotidiano da entidade. Isso porque a maior parte delas, no mundo todo, não estava inserida no mercado de trabalho formal, e as que estavam encontravam dificuldades concretas para obter representação nos sindicatos e serem eleitas para delegadas da OIT. Além disso, o próprio modelo de organização não considerava diretamente o trabalho realizado pelas redes feministas. Mesmo nesse cenário desfavorável às questões das trabalhadoras, a Thibert conseguiu mapear, organizar e publicar um relatório detalhado contendo informações sobre a regulação do trabalho das mulheres em diversos países segundo o ponto de vista

---

centralizar todas as informações sobre esses assuntos". Ela era uma socialista alemã, ligada a Eduard Bernstein. Sobre ela, ver Thebaud (2006).
256. Marguerite Thibert (1886-1986), feminista francesa, tinha doutorado em letras e trabalhou na OIT até os anos 1940.

da duração do trabalho, da licença-maternidade, do trabalho noturno, do direito ao emprego, da regulamentação dos salários, dos seguros sociais e do estado civil.[257]

Diante das contradições e da disputa que se alastrou nos anos seguintes, Leila Rupp considerou incorreta a noção de que feministas eram apenas aquelas que impulsionavam a agenda da equidade de direitos. Alertou ainda para o fato de que tanto as apoiadoras da regulação específica para as mulheres quanto suas oponentes reconheciam suas ações como "feministas" e consideravam que seus exercícios buscavam a igualdade entre mulheres e homens (Rupp, 1997:140). Dessa forma, as análises sobre esse objeto podem se concentrar mais nos meios utilizados pelas organizações que nos fins conquistados. Desse modo, buscavam evitar a falsa dicotomia entre aquelas que lutam por equidade e aquelas que se baseiam na diferença entre homens e mulheres para elaborar suas concepções de mundo e formas de obter mudanças (Rupp, 1997:140). A justiça social significava coisas distintas para grupos diferentes (Wikander, 2010).

A disputa entre as feministas sobre o estabelecimento de padrões internacionais de trabalho para as mulheres foi fator preponderante para convencer a Liga das Nações e seus Estados-parte que a situação das mulheres na sociedade era um tema de preocupação internacional (Miller, 1994:238). O estudo dirigido por Marguerite Thibert forneceu uma nova coleção de perspectivas e métodos para medir os dispositivos para as mulheres dentro do Estado, formulando, assim, um modelo social e transnacional (Janz e Schonpflug, 2014:170). Daí por diante, a OIT conseguiu estabelecer uma colaboração internacional em torno dos critérios de segurança social, licença-maternidade e políticas do trabalho como estratégias adotadas para fazer avançar os direitos das mulheres (Boris e Jensen, 2012). Os embates e seus efeitos entre organizações internacionais civis e governamentais demonstravam que as mulheres passavam a se reconhecer como parte do debate da nova ordem mundial na composição da população trabalhadora (Wikander, 2010:84).

---

257. OIT. The law and women's work (1938).

CAPÍTULO 6

O feminismo no Brasil e os direitos da maternidade

A noção de que regulações e dispositivos deveriam normatizar o trabalho e não o sexo do trabalhador, tão defendida pela Open Door International, guardava suas origens na atuação da International Alliance of Women. Fundada originalmente como uma organização sufragista, a *alliance* teria se consagrado por evitar temas polêmicos e atuar em programas de consenso (Rupp, 1997:21). Bertha Lutz se articulava nas redes feministas internacionais a partir da *alliance*, que desde os anos 1920 não dispensava o esforço de debater as relações de trabalho para as mulheres. A feminista brasileira apareceu na história do feminismo transnacional como uma das mulheres que assinaram a Carta de 1945 das Nações Unidas.[258] Em oposição à representante dos Estados Unidos, Eleanor Roosevelt, Lutz se colocou como porta-voz dos esforços que separaram as questões das mulheres da Comissão de Direitos Humanos e que conduziram à formação da Comissão sobre o Estatuto da Mulher na ONU, em 1947. Próxima de Mary Wilhelmine Williams,[259] uma liderança do Woman's Party, Lutz foi identificada como defensora do princípio de equidade legal e como forte oponente ao que se chamava de "restrições legais" em relação às mulheres. Ao final dos anos 1940, a proeminente sufragista discursava em termos de equidade de tratamento entre os sexos e impulsionava provisões legislativas com esse fim no Brasil e

---

258. Documento que estabelece o acordo de paz ao final da II Guerra Mundial, referendado pelo Brasil mediante o Decreto nº 19.841, de 22 de outubro de 1945.
259. Historiadora, membro do National Women's Party e da Women's International League for Peace and Freedom. Em 1933, ela visitou o Brasil com o objetivo de obter dados para sua pesquisa sobre D. Pedro II (Marino, 2014).

internacionalmente. No entanto, antes de conceber esse alinhamento político e em meio à instalação da legislação trabalhista brasileira, Bertha Lutz adotou, em sua trajetória, medidas que visavam à aprovação de leis específicas para as mulheres.

De acordo com o que pudemos ver anteriormente, Lutz havia levado para a reunião de 1923 da *alliance* suas preocupações sobre as restrições impostas às mulheres casadas brasileiras, pois havia proclamado às correligionárias estrangeiras que em seu país existia "uma condição de igualdade entre homens e mulheres", mas que elas não podiam exercer atividade profissional sem o consentimento do marido.[260] Dessa reunião, ela trouxe a orientação de que o direito ao trabalho das mulheres fosse reconhecido de modo que nenhum dispositivo deveria funcionar como um obstáculo àquelas que desejassem se inserir no mercado de trabalho, numa clara referência às convenções internacionais da OIT e seus possíveis efeitos. Dessa forma, para Bertha Lutz, o emprego da licença-maternidade, por exemplo, deveria ser estipulado de modo a não provocar a saída das mulheres do mercado de trabalho.

Embora não fosse a única força do movimento feminista existente no Brasil, a FBPF e Bertha Lutz, a partir da grande inserção internacional que cultivavam, serão elementos-chave para a instalação da legislação social. A criação do projeto de legislação social e trabalhista no Brasil envolveu a aplicação de uma burocracia estatal cuja responsabilidade era avaliar a situação do trabalho no país e encontrar soluções coerentes com o projeto de conciliar os interesses das classes sociais (Gomes, 1979:31-50; Gomes e Silva, 2013:18-23). Os primeiros passos se somaram a iniciativas como a criação do Conselho Nacional do Trabalho, ainda em 1923, e a assinatura de uma série de decretos presidenciais que, reunidos, formariam o Código do Trabalho composto pela Lei de Sindicalização, em 1931, regulação da Lei de Férias, um sistema

---

260. International Woman Suffrage Alliance. Report of Ninth Congress, Rome, 1923 (Database). Lutz referiu-se ao Código Civil brasileiro que expressamente requisitava autorização do marido para o trabalho da mulher casada (Lei nº 3.071, de 1 de janeiro de 1916, art. 12).

de inspeção e monitoramento das questões do trabalho e as juntas de conciliação e julgamento, formadas em 1932.[261] O Departamento Nacional do Trabalho se debruçou em estudos e processos a fim de colher dados e informações seguras sobre duração do trabalho, remuneração, condições de segurança e higiene, trabalho das mulheres e de menores. Os resultados desses inquéritos orientariam o aperfeiçoamento da legislação "visando estabelecer uma cooperação mais estreita e mais eficiente entre os diversos agentes da produção".[262] Por ordem do ministro do Trabalho, o departamento elaborou uma série de anteprojetos de decretos, cuja execução não dependia dos inquéritos e que diziam respeito aos "convênios coletivos de trabalho, proteção aos menores e às mulheres, inspeção do trabalho, segurança e higiene industrial".[263] O ministro também designou diversos especialistas para constituir comissões encarregadas de estudar as convenções de Genebra, "de modo a tomar as medidas previstas no Tratado de Versalhes, para convertê-las em leis nacionais".[264]

A chegada de Getúlio Vargas ao poder também significava a conformação de um conjunto de pensamento crítico que promoveu um grande repertório contra o liberalismo. A crítica se voltava contra a ideia de uma igualdade liberal, que não havia ganhado força suficiente para transformar o país, e denunciava a falência do princípio de equidade entre indivíduos, que a República havia muito mais prometido do que realizado (Gomes, 2005). A permanência de uma perspectiva senhorial de organização da política e da vida econômica, centrada em autoridades pessoais, se tornou o alvo de novas formas de se pensar a política no

---

261. Decreto nº 22.132, de 25 de novembro de 1932, "cria juntas de conciliação e julgamento para dirimir os litígios oriundos de questões de trabalho em que sejam partes empregados sindicalizados e que não afetem as coletividades a que pertencem os litigantes". Ver Silva e Corrêa (2016:26).
262. Inquérito informativo enviado ao ministro Lindolfo Collor pelo Departamento Nacional do Trabalho, 27 de agosto de 1931 (FGV. Cpdoc. Ministério do Trabalho. Acervo Lindolfo Collor).
263. Ibid.
264. Ibid.

Brasil (Gomes, 2005:111). Azevedo do Amaral, por exemplo, não via no sufrágio universal uma saída para a "questão social" e ainda considerava esse tipo de participação política uma forma nociva a opor interesses e ameaçar a paz entre diferentes estados da nação. Ao lado de Oliveira Vianna, o pensamento conservador e sua proposta autoritária de sociedade ganhariam "inequívoca influência" durante os anos 1930.[265]

Oliveira Vianna foi assessor jurídico do Ministério do Trabalho entre 1932 e 1940 e contribuiu para que se acentuassem os elementos corporativos no governo, presentes na Lei de Sindicalização, de 1931. Sua participação política conferiu os ares autoritários do regime que, em 1937, desembocaria na proibição e na criminalização das greves (Mendonça, 2007:424). Desde 1930, se consolidavam a vitória e a hegemonia de uma "doutrina interventora" que apregoava a interferência do legislador nos fenômenos sociais de modo a obter a colaboração de interessados, operários e patrões (Mendonça, 2007:425).

A Grande Guerra havia, tragicamente, colocado a nu as entranhas das nações e, no Brasil, faria emergir também projetos políticos advindos de diferentes matrizes de pensamento a enfrentar a questão social e as péssimas condições de trabalho acionadas, largamente, por todo o globo (Bresciani, 2005:403; De Decca, 1994:84). Foi um conjunto de projetos antioligárquicos que se concentrou na vitória da Aliança Liberal, bem como na composição do governo que se formava e pautou as políticas que estavam por vir. A ideia de unir os interesses de todas as classes sobre o controle do governo, entes diferentes a serem tratados de forma igual pelo Estado, ganhou grandes proporções que orientaram a instalação da

---

265. Antônio José Azevedo do Amaral (1881-1942), médico e jornalista, escreveu vasta obra que difundia seu pensamento conservador que era também crítico do passado imperial e escravista. Apoiou Getúlio Vargas, principalmente, durante o Estado Novo. Autor de *Patogenia do edema* (1902), *O Brasil na crise atual* (1934), *A aventura política no Brasil* (1935), *Renovação nacional* (1936), *O Estado autoritário e a realidade nacional* (1938). A citação dele foi destacada por Bresciani (2005:403). Francisco José de Oliveira Vianna (1883-1951) foi bacharel em direito e autor de livros sobre a sociedade brasileira. Foi consultor jurídico e assessor em diversas comissões do Ministério do Trabalho entre 1932 e 1940.

legislação social no que ficou conhecido como a promoção de "uma engenharia política corporativa" (Gomes, 2005:110; Araújo, 1981:28).

Essa engenharia política, que incorporava o "problema social" e defendia que não se poderia afastá-lo "sob a frívola alegação de que são estranhas ao espírito do nosso povo e à economia", fundamentava suas ideias na importância da tutela do Estado em impedir o mal que a relação entre patrões e empregados poderia causar na ausência de regulações: "fadiga física, subsalários, subalimentação, intoxicação em maus ambientes" em nome da preservação da "capacidade produtiva do trabalhador" – essa a justa medida da proteção a ser dedicada pelo Estado (Vianna, 1951:12, 27). Para Oliveira Vianna, uma característica dessa "nova política social" era a preocupação de "restaurar, no operário ou no trabalhador, a sua dignidade de pessoa humana" (Vianna, 1951:30). A regulamentação do trabalho das crianças, para o jurista, se encontrava no marco da preservação da força de trabalho, junto com a estipulação do salário mínimo, o reconhecimento dos sindicatos e o direito de greve (Vianna, 1951:27). Numa palestra que realizou em 1939, no Palácio Tiradentes, Vianna falou sobre a política social da Revolução de 1930, quando, na visão dele, "nunca um homem do trabalho e sua família se sentiram mais seguros contra os riscos e as vicissitudes da vida, mas dignificados na sua condição pessoal e material" (Vianna, 1951:69).

A dignidade do trabalhador diferenciava essa nova política da "velha política". Para Oliveira Vianna, era preciso reconhecer o "trabalhador e sua classe" em três aspectos: na vida da empresa, na vida do Estado e, por fim, na vida da sociedade, "como homem privado e chefe de família" (Vianna, 1951:112). O jurista considerava a licença-maternidade, os seguros por morte, velhice e invalidez benefícios a serem desfrutados por toda a sociedade. As leis que regulam o trabalho das mulheres e das crianças estavam circunscritas, para Vianna, nos dispositivos que tinham a função de "preservar a saúde da raça", pois, assim afirmava:

> Onde, entretanto, essa preocupação pela higidez das classes trabalhadoras se revela mais claramente é no cuidado que o novo regime está revelando

pela criança e pela mulher. Procura-se com sagaz instituição do futuro, preservar essas duas fontes de saúde e vigor da raça; pois nenhuma população pode ser hígida e vigorosa se, pelas condições de vida e trabalho, a mulher é enferma e é enferma a criança [Vianna, 1951:134].

As propostas de equidade de direitos e de intervenção mínima nas relações de trabalho para as mulheres, difundidas pela *alliance* e que receberam simpatia imediata de Bertha Lutz, encontrariam pouca reverberação no cenário político brasileiro, já que a Aliança Liberal havia construído e fortalecido um campo corporativista que denunciava, tanto nas plataformas quanto no governo que se formava, a falência desses princípios de equidade entre indivíduos. A inserção das pautas das mulheres no governo provisório requeria de Bertha Lutz e de sua organização estratégias políticas diferentes daquelas que ela pôde averiguar na reunião de Roma e que vão aproximá-las de outros grupos feministas internacionais ao longo da década de 1930. Certamente, a intensificação do processo de formulação dessa legislação social incitou a FBPF e sua dirigente, Bertha Lutz, a se mobilizarem tão logo foram assinados os primeiros decretos trabalhistas.[266]

As mulheres que faziam parte do campo de defesa da FBPF eram aquelas de profissões e cargos mais valorizados, algumas provenientes de empresas públicas, tais como telegrafistas e telefonistas, engenheiras e trabalhadoras do comércio e da imprensa, bem como algumas operárias.[267] Por mais que seu escopo de ação fosse limitado ao que

---

266. Besse (1999:188) já havia analisado a proximidade entre essas feministas e o novo governo dos anos 1930 explicada, de acordo com ela, pelo "compromisso que tinham [membros do governo] com a reforma eleitoral e trabalhista e com o bem-estar social".
267. No acervo da FBPF, foi encontrada uma lista nominal de trabalhadoras com quem a entidade manteve certo contato durante seu período de atuação. Não se trata de uma lista muito vasta – ela continha mulheres telefonistas que trabalham numa empresa estatal, trabalhadoras do escritório de empresas públicas de fornecimento de energia, de serviços gráficos e duas fábricas. No entanto, há que se considerar que a entidade tinha abrangência nacional, mantendo representantes em várias unidades da federação. Ver AN. Fundo FBPF, caixa 14, pacote 1, s.d.

poderíamos chamar de "camadas médias", as demandas do movimento operário estavam em plena discussão na sociedade; greves e organizações políticas estavam em evidência, bem como o Estado brasileiro desenvolvia políticas específicas para resolver as "questões sociais". Em 1921, Bertha Lutz estabeleceu um embate, via cartas e ofícios, com deputados e membros do poder público com objetivo de demonstrar um caso de discriminação ocorrido numa empresa do governo brasileiro – a Imprensa Nacional – denunciado a ela pelas funcionárias.[268] O caso era de desigualdade salarial entre mulheres e homens nas mesmas funções, e ela aproveitava o pleito para denunciar a necessidade de as mulheres serem alçadas aos cargos mais altos e obterem promoções.

A FBPF mostrou, por exemplo, a importância da participação de mulheres no Conselho Nacional do Trabalho.[269] A partir dos anos 1930, a atuação da feminista se consolidou nos terrenos da legislação trabalhista no Brasil, e as conexões internacionais mostraram um quadro ainda mais complexo na formulação da legislação trabalhista brasileira. Em memorial ao ministro do Trabalho, a federação acionou o debate suscitado pelo Tratado de Versalhes, as redes nas quais ela se inseria e reivindicou "representação proporcional no CNT":

> No caso particular que ora nos interessa, a questão do trabalho, o artigo 389 do Capítulo XIII do Tratado de Paz, dedicado ao trabalho determinando que "cada nação se fará representar quando a sua organização o permita, por quatro delegados, dois do governo, um representante das classes laboriosas e outro dos patrões e que cada delegado tem o direito de se fazer acompanhar por consultores técnicos, indica terminantemente que, quando as questões que devem ser discutidas na conferência interessarem especialmente às mulheres, UMA, ao menos das que desempenharem o papel de consultores técnicos deverá ser uma mulher"[270] [grifo no original].

---

268. Carta de Bertha Lutz para a Câmara dos Deputados, 29 de janeiro de 1921 (AN. Fundo FBPF, caixa 64, v. 2).
269. Carta de Bertha Lutz para o CNT, 1923 (AN. Fundo FBPF, caixa 64, v. 33).
270. Carta de Bertha Lutz para o ministro do Trabalho, 1923 (AN. Fundo FBPF, caixa 64, v. 33).

O tema do trabalho das mulheres se tornava central para a sustentação política de Bertha Lutz. Em conferência na Associação Cívica Feminina, na cidade de São Paulo, ela se pôs a analisar "o lado econômico do problema feminino". A plateia em questão requeria atenção especial – eram mulheres que estavam ao lado das classes dominantes de São Paulo, que haviam promovido um levante contra o governo provisório de Getúlio Vargas em 1932.[271] De forma geral, as mulheres que assistiam à comunicação defendiam um projeto político federalista. Embora decidida a se manter ao lado de Vargas e se valendo da conquista do voto feminino naquele mesmo ano, Bertha Lutz sustentou a importância de uma legislação do trabalho para as mulheres, combateu as normas que geram restrições às casadas, mas deixou claro que mulheres que não trabalham tinham certa dificuldade em compreender "a necessidade de modificar as leis".[272]

Menos do que uma defensora ideológica de um Estado corporativista ou dos trabalhadores, Lutz se engajou no processo de criação da legislação social no Brasil com objetivo de garantir direito às mulheres. Essa perspectiva ficaria mais clara ao tomarmos o discurso que fez durante uma reunião do Conselho Nacional do Trabalho, em que apresentou suas emendas à Lei de Sindicalização. Ela havia se tornado a representante do movimento de mulheres na comissão, mesmo sem ter assento no Poder Executivo ou no Legislativo. Sua intervenção na reunião se baseou em firmar que

> não tencionava falar nem a favor nem contra o projeto, mas apenas justificar a apresentação de emendas que se encaixariam em qualquer proposta, sendo salvaguardadoras dos direitos do elemento feminino que trabalha.[273]

---

271. O levante de 1932 foi promovido por grupos políticos de São Paulo que haviam passado toda a Primeira República na base de sustentação dos governos e pretendiam exercer oposição ao regime político de Getúlio Vargas. A principal reivindicação passou a ser a aprovação de uma Constituição. O combate durou três meses.
272. Apresentação à Associação Cívica de São Paulo (AN. Fundo FBPF, ap. 46, caixa 44, pacote 3, 1933).
273. Minuta de emenda à lei de sindicalização de 1931 (AN. Fundo FBPF, 78, pacote 3).

Em seguida, reforçou sua proposta de uma legislação específica para as trabalhadoras: "Torna-se necessário que a legislação do trabalho em geral e da sindicalização, da qual se trata o momento presente, em particular, atentem às condições especiais da mulher".[274] A iniciativa de apoiar claramente a criação de legislação específica se explicava, também, pelo fato de que, desde 1890, os direitos políticos das mulheres estavam implícitos na Constituição e que, por falta de dispositivo expresso, não se permitia o voto feminino. Daí em diante, Lutz defendia que as mulheres precisavam ter voz ativa na formulação das leis do trabalho, sob pena de serem aprovadas leis em seu prejuízo, de modo que lhes fosse facultado o direito de recusar a proteção que era oferecida; posicionamento muito inspirado nas resoluções da International Alliance of Women. Bertha Lutz e a FBPF adotariam a linha política de evitar o que elas considerariam "restrições" ou "obstáculos", fossem aqueles que provinham dos acordos internacionais ou aqueles vislumbrados pela legislação nacional.

O fervor internacional pela formulação de padrões do trabalho foi tratado no Brasil também pelo Parlamento, e a FBPF foi ativa em intervir junto às entidades internacionais, bem como no debate brasileiro. A FBPF, nos primeiros anos de sua fundação, se dedicou à ampliação do direito de voto das mulheres. A atuação se dava por meio do alistamento de mulheres como eleitoras e do enfrentamento aos juízes que, geralmente, negavam as inscrições mesmo não havendo um artigo expresso na Constituição de 1891 que as excluísse da participação das eleições.[275] Por sua vez, Bertha Lutz firmou alianças com políticos para garantir o alistamento de mulheres, ao mesmo tempo que propunha ao Parlamento, na forma de um debate público, mudanças legislativas sobre as eleições e candidaturas. O apoio conquistado por ela entre os deputados fez com que eles fossem chamados de "feministas", e a iminência da vitória de um candidato ao Senado, pelo estado do Rio Grande do Norte,

---

274. Ata de reunião do CNT, 4 de julho de 1933 (AN. Fundo FBPF, caixa 55, pacote 3, d. 13).
275. *A Manhã*, 1º mar. 1928; Nazario (2009).

com apoio de Bertha Lutz, gerava questionamentos sobre a validade da base política que o conduziria ao cargo.[276] A colaboração entre esses deputados e Bertha Lutz, que não ocupava nenhum cargo na Câmara, chegou a garantir até mesmo que uma das votações parlamentares do sufrágio de mulheres fosse retirada da ordem do dia porque Bertha Lutz estava fora do país.[277]

A sequência de intervenções da FBPF acompanhava os passos do poder público. Em 1931, Lutz enviou memorial ao ministro do Trabalho, Lindolfo Collor, com centenas de assinaturas de operárias reforçando a demanda já enviada a outros governos: "medidas de proteção à mulher que trabalha na indústria, medidas estas que, apesar dos nossos mais ingentes esforços, em dez anos de luta, ainda não conseguimos alcançar".[278] Em carta subsequente ao ministro, Bertha Lutz enviou sugestões de emenda à recém-assinada Lei de Sindicalização.[279] O decreto de 1931 regulava as condições de organização operária e adotava o princípio da unidade sindical, em que apenas um sindicato era reconhecido pelo governo, por categoria profissional ou ramo industrial e por cidade. A sindicalização não se tornava obrigatória, mas a lei estabelecia que apenas as agremiações que atendessem aos critérios seriam beneficiadas pela legislação social; ficava a cargo do Ministério do Trabalho supervisionar a vida política e material dos sindicatos. As sugestões de emenda à lei expressavam a preocupação da feminista em considerar que as funções maternais e domésticas representavam um fator econômico que deveria constar no ordenamento jurídico. Além disso, Lutz propôs que conselhos e comissões técnicas sobre assistência, previdência e proteção à maternidade fossem compostos também por mulheres. Do ponto de vista da organização sindical, a dirigente da FBPF não se opôs ao conceito de sindicato único, mas sugeriu ainda que fosse dado

---

276. *A Manhã*, 22 jun. 1927.
277. *A Manhã*, 31 jul. 1928.
278. Carta de Bertha Lutz para Lindolfo Collor, 29 de abril de 1931 (AN, ap 46, caixa 54, pacote 3).
279. Decreto nº 19.770, de 19 de março de 1931.

às mulheres o direito de se organizarem em sindicatos próprios, em associações municipais, estaduais e nacionais, agrupadas em atividades de mulheres que seriam contempladas na organização dos grupos e profissões afins.[280] Em minuta de emenda, anexada ao material enviado ao ministro, Bertha Lutz chegou a propor uma Confederação Nacional Feminina do Trabalho, a fim de congregar os sindicatos de mulheres "para a defesa dos seus interesses especiais decorrentes da influência da maternidade sobre as condições de trabalho da mulher".[281] Do seu ponto de vista, a sub-representação das mulheres era nítida e, para ilustrar o que chamava de "desertos femininos", usava o exemplo da categoria das professoras, que totalizariam 13 mil mulheres representadas no Conselho Nacional do Trabalho por um homem.[282]

Embora Lutz tenha jogado luz em um assunto que dizia respeito diretamente ao problema de organização das mulheres dentro dos sindicatos, os quais descuidavam das reivindicações das trabalhadoras, até agora não foi encontrada nenhuma informação na documentação que apontasse para um interesse expresso por parte delas de se organizarem em sindicatos compostos apenas por mulheres. A proposta de emenda da FBPF à Lei de Sindicalização considerava que a legislação do trabalho deveria atender às condições especiais das mulheres tanto "nos aspectos social e biológico, como no seu papel de fator econômico". A proposição de regulação dos sindicatos com reserva exclusiva para as mulheres significava que Bertha Lutz se posicionava pela defesa de uma legislação específica para as mulheres.[283] A elaboração e defesa pública do regramento sindical restrito às mulheres trabalhadoras não significou, no entanto, que Bertha Lutz apoiaria a proibição do trabalho noturno. Atenta aos trâmites do

---

280. Minuta de emenda à lei de sindicalização de 1931 (AN. Fundo FBPF, caixa 78, pacote 3).
281. Minuta de emenda à lei de sindicalização de 1931 (AN. Fundo FBPF, caixa 55, pacote 3, d. 13, 1933).
282. Ata de reunião do CNT, 4 de julho de 1933 (AN. Fundo FBPF, caixa 55, pacote 3, d. 13).
283. AN. Fundo FBPF, caixa 62, pacote 2, dossiê 13.

governo e ao debate internacional que desde a Convenção de Berna, em 1906, dividia as opiniões das organizações de mulheres, ela pronunciou seu posicionamento contrário à proibição do trabalho noturno, durante uma reunião do CNT, por considerar uma medida paternalista, destinada a uma proteção que "redunda em prejuízo".[284]

Ainda que o Decreto nº 21.417, assinado em maio de 1932 – que regulava o trabalho das mulheres, estipula a licença-maternidade e proibia o trabalho noturno – respondesse aos acordos internacionais vigentes, principalmente ao Tratado de Versalhes e às convenções da OIT, negligenciava o Código Civil brasileiro uma vez que este determinava que as mulheres não podiam praticar atividade profissional, receber heranças ou alienar bens sem a autorização do marido.[285] O mesmo decreto negligenciava também o Código Comercial, segundo o qual não poderiam "comerciar, de um modo geral, todos os incapazes, entre esses os loucos de todo gênero; os interditos; as pessoas sob pátrio poder; as mulheres casadas; os ausentes declarados tais por sentença de juiz".[286] Bertha Lutz se referia a este conjunto de impedimentos legais como "restrições" e não poupou esforços em denunciá-los. Para propalar as restrições existentes, Lutz enviou ao Ministério do Trabalho uma série de documentos e memoriais e, antes mesmo da assinatura do decreto de 1932, alertou ao ministro: "que a legislação do trabalho em elaboração em nosso país proíba a demissão de quem trabalha em virtude da modificação do seu estado civil".[287]

De posse da documentação produzida pelo Ministério do Trabalho, o representante da OIT no Brasil, Tancredo Soares de Souza, reportou não apenas os termos do inquérito e do futuro decreto, como também enviou recortes de jornais da imprensa local para demonstrar à direção da entidade o caminho seguido pela legislação específica para as mu-

---

284. Reunião de 4 de julho de 1933 (AN. Fundo FBPF, caixa 62, pacote 2, dossiê 11).
285. Lei nº 3.071, de 1º de janeiro de 1916, art. 12.
286. Código Comercial, art. 1º, apud Oliveira (1932:176).
287. Carta de Bertha Lutz para Lindolfo Collor, 5 de agosto de 1931 (AN. Fundo FBPF, ap. 46, caixa 54, pacote 3).

lheres no Brasil. Na opinião do agente, a lei proposta ainda "receava" instruir muitas práticas que já são consolidadas na indústria brasileira, sugerindo que maiores benefícios já eram concedidos "pelo simples fato de necessitarem [os patrões] da mão de obra feminina e de sentirem, por isso mesmo, necessidade de oferecer-lhes garantias e atrativos".[288] A Harold Butler, Souza afirmou que "nas indústrias em que o trabalho feminino está totalmente radicado [...] o auxílio às mães é ato comum".[289]

Bertha Lutz debateu, então, ainda inspirada pelas orientações da *alliance*, os critérios para aplicação da licença-maternidade em meio à produção do Decreto de Trabalho das Mulheres. A FBPF estabeleceu, no congresso feminista de 1931, que mulheres com competência técnica comprovada deveriam tomar parte dos estudos sobre custear a ausência durante a licença-maternidade da mulher operária e empregada do comércio, de modo a não causar perdas de vencimentos. Ao mesmo tempo, a convenção da FBPF defendia que instituir o seguro maternal era uma das formas de se impedir o "prejuízo", referindo-se aqui à saída da mulher do mercado de trabalho. A justificativa elaborada pela entidade reproduziu como um princípio que "amparar a mulher" não poderia significar limitar sua liberdade de trabalho ou ainda que a concessão de direitos exercesse grande peso sobre o empregador. O pagamento de um seguro, justificado pelo fato de que a maternidade é um encargo imposto às mulheres, e a participação das mulheres nos órgãos administrativos e de decisão foram as fórmulas encontradas pela FBPF para evitar as referidas perdas.[290] No entendimento da organização brasileira, o pagamento do benefício não era um prejuízo como, por vezes, considerou a *alliance* ao avaliar as convenções da OIT e a adoção dessa perspectiva

---

288. Carta de Soares de Souza para diretor da OIT, 8 de fevereiro de 1931 (Arquivo da OIT, WN 14-1-9).
289. Ibid. Soares de Souza havia tomado as palavras publicadas por Clodoveu Doliveira, o responsável pelo estudo das condições de trabalho a pedido do ministério. Ver Doliveira (1933:114-115).
290. Câmara dos Deputados [documentação organizada por Bertha Lutz]. O trabalho feminino: a mulher na ordem econômica e social. Rio de Janeiro: Imprensa Nacional, 1937, p. 69-74 (AN. Fundo FBPF, caixa 37, pacote 1, dossiê 2).

começava a deixar a FBPF um tanto mais distante das feministas internacionais que defendiam dispositivos de "equidade".

Ao orientar uma das integrantes da FBPF que participaria de um dos encontros da rede feminista internacional, Lutz reconheceu que as defensoras das medidas de "equidade" eram as representantes de países altamente industrializados, ensaiando, portanto, certa discordância com aquelas a que ela havia se aliado politicamente. Ela pediu a Heloísa Rocha atenção especial aos posicionamentos das mulheres do Woman's Party, dos Estados Unidos, e da Open Door International. Em sua visão, a FBPF "mantinha questão aberta" na grande querela feminista que partia de Genebra, ao passo que considerava que a discussão gerada sobre o pagamento da licença-maternidade fosse o motivo real da polarização de opiniões. Para ela, as americanas do Woman's Party faziam oposição à regulamentação do trabalho das mulheres "por doutrina apenas, achando que mulher deve viver como homem".[291]

Feministas no governo

O combate às restrições legislativas às mulheres tomou ainda maior envergadura por causa da promulgação da Constituição de 1934. A plataforma que elegeu Bertha Lutz para o cargo de suplente na Assembleia Nacional Constituinte a conectava fortemente com o acúmulo de tarefas das mulheres e a autonomia delas para obter trabalho e renda. Seu "santinho" dizia assim: "A mulher proletária cumpre pena dobrada, acrescentando ao horário da fábrica o trabalho sem horário medido que desempenha no lar". Por fim, defendia que a nova Constituição deveria proporcionar, "sem distinção de sexo", a "isenção de impostos sobre os instrumentos de trabalho, a renda e propriedade domésticas mínimas necessárias à manutenção modesta do seu lar".[292]

---

291. Informe de Bertha Lutz para Heloísa Rocha (AN. Fundo FBPF, caixa 62, pacote 2, d. 11).
292. BR. AN, Rio, BLZ, DCU.CLE. Cabe esclarecer que, ao longo do tempo em que esta pesquisa foi desenvolvida, o Arquivo Nacional alterou a notação de boa parte do seu acervo.

A plataforma eleitoral da bióloga, em 1934, uma vez que já envolvida no Estado corporativista, ganhou notas políticas que a distanciavam ainda mais da postura por equidade que ela advogava nos primeiros anos de sua articulação internacional, e não se sustentava unicamente na defesa dos direitos eleitorais para as mulheres. Como vimos no capítulo 3, 10 anos antes ela havia advogado que a FBPF se dedicava à campanha pelo voto feminino por considerar que as reformas da legislação civil não seriam "nem urgentes, nem oportunas".[293] Nesse intervalo de tempo, além da mudança da correlação de forças entre grupos no poder, muito já havia sido debatido entre as ativistas sobre direitos das mulheres. E Patrícia Galvão mantinha firme sua crítica à burguesia e sua moral, mesmo que estivesse ela em defesa das mulheres: "Acho bom vocês se modificarem pois que no dia da reivindicação social que virá, vocês servirão de lenha para a fogueira transformadora".[294] Não podemos averiguar se essas ameaças da comunista chegaram diretamente ao conhecimento das militantes da FBPF; o que podemos medir é a transformação das pautas que tomavam a atenção delas e que, a partir de então, não procurava esconder "causas proletárias".

Mesmo não eleita, Lutz foi convidada pelo governo de Getúlio Vargas para colaborar na elaboração do anteprojeto. Como resultado, ela publicou um texto conhecido como "13 princípios" em que procurou definir um olhar feminino para a nova Carta Constitucional. O princípio de número 8 era "Equiparação dos sexos" e pleiteava a igualdade jurídica, declarava a necessidade de se fundar um seguro maternal e reafirmava a bandeira pela "abolição de todas as restrições à capacidade jurídica, econômica e política da mulher", nas formas das resoluções de congressos e convenções dirigidas pela FBPF em momentos anteriores.[295]

---

293. Texto avulso sobre a situação das funcionárias públicas, 1924 (AN. Fundo FBPF, caixa 42, pacote 1, v. 30).
294. Jornal *O Homem do Povo*, 1931 apud Campos (1982:84).
295. Bertha Lutz. 13 princípios básicos: sugestões ao anteprojeto da Constituição, Rio de Janeiro, 1933.

Os trabalhos da Constituinte foram inaugurados com um longo discurso de Getúlio Vargas, que apresentou ao Parlamento tudo quanto havia feito durante o governo provisório. A instalação da Assembleia Nacional Constituinte, de acordo com Ângela de Castro Gomes, não era resultado da Revolução de 1930, mas consequência do levante paulista de 1932. Em meio a essa correlação de forças, Vargas reconhecia que o princípio da liberdade do trabalho tinha triunfado até a Emenda Constitucional de 1926, quando foi reconhecida a legitimidade do Parlamento em deliberar sobre conflitos de trabalho. Reconhecia também a existência de medidas e garantias mais raras "enfeixadas em leis sem aplicação ou aplicadas a retalho". A maioria das regulações, de acordo com o chefe do governo, "não chegaram a ser objeto de exame por parte do poder público". Ainda assim, Vargas considerava que, "no terreno da organização do trabalho, estava tudo por fazer" e o marco para resolver as lacunas foi a criação do Ministério do Trabalho, Indústria e Comércio.[296]

Em nome do Tratado de Versalhes, Vargas também advogava que a Grande Guerra imprimira uma nova perspectiva ao trabalho das mulheres, mais equivalente ao trabalho dos homens. Na proposta legislativa que ora apresentava, afirmava não existir "nenhuma inovação perigosa" e que incorporava o "espírito rigorosamente nacionalista, regras mais ou menos universalmente aceitas". Não é possível saber exatamente o que Vargas considerava ser tão perigoso na legislação para as mulheres, mas é possível conjecturar que visava aplacar a revolta das elites paulistas. O alcance dos debates internacionais para os padrões de trabalho aparecia incorporado ao que se esperava da nova Constituição. Ainda assim, a proposta que veio do gabinete do chefe do governo estipulava que a família deveria estar sob a proteção especial do Estado e "repousa sobre o casamento a igualdade jurídica dos sexos; a lei civil, porém, estabelecerá as condições da chefia da sociedade conjugal e do pátrio poder, e regulará

---

296. Todas as aspas fazem parte da mensagem do governo provisório à Assembleia Nacional Constituinte. Brasil. *Anais da Assembleia Nacional Constituinte*, 1936, p. 45.

os direitos e deveres dos cônjuges".[297] Essa proposta estava em confronto com o posicionamento das feministas que já preparavam a crítica ao Código Civil de 1916, que estabelecia a autorização dos maridos para a entrada das mulheres no mercado de trabalho. Do gabinete do presidente, e não da assembleia, veio o artigo que foi aprovado na versão final da Constituição de 1934: "A trabalho igual corresponderá igual salário, sem distinção de idade ou sexo". Claramente influenciado pelos padrões estipulados pelo Tratado de Versalhes e pela OIT, o item contemplava uma parte das reivindicações feministas, ao passo que o recado dado por Vargas chamava o plenário para manutenção do ideal de família a pressupor o homem provedor de salários. No entanto, é preciso apontar que os padrões a serem estabelecidos pelo governo provisório estavam também em disputa na sociedade. Por fim, é preciso notar que a atuação das feministas durante os debates parlamentares aparece mais fora dos documentos oficiais do que no compêndio final – os anais contam pouco ou quase nada sobre a presença de Bertha Lutz como consultora especial da elaboração das leis, mas Valdemar Falcão[298] narrou uma história diferente das que permaneceram nos autos cerimoniosos.

O deputado constituinte foi comemorar, com membros da federação, no Salão do Automóvel, a vitória das emendas à Constituição de 1934 propostas pela FBPF. Ele mesmo proferiu um discurso em que enaltecia as conquistas, sem falar delas como outorgas ou concessões. Falcão teria acompanhado as ações que elas realizaram e as conversas que entoaram sem que elas jamais tivessem "ameaçado a independência da Constituinte". Mas, nas palavras do deputado, as feministas eram:

> Elementos componentes de uma bizarra organização ditatorial que manobrou habilmente em torno dos representantes da Nação, através das

---

297. Ibid., p. 160.
298. Valdemar Falcão (1895-1946). Advogado, membro do Aliança Liberal, assumiu vários cargos de direção no governo de Getúlio Vargas e ficou conhecido por se aproximar mais do conservadorismo e do anticomunismo. Participou da elaboração do texto base da Constituição como deputado constituinte.

discussões do plenário, em meio às canseiras das votações intermináveis, numa onímoda e onipresente atuação que nos deixava admirados por todos nós, deputados, do espírito de continuidade, da capacidade de organização, da acuidade de raciocínio, com que agiam as paladinas do pensamento feminino brasileiro.[299]

A tranquilidade com a qual um membro mais conservador entre os dirigentes de Vargas absorvia as discussões propostas pela FBPF demonstrava também a capacidade de diálogo que as feministas haviam desenvolvido e conquistado por dentro do governo.

A repercussão da atuação política das feministas durante os debates constituintes atingiu os padrões nos quais se apoiavam alguns dos principais dirigentes do país por dentro do governo. Oswaldo Aranha,[300] fiel interlocutor de Getúlio Vargas desde a Aliança Liberal, que já tinha sido ministro da Justiça e articulador da bancada governista durante a Assembleia Nacional Constituinte, passou a aconselhar o presidente para que reconhecesse "a eficiência da colaboração das mulheres no crescimento das civilizações".[301] De Washington, onde exercia o cargo de embaixador do Brasil, em 1935, Aranha endereçou a Vargas ideias que responsabilizavam o catolicismo pela redução do campo de atividade das mulheres a paralisar a sociedade pela "falta da mulher, segregada em casa, sufocada pelo poder marital, estigmatizada pela inferioridade de direitos".[302]

Entusiasmado com as novidades que percebeu nas relações sociais e comportamentos estadunidenses, o embaixador ainda relatava que o

---

299. AN. BR. BLZ, DCU.CLE, TXT.11.
300. Oswaldo Aranha (1884-1960). Advogado, membro da Aliança Liberal, esteve próximo de Vargas durante a Revolução de 1930 e compôs o governo em diversos cargos. Foi ministro da Justiça e embaixador do Brasil nos Estados Unidos.
301. Carta de Oswaldo Aranha para Getúlio Vargas, 11 de novembro de 1935 (FGV. Cpdoc. Acervo Oswaldo Aranha).
302. Ibid.

convívio com as mulheres no trabalho, no comércio, na vida pública destruiria toda essa enfermidade sexual que fez do brasileiro um bode disfarçado de homem e do convívio do feminino uma "simples cavação" ou especulação do amor.[303]

O advogado, nessa mesma carta em que criticava a neutralidade diplomática do Brasil durante a guerra ao cobrar que Vargas instaurasse oposição aos países do Eixo, tentava convencer seu amigo e correligionário de que o problema moral da participação da mulher na vida pública tinha mais relações com a incapacidade dos homens em se portar de forma adequada do que com os comportamentos delas. Menos resistente às mudanças que os tempos de guerra haviam proporcionado, Aranha desfechou a carta com uma peroração entusiasmante a Vargas: "A nós, homens desse século delirante, só o movimento e o fogo podem ser companheiros fiéis e amigos".

A Constituição foi promulgada em 16 de julho de 1934 e estabeleceu a criação de uma instituição de previdência a favor da velhice, da invalidez e da maternidade. Com ela se estabeleceram princípios de igualdade salarial e a coibição da discriminação entre homens e mulheres, fosse religiosa, política ou geracional, e a proibição de demissão por mudança de estado civil. A nova Carta não revogou o antigo Código Civil e as duas letras legais conviveram no ordenamento jurídico gerando distorções. Uma delas era o Projeto de Lei nº 52, dedicado a regular a profissão de corretor de seguros e proibir o exercício da carreira pela mulher casada sem autorização do marido. Além dessa categoria, de acordo com ordenamento jurídico, as mulheres casadas não poderiam exercer a corretagem de fundos públicos, ser agentes de leilões e intérpretes.[304] Para combater essas "restrições" e garantir o cumprimento da nova Constituição, Bertha Lutz propôs cerca de 22 emendas legislativas,[305] agora

---

303. Ibid.
304. Código Comercial, art. 2; Decreto nº 2.475, de 13 de março de 1897; Decreto nº 863, de 17 de novembro de 1851, art. 5º apud Oliveira (1932:178).
305. AN, BR. BLZ, DCU.CLE, TXT.11.

como deputada a ocupar a vaga deixada por seu titular, boa parte delas apresentando posição contrária a essas regulamentações profissionais e afirmando que o Código Civil de 1916, depois da Carta Constitucional, deveria ser considerado revogado. Essa interpretação das leis mostrara à deputada que a regulamentação da Constituição e seus dispositivos de igualdade eram as formas mais eficazes de garantir os direitos das mulheres e evitar o retorno a matérias que deveriam ser consideradas superadas.[306] O ordenamento jurídico, somado ao intenso aparato de formulação da legislação social, não fornecia bases que justificassem a existência de apenas uma lei de equidade a combater desigualdades entre mulheres e homens.

A FBPF passou a acionar uma grande rede de mulheres brasileiras para o combate legislativo. Por ser uma federação, outros coletivos de mulheres a compunham e eram representados por pessoas de diversas cidades do país, demonstrando, durante os anos 1930, alguma capilaridade nacional. A forma mais utilizada de ação era iniciada por uma convocação da deputada. Ela enviava cartas explicitando os principais entraves na Câmara, os nomes dos deputados que faziam oposição às medidas por ela defendidas e solicitava o envio de novas cartas de toda parte do país. Assim, telegramas e memoriais chegavam aos gabinetes, em retorno à solicitação inicial, defendendo os pontos de vista feministas.[307] A FBPF também passou a manter relações mais sistemáticas com alguns sindicatos cujas categorias eram compostas por grande número de mulheres, como a União dos Empregados do Comércio do Rio de Janeiro e o Sindicato de Tipógrafos e Taquígrafos do Distrito Federal.[308]

---

306. A permanência dos fundamentos do Código Civil e critérios, considerados por Bertha Lutz "vantagens desnecessárias" às mulheres pode ser ainda ilustrada pela Lei nº 208, de 27 de maio de 1936, cuja cópia foi encontrada no acervo da FBPF. A lei estabelecia que "as mulheres que exercem efetivamente funções públicas ou casadas com funcionários civis ou militares, sujeitos à remoção, terão direito a licença sem vencimentos, a seu requerimento, quando o marido for removido sem ser a seu pedido" (AN. Fundo FBPF, caixa 37).
307. As cartas podem ser encontradas no acervo da FBPF.
308. Troca de cartas entre os sindicatos citados e a FBPF. Ver ADM. COR. 1922.135 e ADM. COM 1934. P8.

A solicitação de reforma do Decreto do Trabalho das Mulheres partiu do Sindicato de Tipógrafos e Taquígrafos, assinada pela presidenta Almerinda Faria Gama. Para ela, a aprovação da nova Constituição era uma oportunidade para revisar o Código do Trabalho, tendo em vista os direitos da mulher. Na avaliação dela, em acordo com a FBPF, "a plena igualdade jurídica, por esta federação também pleiteada, só poderá ser obtida com a reforma completa dos nossos códigos".[309] De um modo geral, solicitava a revisão da proibição do trabalho noturno e das noções de trabalho insalubre.

Num dos textos mais conhecidos de Bertha Lutz sobre as mulheres trabalhadoras, ela empunhou a crítica às restrições ao trabalho remunerado da mulher, incluindo a proibição do trabalho noturno, que ela acreditava ser uma diretriz demasiadamente seguida pelos governos de diversos países. Ao mesmo tempo, invocava os estudos da OIT como "esforços magistrais" na demonstração de que o desemprego dos homens não é aliviado pela demissão das mulheres.[310] Inspirada pelos textos da OIT e pelas tentativas de outros países de manter as restrições para as mulheres casadas, afirmou: "Contra o trabalho titânico que a mulher vem desempenhando gratuitamente, desde a origem da espécie, nenhuma voz se eleva".[311] Para ela, se o feminismo sempre se constituiu de embates, "o campo da emancipação econômica é onde eles se mais avultam". Se, por um lado, ela conduziu a argumentação para a compreensão de que a FBPF lutara por equidade ao conquistar na Constituição "exercício completo de funções", principalmente no funcionalismo público, por outro, reivindicava o legado de ter conquistado "grande soma de direitos" para as mulheres.

---

309. Carta de Almerinda Faria Gama ao ministro Salgado Filho, 1934 (ADM. COM 1934. P8).
310. É possível que Lutz se refira a Marguerite Thibert (1933).
311. Bertha Lutz (1936). É proibido pagar. *Boletim da Federação Brasileira pelo Progresso Feminino*, ano II, n. 3, mar. 1936e. p. 9-10. É possível que Lutz tenha se referido às petições realizadas à 19th ILC que demandavam o retorno da mulher casada ao lar com vistas a garantir os postos de trabalho aos homens. Correspondências, 1º de maio de 1935 e 25 de maio de 1935 (Arquivo da OIT, WN 1002/09).

Foi em 1936 que Bertha Lutz assumiu o cargo de deputada na Câmara Federal, depois da morte de Cândido Pessoa, titular da cadeira no Parlamento. Dedicou-se, então, a preparar emendas sobre direitos do trabalho das mulheres, adquiridos por concurso público; sobre impedimentos à redução de salários e por maior representação de mulheres em conselhos de funcionários e comissões.[312] Redigiu também requerimentos e justificações para impedir que as numerosas propostas legislativas que visavam restringir o direito ao trabalho das mulheres casadas fossem aprovadas.[313] Contudo, as proposições de maior repercussão no Poder Legislativo, elaboradas pela deputada Bertha Lutz, foram a criação do Departamento Nacional da Mulher e do Estatuto da Mulher.[314]

A deputada se dedicou, então, à elaboração de um estatuto, compondo a comissão responsável pela criação do compêndio que deveria regulamentar os dispositivos de legislação ordinária, de acordo com os direitos e obrigações constitucionais da cidadã brasileira, codificando essas obrigações e esses direitos. A avaliação do grupo de parlamentares admitia que a Constituição de 1934, embora tenha estabelecido a igualdade salarial, não havia resolvido sobre a autonomia das mulheres em garantir seu próprio sustento por conta de sobreposições legislativas, como aquelas provocadas pela vigência do Código Civil.

O trabalho da Comissão Especial de Estatuto da Mulher da Câmara dos Deputados apontou como avanço o direito da mulher ao voto e a obrigatoriedade civil de participação eleitoral a todas as mulheres servidoras públicas. Por outro lado, relatou o que seriam as chamadas "restrições" às mulheres nas leis. De acordo com o relatório, a legislação ordinária vedava que a mulher assumisse mandatos, aceitasse heranças ou legado sem outorga marital, impondo "restrições à sua capacidade".[315]

---

312. Sugestões de emendas apresentadas à subcomissão de representação de classes (AN. Fundo FBPF, caixa 62, pacote 2, d. 11, 1936).
313. Justificação, 1936 (AN. Fundo FBPF, caixa 62, pacote 2, d. 11, 1936).
314. Projeto nº 623, de 1937 (AN. Fundo FBPF, caixa 62, pacote 2, d. 11).
315. Brasil. *Diário do Poder Legislativo* [Comissão Especial de Elaboração do Estatuto da Mulher – Ata da reunião realizada em 14 de outubro de 1937], 1937.

Porquanto as regulações sobre licença-maternidade pudessem ser tratadas como conquistas importantes para a vida das mulheres da classe trabalhadora, a comissão, que contava com participação atuante de Bertha Lutz, considerava a legislação existente "menos previdente e mais proibitiva" – o que, certamente, referia-se ao Decreto do Trabalho das Mulheres, que proibia o trabalho noturno delas. A comissão também tentou incidir sobre o ideal de família, outrora defendido pelo chefe do governo provisório, segundo o qual ao marido resguardavam-se os poderes de decisão sobre o domicílio. Sobre isso, a comissão assim dissertou:

> No aparente interesse da família, priva a mulher de direitos humanos fundamentais, como sejam o do pátrio poder da viúva que contrai novas núpcias, sobre os filhos de leito anterior, ou da mãe que perde sobre o filho natural que criou sozinha no ostracismo e na miséria, quando o pai tardiamente reconhece o rebento que até então deixou ao desamparo.[316]

A fórmula encontrada pela referida comissão para ajustar as leis nacionais ao objetivo de garantir alguma autonomia econômica para as mulheres foi alterar o ideal de família, e não descartá-lo dos debates legislativos e jurídicos. No parecer que recomendava a aprovação do Estatuto da Mulher, os parlamentares afirmaram que a "persistência de disposições legislativas anacrônicas" estava em desacordo e não se "coaduna(va) com os imperativos da situação econômica verdadeira, nem com as aspirações femininas lídimas de felicidade conjugal, baseada na equivalência dos sexos dentro do quadro da família".[317]

O Estatuto da Mulher foi apresentado ao Parlamento na forma de um compêndio de 150 artigos e foi assim justificado pela comissão que o propôs:

> Impedindo que a mulher exerça profissão lucrativa sem o consentimento do esposo, o legislador esquece que se faltar o pão em casa ou se a manu-

---

316. Ibd.
317. Ibid.

tenção da família for superior às formas do marido, bem intencionado e probo, a mulher terá forçosamente que aceitar trabalho remunerado. Tais medidas nada mais fazem do que refletir o desejo instintivo do homem de sequestrar a mulher para seu uso e gozo, mesmo quando incapaz de prover o seu sustento.[318]

A proposição do estatuto considerava a criação de um novo dispositivo legislativo e não propunha diretamente as reformas do Código Civil, que confinava a mulher nas regras determinadas para casamento e pátrio poder. Os artigos determinavam a abolição das "restrições existentes à capacidade jurídica, política, econômica, social e cultural da mulher baseadas no sexo ou no estado civil" e estabeleciam "a maternidade como fonte de direitos e obrigações". O art. 24 estabelecia que as mulheres maiores de 18 anos deveriam ter liberdade para exercer profissão, para realizar reuniões e compor associações e para participar da elaboração de leis e condições sobre contrato de trabalho, inclusive contratos coletivos. O estatuto ainda abolia a proibição do trabalho noturno além de prever expressamente que as condições especiais para o trabalho de menores deveriam atingir o emprego doméstico.[319] Além daqueles direitos já previstos na Constituição, o estatuto inovava ao prever que a dona de casa que não exercesse trabalho remunerado teria direito a 10% da renda da família "em consideração ao seu labor". Para estatutos civis e comerciais, o novo código previa escolha para o regime de bens do casal e abolição da partilha total das posses, além de determinar que "a mulher casada, ou não, é capaz das mesmas obrigações que o homem na ordem civil, sujeita a condições idênticas".[320] Os princípios – a maior parte deles proposta pela deputada Bertha Lutz – que nortearam as

---

318. Ibid.
319. O emprego doméstico só foi considerado uma das piores formas de trabalho infantil pela OIT em 1999, com a aprovação da Convenção nº 182 relativa à interdição das piores formas de trabalho das crianças com vistas à sua eliminação.
320. Brasil. *Diário do Poder Legislativo* [Comissão Especial de Elaboração do Estatuto da Mulher – Ata da reunião realizada em 14 de outubro de 1937], 1937.

discussões dentro da comissão envolviam "formas de cooperação que o Estado pode dar à mulher [no sentido da] elevação do padrão de vida do lar".[321] Preocupada em instaurar dentro do governo uma rotina de estudos e indicadores para que o Estado tivesse maior conhecimento sobre a vida das mulheres, a deputada debateu a importância de manter um setor, dentro do Departamento da Mulher, que se dedicasse a essa função. Por fim, os parlamentares concluíram que "as modificações propostas, longe de invalidarem a família, a fortalecem dentro do conceito de afeição, cooperação recíproca, equivalência, auxílio e respeito mútuo entre os cônjuges". Com isso, a comissão, que propunha a mudança de situação das mulheres em relação ao Estado e às leis, não pretendia extinguir a família como unidade elementar da sociedade, mas alterar os pactos entre cônjuges como formas de atingir a vida das mulheres.

As altercações dentro da comissão parlamentar, formada especialmente para considerar o tema, iniciaram logo em 1936. Os objetivos da criação do organismo eram aperfeiçoar as condições de vida doméstica, obter melhorias nas condições de trabalho e constituir medidas de previdência em benefício das "mulheres pobres". O trâmite dos pareceres gerou um vasto arrazoado sobre o direito das mulheres, mobilizando especialistas e parlamentares de diferentes visões. A proposta da criação dos organismos encontrava base política na Constituição de 1934, e sua defesa requeria uma consistente revisão dos feitos recentes sobre o trabalho das mulheres. De acordo com a proposta da deputada, o órgão deveria ter função consultiva ou técnica e executiva, e contaria com uma Divisão do Trabalho Feminino, outra responsável pela licença-maternidade, instâncias de formação feminina e previdência social a serem regulamentadas pelo Poder Executivo.[322]

A proposição de criar órgãos públicos especializados em assuntos das mulheres havia começado antes para Bertha Lutz. Ela havia pro-

---

321. Anais da Comissão do Estatuto da Mulher, 1937 (AN. BLZ, DEU. CLE, TXT. 11).
322. Parecer da Comissão Especial de Estatuto da Mulher, 1937 (AN. Fundo FBPF, caixa 37, pacote 1, d. 5.)

posto a criação de um Departamento Interamericano para as Mulheres durante sessão da Conferência dos Estados Americanos, em 1933, realizada em Montevidéu.[323] Naquela ocasião, a proposta foi vitoriosa e o departamento proposto pelas feministas ganharia estatuto próprio e caráter executivo. Lutz se aproximara da diplomacia brasileira como consultora técnica e auxiliou a delegação a redigir a proposta para o tratado de direitos iguais que polarizava com as proponentes dos Estados Unidos, as quais defendiam o programa de Alice Paul de equidade de gênero. A posição da brasileira foi a de preservar as conquistas políticas e jurídicas atingidas até então, em termos de direitos das mulheres, e não abrir mão delas para aprovar um único tratado. O texto que ela ajudou a confeccionar recomendava "a todos os governos das repúblicas que procurem, dentro do possível, e no prazo mais breve, estabelecer a igualdade entre homens e mulheres em tudo quanto se refira a posição, o gozo e o exercício dos direitos civis e políticos" (Marques e Melo, 2008). A feminista brasileira solicitou diretamente a Marguerite Thibert uma espécie de assessoria sobre maternidade, legislação trabalhista para as mulheres e modelos de leis de previdência social para subsidiar particularmente a preparação do Estatuto da Mulher. Em resposta, Thibert considerou que os sistemas de previdência que combinavam a maternidade com questões da saúde de trabalhadoras e trabalhadores eram os mais eficientes por distribuírem recursos em um número maior de contribuições e anexou as leis da Argentina e da Cuba como exemplos.[324]

---

323. As conferências dos Estados americanos foram reuniões comandadas pelos Estados Unidos com o objetivo de integrar os países do continente americano. Ocorreram entre os anos 1889 e 1954.
324. Carta de Marguerite Thibert para Bertha Lutz, 18 de março de 1937 (Arquivo da OIT, WN 6-01-2). Em 1934, a correspondência entre Marguerite Thibert e Bertha Lutz se tornou mais frequente por ocasião da chegada da francesa como oficial da OIT e da participação de Lutz no Correspondence Commitee on Women's Work, organizado pelo escritório com objetivo de assessorar em assuntos das trabalhadoras. Sobre isso ver carta de Marguerite Thibert para Bertha Lutz, 1º de maio de 1935 (Arquivo da OIT, WN 1002/09). A brasileira enviou vasta documentação, contendo leis do seu país, boletins de sua entidade e os dispositivos da nova Constituição para a qual havia contribuído diretamente. Elas enunciaram uma rica discussão sobre o tema do trabalho da mulher

A troca de informações internacionais inspiraria diretamente a deputada na proposição do Departamento da Mulher, que estava cotejada pela experiência do Women's Bureau, órgão ligado ao Departamento do Trabalho dos Estados Unidos e comandado por Mary Anderson, que trabalhou para fortalecer a legislação trabalhista específica para as mulheres. Anderson fazia parte de um grupo de mulheres conhecidas como "reformistas sociais" (*reformers*) e enfrentou as limitações que um órgão sem poderes executivos no federalismo norte-americano poderia encontrar (Boris e Honey, 1988). Anderson e as *reformers*, notadamente Eleanor Roosevelt, popularizaram a geração de ativistas que lutaram por legislações específicas para as mulheres por entender que a diferença biológica entre os sexos requeria atenção peculiar do Estado, especialmente por conta da reprodução da vida (Boris e Lichtenstein, 1991:450).[325] A gestão de Anderson levou em conta os padrões da divisão de tarefas entre mulheres e homens na sociedade, na medida em que reivindicava a maternidade como matéria de direitos e em que se ateve aos problemas causados pela combinação do trabalho remunerado com o trabalho doméstico.

Desse ponto de vista, tanto Anderson quanto Roosevelt se opunham à emenda por direitos iguais por considerarem que a "equidade" alijaria as trabalhadoras do acesso às leis de salário mínimo e de regulação da jornada. Ambas usavam os dispositivos do Estado e o New Deal para influenciar a proteção às mulheres e à classe trabalhadora, no geral (Boris e Honey, 1988:452). O afastamento de Bertha Lutz do ativismo da

---

casada, provocada pelo fato de que, na sessão da ILC de 1935, a retirada das mulheres do mercado de trabalho havia sido tratada como uma solução para oferecer mais postos de trabalho à juventude. Sobre isso, ver carta de Marguerite Thibert para Bertha Lutz, 10 de agosto de 1935 (Arquivo da OIT, WN 1002/09. Bertha Lutz, 1936); É proibido pagar (*Boletim da Federação Brasileira pelo Progresso Feminino*, ano II, n. 3, mar. 1936. p. 9-10). É possível que Lutz tenha se referido às petições realizadas à XIX Reunião Internacional da OIT, que demandavam o retorno da mulher casada ao lar com vistas a garantir os postos de trabalho aos homens. Correspondências, 1º de maio de 1935 e 25 de maio de 1935 (Arquivo da OIT, WN 1002/09).

325. Ver também Boris (1986).

Open Door International, mais preocupado em denunciar os obstáculos produzidos pelos padrões da OIT do que com a condição de trabalho das mulheres, ficaria ainda mais claro quando ela mesma enviou uma carta a Eleanor Roosevelt durante o auge da defesa da instalação do Departamento da Mulher no Parlamento. Ao se dirigir à então primeira-dama dos Estados Unidos, a brasileira fez críticas à atuação das norte-americanas na reunião de Montevidéu, afirmando ter sido "profundamente desapontada", naquela ocasião, pelas ativistas ligadas a Alice Paul e defensoras do tratado de direitos iguais, e que acreditava que "as mulheres da América Latina também necessitavam de um New Deal".[326]

Seguindo os passos das *reformers* e para garantir a função executiva do Departamento da Mulher, o projeto assinalava que o órgão deveria estar localizado no Ministério do Trabalho e guardaria, sob sua incumbência, a fiscalização e a inspeção do trabalho da mulher. A administração do fundo público para pagamento das licenças-maternidade do serviço público e das empresas privadas também constava entre as futuras funções da repartição.[327] No Parlamento brasileiro, a oposição mais veemente ao projeto da deputada feminista de criar um órgão político para as mulheres foi encabeçada pela deputada Carlota Pereira de Queiroz, que representava as elites liberais do estado de São Paulo. Contra o esforço de Lutz, a deputada paulista dizia considerar discriminatórias as proposições legislativas dirigidas às mulheres. Em meio à controvérsia, Bertha Lutz polarizou novamente sua opinião favorável à regulamentação de leis específicas: "Em matéria feminista prevaleceu a orientação mais liberal. Acolher não só pela igualdade política dos sexos, mas as reivindicações sociais e econômicas da mulher".[328]

O contexto do conflito parlamentar para criação do Estatuto da Mulher e do Departamento da Mulher exigiu que Lutz demarcasse um

---

326. Carta de Bertha Lutz a Eleonor Roosevelt, 1937 (AN. ADM.COM.1937.P113).
327. Projeto nº 623/1937, cria o Departamento Nacional e o Conselho Geral do Lar, Trabalho Feminino, Previdência e Seguro Maternal (AN. Fundo FBPF, caixa 37, pacote 1, 1937).
328. Ibid.

campo de argumentação capaz de fundamentar suas propostas e que fosse coerente com sua recente atuação política. Ela afirmou:

> Por que é que existem leis trabalhistas especiais para a mulher? Primariamente, porque a mulher operária não é somente uma pessoa que trabalha para sua própria manutenção e a de outros, como acontece com o homem, não é somente uma pessoa possuidora de certos direitos e privilégios da mesma forma que o homem, mas desempenha também importantes funções e presta serviços que o homem não poderia prestar. Por outra, a mulher quer, na realidade, quer potencialmente, é mãe e dirigente do lar. É produtora não somente de bens econômicos, mas também de futuros cidadãos.[329]

Além de estar submetida a embates parlamentares que requeriam firme posicionamento sobre a formulação de leis, Lutz se valeu do acúmulo proveniente de momentos anteriores. Seu feminismo, interpretado até mesmo como "tático", se foi sempre conduzido com objetivo de conquistar adeptos imediatos de modo a aproveitar as brechas deixadas pelo sistema, agora também assumia considerar a existência de uma enorme massa de trabalho que é considerado exclusivo das mulheres, além de considerar as condições políticas corporativistas.[330] A deputada deixava de lado seu alinhamento à International Alliance of Women, segundo o qual era prudente não apoiar dispositivos que pudessem restringir a presença das mulheres no mercado de trabalho, para se posicionar por uma legislação específica para as mulheres que considerasse a carga do trabalho doméstico e a maternidade. Se outrora ela havia observado que o Brasil oferecia "uma condição de igualdade entre homens e mulheres", sendo necessário apenas remediar a legislação sobre casamento, ao se tornar deputada federal e incorporada à burocracia varguista, Lutz afirmaria que instituir padrões de trabalho significaria

---

329. Ibid.
330. O argumento de que Bertha Lutz teria se ajustado ao Estado varguista por difundir um "feminismo tático", a reunir adeptos imediatos, está em Soihet (2006).

mais do que dar direitos às mulheres: "destinam-se a salvaguardar, não tanto a mulher em si, senão os interesses da raça", referindo-se à função de reprodução da vida delegada às mulheres.

As trocas de informações, entabuladas por meio de Marguerite Thibert, da OIT e que levaram Bertha Lutz a considerar fortemente a experiência de Mary Anderson no Women's Bureau do Departamento de Trabalho dos Estados Unidos resultaram na transcrição, por Bertha Lutz, das diretrizes defendidas pela americana como referência na elaboração das leis para as mulheres no Brasil.[331] Os Estados Unidos aderiram à OIT em 1934, e a Constituição federativa funcionava como uma barreira para a feminista Mary Anderson colocar suas propostas de regulamentação em prática. Outrossim, Lutz se identificou com os posicionamentos defendidos por ela, chegando a afirmar que o estabelecimento de uma legislação trabalhista, principalmente a fixação do salário mínimo, beneficiaria homens e mulheres a ponto de reiterar que "qualquer estudo da legislação na América a favor da mulher operária conduz a um campo de legislação social um tanto mais amplo do que trata propriamente o emprego".[332]

Bertha Lutz propôs, em 1937, por meio do Estatuto da Mulher, que fosse criado um fundo público específico para o pagamento da licença-maternidade, a cargo do órgão executivo que seria chefiado por uma mulher com notável competência técnica, e a reforma do Código Civil, que aboliria em definitivo as restrições perpetradas pelo regramento. O seguro maternal chegou a ser aprovado pela Comissão de Finanças, fundamentado pelos dispositivos da Constituição que previam contribuição ao fundo em partes iguais da União, do empregador e da trabalhadora.[333]

---

331. Câmara dos Deputados [documentação organizada por Bertha Lutz]. O trabalho feminino: a mulher na ordem econômica e social. Rio de Janeiro: Imprensa Nacional, 1937, p. 45 (AN. Fundo FBPF, caixa 37, pacote 1, dossiê 2).
332. Ibid.
333. Lei nº 367, de 31 de dezembro de 1936. Estabelece instituto de seguridade social ligado ao Ministério do Trabalho, Indústria e Comércio; Projeto nº 623, de 1937, cria o Departamento Nacional e o Conselho Geral do Lar, Trabalho Feminino, Previdência e Seguro Maternal, tendo parecer com emenda da Comissão de Finanças (AN. Fundo FBPF, caixa 37, pacote 1, dossiê 5).

Havia um universo de forças em conflito fora da FBPF, mas que fazia parte da conjuntura do entreguerras. A pressão do movimento operário, as discussões entre as organizações internacionais de mulheres e a conformação do Estado brasileiro eram elementos contidos na política sobre a qual Bertha Lutz e a FBPF deveriam atuar. Diante dessas forças, respondiam com ações políticas, propostas legislativas, promovendo um grande debate público sobre direitos das mulheres, muitas vezes inspirado pelas *reformers* americanas. Lutz participou de conferências em outros países, esteve em diálogo com dirigentes da OIT e com a articulação internacional dos Estados americanos. A pressão do movimento operário, exercida desde 1917 por muitas trabalhadoras, aparece no Parlamento, onde Lutz se fez muito presente, em projetos de lei que nem sempre eram encaminhados, ou ainda como parte do projeto político de conciliar interesses entre as classes sociais nos anos que se seguiram.

Considerar que existe uma ambiguidade entre a luta por sufrágio e as questões das mulheres trabalhadoras permitiu que a história das duas conquistas seguisse em paralelo e ocultasse suas articulações durante o período entreguerras. Bertha Lutz, a reconhecida sufragista, alistou-se no debate internacional postulado sobre a regulação específica do trabalho das mulheres e, na política nacional, estava diretamente inserida nas transformações do Estado brasileiro, bem como nas pressões exercidas pelo movimento operário. Diante do exposto, não é possível afirmar a existência desse paralelismo também na história do Brasil. Bertha Lutz e a FBPF, mesmo apresentando posições contrárias, por vezes se engajaram na elaboração de leis trabalhistas para as mulheres impulsionadas pelo projeto de criação da legislação social brasileira e pelo sentimento de instabilidade social e força decorrente das greves coetâneas, com forte participação de mulheres.

Diante das investidas legais contra o Decreto nº 21.417, que tentavam manter a exclusão da mulher casada do direito de dispor de seu trabalho, Lutz havia enviado a Getúlio Vargas um memorial no qual propunha que o Executivo estabelecesse um decreto por direitos iguais entre homens e mulheres com o objetivo de abolir todas as discriminações, cujo teor em muito lembraria o tratado por direitos iguais da Equal Rights International.[334] Depois da Conferência de Santiago, Lutz mudaria as prioridades de sua agenda política ao sugerir, no texto do Estatuto da Mulher, a manutenção da proibição do trabalho noturno apenas para menores e trabalhadoras domésticas, reconhecendo que leis que firmassem a equidade não livrariam da exploração as trabalhadoras de postos desvalorizados.[335] As decisões do Chile também funcionaram como um instrumento de avaliação de políticas para o ordenamento jurídico brasileiro e uma ferramenta para reivindicar reformas no decreto de 1932 quanto ao período de licença-maternidade (até então estipulado em apenas quatro semanas antes e depois do parto) e à priorização de mulheres nos cargos de direção e inspeção.[336]

Uma das conquistas mais comemoradas por Lutz naquela temporada foi a aprovação das resoluções sobre a criação de órgãos dedicados às políticas específicas para as mulheres. Tratava-se de uma diretriz da FPBF desde 1931, que, além de ter servido de base para a proposição do Departamento Nacional da Mulher, havia sido aprovada também na Conferência Interamericana de Mulheres, em 1933, na cidade de Montevidéu. O distanciamento da agenda política pela equidade de direitos da Comissão Interamericana de Mulheres (CIM) e do Tratado de Direitos Iguais não ficou a cargo apenas de Bertha Lutz. A deputada federal Carlota Pereira de Queiroz, membro da bancada de oposição a Getúlio Vargas, respondeu em plenário às críticas feitas por mulheres ligadas à CIM. Queiroz, por ela mesma, não se arrogava "direitos de líder feminista", mas se incumbiu da tarefa de tomar a posição de que não bastariam

---

334. Memorial da FBPF a Getúlio Vargas, 1935 (AN. Fundo FBPF, caixa 62, pacote 2, dossiê 10).
335. Projeto nº 623/1937 cria o Departamento Nacional e o Conselho Geral do Lar, Trabalho Feminino, Previdência e Seguro Maternal (AN. Fundo FBPF, caixa 37, pacote 1, 1937).
336. Câmara dos Deputados [documentação organizada por Bertha Lutz]. O trabalho feminino: a mulher na ordem econômica e social. Rio de Janeiro: Imprensa Nacional, 1937. p. 24 (AN. Fundo FBPF, caixa 37, pacote 1, dossiê 2).

normas de equidade de direitos para o Brasil se adequar ao modelo da CIM, visto que os dispositivos constitucionais adotados e os tratados internacionais estabelecidos demonstravam os esforços legislativos que visavam à igualdade de direitos.[337]

A Carta Constitucional e os decretos trabalhistas foram elementos que consolidaram a implementação de uma política nacional de trabalho e concertação das relações de trabalho e da organização sindical. O projeto foi diretamente conduzido por Getúlio Vargas, que havia tomado o poder em 1930, logo depois de ser derrotado nas eleições pelas oligarquias que comandavam o país desde os primeiros anos da República. A relação que a classe trabalhadora estabeleceu com esse governo era complexa na medida em que envolvia conflitos e consentimentos: as greves que ocorreram nos anos 1930 passaram a reivindicar a aplicação das leis (Fortes e Negro, 2010:199). A capacidade de negociação desse período será negada logo em seguida pelo mesmo governo de Vargas, quando acontece o golpe pela implantação do Estado Novo, em 1937 (Hahner, 2003; Besse, 1999:193).

Com o golpe e o fechamento do Parlamento, cessaram as tramitações do estatuto e as negociações para criação de um Departamento Nacional da Mulher. A FBPF, que na sua fundação se declarava empenhada "de preferência, na campanha pelo voto feminino" e nos anos 1930 se comprometeu com a tarefa de "obter garantias legislativas e práticas para o trabalho feminino", a partir de 1937 encontraria novas estratégias para manter viva sua atuação política, assim como as feministas ligadas à Aliança Nacional Libertadora, a organização liderada pelos comunistas que, desde 1935, foi colocada na clandestinidade. Essas novas estratégias de Bertha Lutz, em 1945, serão caracterizadas pela oposição a Eleanor Roosevelt e às *reformers* na reunião da ONU.

---

337. Brasil. *Diário do Poder Legislativo*, p. 3144, 1935. Carlota Pereira de Queiroz, em discurso na sessão ordinária da Câmara dos Deputados, comentou o artigo "An Appraisal of the new Constitution of Brazil", publicado pela revista *Equal Rights*, da Interamerican Committee of Women, assinado por Helen Will Wood e Betty Gram Swing. Ver Schpun (1997).

A trajetória de mudanças de posição política da FBPF, conectada às pressões dos movimentos feministas e de trabalhadores em relação à hegemonia conquistada pelos grupos corporativistas no poder do Brasil são capazes de demonstrar por meio de quais mecanismos os direitos das mulheres adentraram o debate sobre justiça social e criaram um repertório de disputas e leis que envolviam a maternidade, os direitos dentro do casamento e o divórcio. Esses três elementos, outrora vistos como sustentações confortáveis da visão de família e da ordem social, a partir dos anos 1930 passaram a ser, sistematicamente, passíveis de questionamentos e objetos de políticas públicas. Divórcio ou maternidade, pátrio poder, acesso à herança e as condições para entrada no mercado de trabalho não são apenas dispositivos conservadores de ultrapassados códigos de conduta social. São formas legislativas que determinam ou não a capacidade das mulheres em obter o próprio sustento e decidir sobre suas vidas. A análise desses três elementos, também, ajuda a desvelar a medida na qual o Estado, a legislação e as instituições trabalharam ou foram atingidas por disputas em torno da autonomia das mulheres.

PARTE III

Leis para igualdade

CAPÍTULO 7
As mulheres nas formas da lei

Condições de contrato de casamento, pátrio poder, herança e regras para a entrada no mercado de trabalho são dispositivos legislativos que têm consequências diretas na vida das mulheres para garantir autonomia e sustento. As leis que conformam as regras não estão restritas ao mundo do trabalho e perpassam noções de direito civil e político. Esse regramento não denota apenas códigos de conduta e comportamentos que devem ser superados para conceder mais liberdade às mulheres; ele propõe também uma conformação de moral e de sociabilidade que relega o peso do trabalho doméstico, gratuito ou assalariado, às mulheres. Condições legais também organizam a hierarquia entre mulheres e homens a moldar noções de direito e de cidadania.

Voto das mulheres e direitos políticos

Em 1921, o voto feminino veio ao debate no Congresso Constituinte do Estado de São Paulo por meio do parlamentar Antônio Martins Fontes Junior.[338] Reunidos com a tarefa de elaborar uma nova carta para a unidade federativa, os parlamentares apreciaram a proposição legislativa que deveria alistar eleitores de "ambos os sexos" para os pleitos municipais. Fontes Junior afirmou que, para isso, estava disposto a enfrentar os escárnios e zombarias que, sabia, viriam do plenário ao

---

338. Antônio Martins Fontes Junior (1866-1939) era bacharel em direito e foi deputado estadual em São Paulo por dois mandatos a partir de 1894.

se depararem com a defesa de direitos das mulheres. De fato, a organização das mulheres de nível nacional ainda estava surgindo por esses tempos e a massa de debate feminista não tinha adentrado as principais esferas do governo de modo sistemático. Ciente da resistência que encontraria, o deputado fez a defesa da participação eleitoral das mulheres acionando o acúmulo produzido pela constituinte de 1891. Nos primeiros instantes da República, o Congresso estabeleceu o acordo de que não era preciso consignar expressamente uma disposição instituindo o voto das mulheres porque, alegava-se, "por princípios hermenêuticos, não se distingue onde a lei não distingue".[339] Esse consenso encontrava respaldo nos diferentes modos de compreensão dos parlamentares de que não se restringia apenas aos homens a aplicação de *habeas corpus*, a inviolabilidade do domicílio e outras garantias constitucionais e, portanto, não se deveria fazer diferença também entre homens e mulheres no direito ao voto.

No entanto, a abertura supostamente existente na Carta de 1891 era também a expressão do acalorado debate parlamentar entoado à época. Em certa medida, a maioria dos parlamentares do período não advogava que as mulheres eram seres inferiores aos homens e incapazes de tomar decisões políticas, ainda que alguns se valessem dessa ideia para não aprovar emendas que as incluíssem no processo eleitoral. Os argumentos que ganharam mais peso, em verdade, foram aqueles manifestos pelo deputado Muniz Freire, segundo o qual o voto feminino conferiria um "desvio do espírito feminil" e, caso aprovado, seria o "decreto da dissolução da família brasileira".[340] As palavras do deputado capixaba indicavam que ele reconhecia ser necessário perpetrar o papel doméstico das mulheres, pois era nesse mundo o lugar onde elas desempenhavam funções primordiais para o bom funcionamento da sociedade. Ele afirmou:

---

339. Estado de São Paulo. *Anais do Congresso Constituinte de 1921*. São Paulo: Imprensa Oficial, 1922, p. 263-264.
340. José de Melo Carvalho Muniz Freire (1861-1918) foi deputado constituinte em 1891 e deputado federal pelo Espírito Santo por vários mandatos entre 1891-1904. Fala do deputado na sessão de 10 de dezembro de 1890 apud Nazario (2009:57).

> É exatamente pela sua condição doméstica, ao abrigo da necessidade de exercer ativamente as qualidades práticas do caráter, que a natureza moral da mulher pode desenvolver através das civilizações; e, se se imaginasse um instante da vida da humanidade em que essa base orgânica da vida social se interrompesse, nós degradaríamos para as espécies animais inferiores, a começar pela dissolução da família [Nazario, 2009:57].

O deputado Barbosa Lima apoiou Muniz Barreto e seguiu pela mesma linha argumentativa, afirmando acreditar que a mulher é "capaz do mais arrojado cometimento", de saber ciências, e seria até mesmo mais capaz que o homem. Entretanto, o mesmo político proferia alertas contra o voto das mulheres: "em lugar de estar entregue a este problema, para qual todos os momentos são poucos – a educação dos filhos – estaria acentuando as dissenções".[341] Com ele, fez coro Lacerda Coutinho:[342]

> O direito de voto, não faz mais do que amesquinhá-la, fazendo-a descer da elevada altura em que se acha colocada, da esfera serena de mãe de família para vir entrar conosco no lodaçal das cabalas e tricas eleitorais. [...] A mulher deve ser educadora da filha, que tem de suceder-lhe nas virtudes domésticas; arredá-la do santuário da família é privar o filho da solicitude com que a mãe sobre ele deve velar.[343]

A justificativa de voto contrário à emenda que daria direitos políticos às mulheres, proferida por José Bevilacqua, deu ainda mais corpo à argumentação iniciada por Muniz Freire. O deputado pediu que se registrasse sua oposição nos autos da sessão nos seguintes termos:

---

341. Alexandre José Barbosa Lima (1862-1931) foi deputado constituinte em 1891 e deputado federal por Ceará e Pernambuco entre os anos de 1891 e 1905. Fala do deputado na sessão de 10 de dezembro de 1890 apud Nazario (2009:57).
342. José Cândido de Lacerda Coutinho (1841-1900) foi deputado constituinte em 1891 e deputado federal por Santa Catarina até 1893.
343. Fala do deputado Lacerda Coutinho durante a sessão de 14 de janeiro de 1891 apud Nazario (2009:57).

"Ser mãe de família, desempenhando cabalmente todas as suas delicadas funções, é muito mais digno que quantos títulos profissionais, científicos ou eleitorais caibam aos homens".[344] O consenso estipulado durante as sessões constituintes de 1891 revelavam que, na opinião dos parlamentares, o direito de voto conferia ameaça ao trabalho de cuidados com as crianças e ao casamento, para os quais a vida toda das mulheres deveria ser voltada. Isso demonstra que a suposta abertura oferecida pelas leis do período não tinha por objetivo dar oportunidades para que, num futuro não muito próximo, elas tivessem acesso ao voto. A defesa política do voto feminino elaborada por Fontes Junior em 1921, baseada inteiramente na vontade constituinte de 1891, também não logrou êxito e foi derrotada pela maioria sob o argumento de que deveria ser matéria a ser decidida pela federação. A batalha pelo alistamento eleitoral de Diva Nolf Nazario foi o registro que permaneceu sobre o fato de que a Constituinte de 1891 "recusou conceder às mulheres casadas, solteiras e viúvas o direito de voto".[345]

Diva Nolf Nazario era uma estudante de direito do Largo São Francisco, em São Paulo. Em 1922, influenciada pelas informações internacionais sobre as conquistas de direitos das mulheres no mundo todo, ela decidiu se alistar como eleitora. Em primeiro lugar, a estudante procurou o secretário de um político famoso, mas ele se recusou a apoiá-la no processo. Aí, ela foi pessoalmente a um gabinete de identificação para tirar um documento civil e, depois, seguiu para o cartório. O escrivão, descrente de ter sucesso para alistar uma eleitora, pediu que ela falasse diretamente com o juiz. Este, por sua vez, pediu que ela aguardasse, pois ele iria elaborar um despacho formal sobre o assunto. Eis um trecho do despacho:

---

344. José Bevilacqua (1863-1930), militar, foi deputado constituinte em 1891 e deputado federal pelo Ceará entre 1891 e 1896. A fala dele foi reproduzida em Nazario (2009:61).
345. Citação do juiz Carlos Maximiliano (1873-1960) sobre a Constituição de 1891 feita pelo deputado Mário Tavares durante a sessão constituinte do estado de São Paulo. O paulista usou a citação para se opor à emenda de Martins Fontes, que concederia o direito de voto para ambos os sexos (Estado de São Paulo. *Anais do Congresso Constituinte de 1921*, p. 276).

Não se reconhece ainda, no Brasil, a capacidade social da mulher para o exercício do voto. As restrições que se lhe impõe na ordem civil têm reflexo na ordem política. É certo que não existe em nossas leis uma exclusão expressa a esse respeito. Mas também o é que várias tentativas surgiram, na discussão do nosso pacto fundamental, para precisamente tornar expresso o direito do voto feminino sem que lograsse aprovação qualquer das emendas apresentadas. [...] Mas o legislador, quando estabelece as normas sobre a capacidade, não se deixa influenciar de preferência pelo conhecimento dos casos de exceção. A verdade é que prevalecem ainda, entre nós, considerações tradicionais a lembrarem que a missão da mulher é mais doméstica do que pública, mais moral do que política. Os publicistas que, entre nós, propugnam ardorosamente pela emancipação política da mulher, qualificando de arbitrária a exclusão que dela se fizer do direito de voto, esquecem por completo a concepção que sempre se há feito na vida social, da entidade feminina: concepção de uma criatura destinada a dividir harmonicamente com o homem as responsabilidades da vida em comum, ela, na tranquilidade do lar cuidando da ordem doméstica, ele no trabalho cotidiano, auferindo os meios de prover a subsistência da família [Nazario, 2009:37-38].[346]

O juiz Affonso José de Carvalho foi quem deu desfecho para a peregrinação burocrática de Diva Nazario. O magistrado reconhecia, no documento, que a Constituição de 1891 não expressava a exclusão das mulheres, mesmo assim proferiu um parecer negativo ao pedido da estudante e, para tal feito, apoiou-se em costumes ao argumentar que a mulher devia "dividir a vida" com o homem e "cuidar da ordem doméstica", mais do que na letra da própria lei. A requerente não se deu por satisfeita e entrou com recurso que contestava a negação do juiz sobre seu direito. Diva, então, acionou diversos argumentos que demonstravam que outros países já viviam a experiência do voto feminino e que, naquele tempo, as mulheres já não se concentravam mais apenas em funções

---

346. Despacho do juiz Affonso José de Carvalho, em 7 de junho de 1922.

domésticas para pedir que o juiz estivesse atento aos novos tempos brasileiros. A estudante ainda insistiu que a Carta Constitucional a apoiava no seu art. 72: "Ninguém pode ser obrigado a fazer ou deixar de fazer alguma coisa, senão em virtude da lei" (Nazario, 2009:42-43).[347] Diante da insistência da jovem candidata a eleitora, o juiz Carvalho decidiu dar fim à discussão fazendo, novamente, declarado uso dos costumes: "E o Direito Consuetudinário se encarrega de provar que a expressão *cidadão brasileiro*, quando empregada nas leis eleitorais (cumpre frisá-lo) exprime sempre o cidadão do sexo masculino".[348] O magistrado, na ausência de teses jurídicas que lhe dessem suporte, se valeu das práticas sociais para impedir que uma estudante tivesse acesso a direitos políticos mostrando, também, que os modos como se operava a exclusão de direitos perfazem uma noção de justiça que envolvia a dimensão da dominação ao se tratar como costumeira a restrição da liberdade.

No entanto, é importante notar que Carvalho endereçou, logo nas primeiras linhas do primeiro despacho, a montagem jurídica que constituiu maior obstáculo ao deferimento do pedido de Diva – as restrições civis se sobrepunham aos direitos políticos. O juiz se referia ao fato de que a mulher casada, de acordo com o direito civil brasileiro, não tinha acesso aos seus bens, ao pátrio poder ou a trabalho remunerado sem anuência do marido. O jurista Clóvis Bevilacqua já havia denunciado esse conjunto das chamadas restrições às mulheres casadas em algumas de suas obras e pareceres. Numa delas, ele dissertou como tais restrições podiam, até mesmo, ser contraditórias:

> A mulher não pode ser tutora, salvo a avó; não pode ser fiadora, salvo em determinados casos; não pode ser testemunha em testamentos ordinários, mas admitida a funcionar como tal em testamentos nuncupativos e em

---

347. Recurso de Diva Nolf Nazario ao despacho do juiz Carvalho. A série de documentos produzidos a partir do requerimento eleitoral da estudante foi publicada também no jornal *Gazeta de Batatais*.
348. Despacho do juiz Affonso José de Carvalho, em 7 de junho de 1922, grifo no original.

codicilos.[349] [...] A mulher não pode ser fiadora, mas poderá contrair essa obrigação em garantia de dotes, se renovar a fiança prestada pela pessoa de quem for herdeira, se for herdeira de afiançado, se receber do afiançado a quantia ou o objeto da fiança, se enganar o credor, se for comerciante, tutora ou curadora. [...] Não pode ser testemunha em testamentos ordinários, mas tem capacidade para ser testemunha em outros atos civis e, o que é mais grave, em testamento inteiramente confiado à memória e à fidelidade das testemunhas, como é o nuncupativo [Bevilacqua, 1908 apud Nazario, 2009:182-183].

As contradições listadas pelo jurista Bevilacqua caracterizam parte dos limites legais postos às mulheres no período e os mecanismos pelos quais se restringia a cidadania. A OIT, a partir das trocas de correspondências que envolviam não apenas o governo como também as mulheres da FBPF, tinha conhecimento das restrições impostas às mulheres casadas no Brasil. Em documentos e relatórios, demonstrava que considerava a prática como forma de incapacitação legal das mulheres que poderia redundar em dificuldades para elas conquistarem uma ocupação, bem como atender aos procedimentos legais decorrentes do exercício de uma profissão. No período, poucos países reproduziam essa prática – apenas os códigos civis da Suíça, da Turquia e da Alemanha impunham limites à autonomia das mulheres casadas (OIT, 1938:546).

A função mais doméstica do que pública não impedia que as palavras das mulheres tivessem valor legal em testemunhos e permitia que as avós, que não possuíam mais função reprodutiva, se valessem da tutela legal de crianças, aspecto jurídico que não estava disponível às mães. A restrição de acesso ao voto se baseava, portanto, mais no Código Civil, que preservava o poder de decisão dos homens dentro do casamento, do que na Carta Constitucional, que não excluía expressamente as mulhe-

---

349. Testamento nuncupativo é aquele feito verbalmente por pessoa que está prestes a morrer ou em situação de perigo. Testamento codicilo é o documento elaborado de próprio punho que registra o destino de bens de menor monta depois da morte da pessoa. (N. A.)

res da política. A partir disso, é possível notar que as restrições em voga limitavam por meio do estado civil o poder de decisão das mulheres sobre propriedade, herança e formas de renda e sustento, e que a exclusão política se dava em consequência das regras de casamento e família que a legislação pressupunha. Estavam em jogo os limites da autonomia das mulheres em decidir sobre suas próprias vidas, principalmente durante a idade reprodutiva, de modo a resguardar o trabalho de cuidados que deveria ser desempenhado por elas no seio da família.

O Decreto do Trabalho das Mulheres

Dentro dos limites da legislação, não raras vezes encaradas como um aparato monolítico de dominação, as formas produzidas com o intuito de moldar as ações e os comportamentos das mulheres ganhavam os contornos acima descritos. A sustentação de uma vida recatada e doméstica das mulheres pode ser compreendida como construções de políticas e de uma noção de cidadania elaboradas a partir da posição que as pessoas ocupam na família (Kessler-Harris, 2001:5). Com base nessa perspectiva, e até mesmo por meio da denúncia dos grupos feministas no entreguerras, se consolidou a noção de que o caráter patriarcal da legislação de proteção às mulheres interessava mais aos homens, que pretendiam repeli-las do mercado laborativo do que regulavam as relações de trabalho.

Quando da chegada da Aliança Liberal ao poder, o Brasil ainda não possuía "uma legislação própria ou regras específicas relativas às mulheres que vivem do seu salário". Francisco de Paula Oliveira, um dos juristas e consultores que produziram estudos para orientar a produção do Código do Trabalho depois de 1930, analisou os dispositivos legais existentes e constatou que o que havia de disponível pouco dizia respeito da autonomia delas. Regulamentos regionais para licença-maternidade e restrições ao trabalho noturno, produzidos no conjunto de regramentos que visavam à higiene, nem firmavam direitos nem forneciam elementos para que as trabalhadoras pudessem ser autônomas sobre o próprio sustento (Oliveira, 1932:159).

Outro estudo promovido com o mesmo fim foi o de Clodoveu Doliveira. Na opinião desse autor, "somente um ministério francamente revolucionário" poderia derrubar a polêmica da falta de braços para o trabalho e da ausência de capacitação da classe trabalhadora brasileira. Em defesa do nacionalismo, considerava que a parte mais difícil da tarefa de melhorar a situação do trabalho era "dar freios à mentalidade escravagista dos padrões" (Doliveira, 1933:17, 44). A riqueza da classe industrial seria produto amealhado, sobretudo, do baixo preço "da mão de obra feminina". "Mau grado [*sic*] a falta de leis protetoras", o emprego de mulheres havia se irradiado das fábricas de tecidos e de artigos de vestuário para outros ramos de atividade: "indústrias químicas, vidros, chapéus, e indústria extrativa" (de minérios ou recursos naturais). De acordo com o estudo, muitos benefícios já eram concedidos a elas pela necessidade dos patrões de requerer a mão de obra feminina: "O licenciamento anterior e posterior ao parto é norma invariável e o auxílio pecuniário se generaliza, embora modicíssimo" (Doliveira, 1933:113). No entanto, em outras indústrias onde a participação das mulheres é menor, a licença-maternidade era raramente adotada "porque as operárias abandonam [o trabalho] logo que se casam, dada a deficiência do salário, que não compensa o abandono diário do lar por uma dona de casa" (Doliveira, 1933:109).

O trabalho das mulheres no comércio, de acordo com o relatório em questão, era altamente valorizado: "as moças não fumam e não levantam de cinco em cinco minutos". Adicionalmente, "não têm preocupações financeiras", "são mais dóceis, pacientes e dedicadas ao serviço". Doliveira ainda recomendava que "desde que se trate de serviço perfeitamente organizado e orientado [...] em não havendo inovações, o trabalho feminino em escritório é mais conveniente e econômico do que do homem" (Doliveira, 1933:117).

Os inquéritos produzidos por Francisco de Paula Oliveira e Clodoveu Doliveira circularam no Departamento Nacional do Trabalho para subsidiar a elaboração do código de leis "visando estabelecer uma cooperação mais estrita e mais eficiente entre os diversos agentes da produção".[350] A esses estudos, somaram-se o relatório das conferências da OIT e o parecer de técnicos sobre diversas convenções internacionais "de modo a tomar as medidas previstas no Tratado de Versalhes para convertê-las em leis nacionais".[351] O Decreto do Trabalho das Mulheres foi fruto do trabalho da comissão designada por Collor e composta por: Antonio Evaristo de Moraes; Beatriz Sofia Mineiro, que era também chefe da Secretaria do Conselho Nacional do Trabalho; e Vicente de Paulo Galliez, que era secretário do Centro Industrial de Fiação e Tecelagem de Algodão. A única mulher da comissão também contribuiu com a elaboração do Código de Menores.[352]

De acordo com Oliveira Vianna, tanto a lei de menores quanto o Decreto do Trabalho das Mulheres "não eram nenhum primor da técnica legislativa" porque, na opinião do jurista, se restringiam apenas ao comércio e à indústria (Vianna, 1951:135).[353] Essas duas leis, cujos estudos iniciaram na gestão de Lindolfo Collor, foram promulgadas no período em que Salgado Filho estava à frente do Ministério do Trabalho (Araújo, 1981:75). A exposição de motivos do Decreto do Trabalho das Mulheres circulou pela imprensa e foi enviada à OIT e a outras instituições assinadas por Collor. O documento, dirigido ao chefe do governo provisório, reproduzia parte dos resultados dos estudos de Doliveira sobre o aproveitamento da mão de obra feminina e admitia a influência da legislação internacional em sua elaboração:

> O artigo primeiro do projeto refere-se ao salário das mulheres e consta da simples enunciação de um princípio geral do direito social, isto é, que

---

350. Relatório do Departamento Nacional do Trabalho assinado por Afonso Bandeira de Mello ao ministro Lindolfo Collor, 27 de agosto de 1931 (FGV. Cpdoc. Arquivo Lindolfo Collor, Rolo 01914).
351. Ibid.
352. Ver também Mineiro (1929). Natércia da Silveira Pinto também foi técnica do CNT e participou da elaboração da legislação social. Ver Araújo (1981); Araújo (1992).
353. As duas leis passaram por seu escrutínio mais tarde, durante a revisão que a Constituinte exigiu, mas não foram alteradas.

a todo trabalho de igual valor corresponde, sem distinção de sexo, salário igual. Conta o princípio do artigo 427 do Tratado de Versalhes. [...]

Estou seguro que o projeto que tenho a honra de submeter ao esclarecido exame de V. Ex. consulta as exigências primordiais do amparo ao trabalho feminino no Brasil. Não se encontra nele nenhuma inovação perigosa e as próprias regras mais ou menos universalmente aceitas são adaptadas ao espírito rigorosamente brasileiro. [...]

É este projeto o último que venho apresentar a V. Ex. no corrente ano, como iniciativa preliminar indispensável à definitiva elaboração do nosso Código do Trabalho.[354]

A influência da OIT e dos padrões internacionais de outros países estava declarada desde o trabalho da comissão até a exposição de motivos do regulamento do trabalho das mulheres – o que moveu Collor a advertir que não havia adotado nenhuma "inovação perigosa" na lei que apresentava. É bem verdade que a relação com a OIT ajudou a pautar outras legislações, e o relacionamento próximo do governo provisório com a entidade mantinha o diálogo sobre a efetiva aplicação dos padrões e as ratificações, em geral, um tanto demoradas no Brasil.[355] Os documentos elaborados pelo escritório internacional eram referência para parlamentares e governos desde os tempos da Comissão de Legislação Social e, já nos anos 1930, o *Boletim do Ministério do Trabalho* difundia traduções de documentos vindos da OIT, relatórios da comitiva diplomática e o que mais pudesse interessar acerca de padrões internacionais.[356] Nem mes-

---

354. Exposição de motivos para aprovação do Decreto nº 21.417-A, de 17 de maio de 1932, assinada pelo ministro Lindolfo Collor e publicada no *Diário Oficial* de 5 dez. 1931, p. 19569 e 19570.
355. A Convenção sobre Idade Mínima de Admissão em Trabalhos Industriais, 1919 (nº 5), foi ratificada pelo Brasil em 1934; a Convenção sobre Trabalho Noturno de Menores na Indústria, 1919 (nº 6), foi promulgada no país em 1935; as convenções sobre mulheres tiveram efeito no Brasil com a aprovação do Decreto nº 423, de 12 de novembro de 1935. Ver Ghizini (2015:119).
356. Artigos como esses podem ser conferidos em vários números da coleção *Boletim do Ministério do Trabalho* com alguma intensificação deles no ano de 1935. Ver destaques: "OIT" (nº 9, maio de 1935); "A OIT em 1935" (nº 10, junho de 1935); "Tarefas futuras",

mo a retirada do Brasil da Liga das Nações, em 1926, quando seu corpo diplomático travou disputa por assento permanente e por representação latino-americana na entidade, afastou o país da OIT (Ghizini, 2015:120).

A plataforma da Aliança Liberal, a marcar posição por uma política antioligárquica e pela reunião dos interesses de todas as classes sobre o controle do governo, incorporou os pactos internacionais do entreguerras e seus princípios de justiça social no programa que deveria desempenhar. Defendia abertamente que o Brasil ratificasse os compromissos resultantes do Tratado de Versalhes e denunciava os atrasos nesse sentido, que perduraram até 1930. A almejada paz, que deveria ser estabelecida entre as nações depois do fim da violenta guerra, deveria alicerçar-se na pacificação das relações de trabalho. Esse consenso geral cabia, também, no pensamento autoritário e na "engenharia corporativa" de Oliveira Vianna, que assim elencou os objetivos implementados pela "nova política social da revolução de 1930":

> Em primeiro – Os objetivos e realizações da nova política de proteção às classes trabalhadoras, desenvolvida no Velho Mundo e no Novo Mundo, depois do Tratado de Versalhes e da instituição da Repartição Internacional do Trabalho, em Genebra.
> Em segundo – O que temos feito aqui sobre esta mesma matéria, ora por inspiração exclusivamente nossa, ora sob a inspiração daquela Repartição, através das suas conferências anuais ou através do trabalho permanente do Bureau [Vianna, 1951:105].

Ao responder às polêmicas do seu tempo sobre as origens do Código do Trabalho, Oliveira Vianna alegava que não era verdade que a legislação social fosse "uma simples e pura cópia de outras legislações". A exposição de motivos de Collor e os textos de Vianna sempre alertavam para referências internacionais ao passo que anunciavam certa

---

artigo do diretor da OIT, Harold Butler, traduzido para a língua portuguesa (nº 12, agosto de 1935); "XX Conferência Internacional do Trabalho" (nº 16, janeiro de 1936).

adaptação ao "espírito rigorosamente brasileiro". A influência da OIT e dos seus princípios de justiça e paz social convivia com as referências autoritárias e corporativistas.[357]

Um dos resultados da atuação da comissão do Departamento Nacional do Trabalho e das consultas e referências internacionais no campo da legislação social foi a promulgação do Decreto do Trabalho das Mulheres, que "regula as condições do trabalho das mulheres nos estabelecimentos industriais e comerciais", assinado em 17 de maio de 1932. O decreto estabelecia a proibição do trabalho noturno delas entre 22 horas e 5 horas, e a licença-maternidade de quatro semanas antes e depois do parto, com vencimentos de metade dos rendimentos calculados a partir dos salários dos últimos seis meses e assegurava o retorno ao posto de trabalho ao fim da licença.[358] É possível que o Decreto do Trabalho das Mulheres não fosse um dos mais cumpridos do Código do Trabalho, embora os registros de aplicação dele fossem baixos, mas não nulos.[359]

O Departamento Estadual do Trabalho (DET) de São Paulo encomendou a uma de suas técnicas um relatório de inspeção do trabalho das mulheres na capital. Marion Kiehl se dedicou à tarefa por, pelo menos, dois anos, e pôde verificar que a aplicação do Decreto do Trabalho das Mulheres veio reforçar legislações já existentes na região, como os códigos sanitários mencionados anteriormente. Kiehl também relatou a existência de uma Seção de Inspeção do Trabalho de Mulheres e Crianças na cidade de São Paulo que acumulava a dupla função de receber queixas e demandas de trabalhadoras e realizar inspeções diretamente nas fábricas. Nas visitas às empresas, a inspeção deveria registrar a exis-

---

357. Essas referências autoritárias e corporativistas, principalmente aquelas que datam do fim do governo provisório, justificariam acusar o ordenamento jurídico trabalhista de "simples cópia da Carta del Lavoro de Mussolini". Ver Hall (2002).
358. Decreto nº 21.417, de 17 de maio de 1932.
359. Para efetuar essa análise consultei os boletins do Ministério do Trabalho. É importante notar que nem todos os boletins traziam de forma sistemática os indicadores de inspeção, não sendo possível, portanto, efetuar uma análise linear e consistente. A informação sobre a atuação das inspetorias do trabalho aparece apenas em alguns números do boletim.

tência de mulheres em funções proibidas por lei, se estavam empregadas em postos com turnos à noite e se a fábrica mantinha creches e salas de aleitamento em funcionamento.[360]

De acordo com a inspetora, o limite de idade para emprego nas fábricas era, no geral, respeitado pelas mais de 5 mil indústrias monitoradas pelo DET, e a maior parte das intervenções que ela foi impelida a realizar dizia respeito à aplicação da licença-maternidade:

> As dificuldades residem no fato de que as trabalhadoras têm que notificar o patrão sobre o estado de gravidez para se candidatar ao subsídio. A trabalhadora avisa os imediatos quando falta pouco tempo e eles não necessariamente reservam seu lugar. O empregador considera que não foi notificado e recusa o subsídio e outros ainda consideram livres de pagar porque a trabalhadora não deseja voltar a trabalhar. No entanto a lei diz que os trabalhadores têm direito de tomar seu posto de trabalho.[361]

A própria técnica declarou que tinha a preocupação de não se apresentar como uma "policial" nas 276 fábricas que visitou pessoalmente, mas que tinha o interesse de demonstrar "que as leis sociais protegem tanto o patrão quanto o trabalhador". O desajuste com a realidade que provocava as regras de licença-maternidade, ainda que de alguma forma esta já fosse praticada por alguns industriais, na opinião de Kiehl era fruto da falta de regulamentação da lei, que não estabelecia precisamente os prazos para obter a licença com vencimentos, principalmente em caso de gravidez mal calculada – algo que deveria ser bem frequente. Ao mesmo tempo, a pesquisadora alertou para o curto período em que o Decreto do Trabalho das Mulheres estava vigente, de 1932 a 1934, data do relatório em questão. Kiehl também destacou que a dificuldade em se obter a documentação civil gerava entraves à aplicação das leis – nem todas as mulheres manti-

---

360. Relatório de Marion Kiehl ao Departamento Estadual do Trabalho/SP. O relatório foi anexado em correspondência entre Marguerite Thibert e Marion Kiehl, 29 de julho de 1935 (Arquivo da OIT. WN-14-1-9 Women's Work – Movimento Feminista no Brasil).
361. Relatório de Marion Kiehl ao Departamento Estadual do Trabalho/SP.

nham a documentação requerida pelo Estado em dia ou portavam atestados médicos para assegurar o estado de gravidez, bem como o prazo do puerpério.[362] Alguns pais e mães, de acordo com ela, alteravam as datas de nascimentos dos filhos em registros realizados depois do nascimento, seja para justificar oficialmente o período puerperal ou para iniciar filhos ainda jovens no mercado de trabalho. Esse obstáculo para o cumprimento da lei de licença-maternidade, por exemplo, mostrava tanto o quanto ela entrou para o cotidiano das relações do trabalho do período, como o quanto era difícil sua aplicação. Jorge Street, o industrial da fábrica Maria Zélia, confirmou a dificuldade em aplicar os códigos vigentes em termos parecidos com aqueles apresentados no relatório de Kiehl:

> Confesso que trabalhei com crianças de 10 a 12 anos e talvez menos, porque nestes casos os próprios pais enganam. O horário normal era de 10 horas e quando necessário 11 ou 12. O que vos dizer das mulheres grávidas que trabalhavam até a véspera, que vos digo? Até quase a hora de nascer o filho? [Teixeira, 1990:160].

Além da confissão de Jorge Street de fazer uso sistemático do trabalho de crianças em suas indústrias, é importante retomar aqui que o critério para atingir os benefícios oferecidos pelo empresário era o de ter uma família numerosa, com muitos filhos, como mão de obra a ser absorvida na produção. Nesse caso, o incentivo para adulteração da documentação civil provinha da própria relação de trabalho em questão e, por que não dizer, das péssimas condições de vida em jogo. Para as grávidas, é possível supor que a volta ao trabalho dependeria de muitos fatores, como o sucesso do parto e a saúde da criança, e trabalhar até às vésperas era a garantia de receber os vencimentos integrais, e não parciais, como previa o Decreto do Trabalho das Mulheres.

Em 1935, no mês de março, foram registradas apenas duas autuações para a infração da lei que regulava o trabalho de crianças e, com isso,

---

362. Ibid.

podemos supor também que o trabalho de inspeção não dava conta de checar e autuar todos os casos em questão. Em agosto daquele mesmo ano, a inspeção multou mais de 100 ocorrências por infração da jornada de trabalho e autuou seis empresas por uso indevido da mão de obra infantil. Em novembro de 1935, foram denunciadas 39 infrações do Decreto de Trabalho das Mulheres, sendo que 16 delas ainda estavam em andamento. Registra-se que nenhuma delas resultou em multas previstas pela lei.[363]

---

363. *Boletim do Ministério do Trabalho*, n. 16, 1935, p. 386.

CAPÍTULO 8
O peso da honra nas relações de trabalho

O Decreto do Trabalho das Mulheres deveria ter uma dimensão moral, de acordo com os estudos técnicos do Ministério do Trabalho. A conclusão das análises de Doliveira, que envolveu regulamentos anteriores a exemplo do relatório de Kiehl, reiterava que as mulheres deveriam ser responsáveis por garantir o próprio respeito e direitos sociais a partir de padrões de comportamentos e leis a serem produzidas. O técnico afirmou que:

> Essa regulamentação deverá limitar o tempo de serviço entre seis e sete horas de trabalho efetivo e assegurar no mínimo hora e meia para as refeições, salvo quando fornecidas dentro do estabelecimento, assim, como assegurar folgas mensais, independentemente do descanso semanal e suprimir as restrições ao casamento, ainda em uso em inúmeros estabelecimentos, que somente admitem moças solteiras, o que é um preconceito absurdo. Desde que a empregada continue assídua e desempenhe bem seus deveres o patrão não tem direito de intervir em sua vida civil, sendo esta regular e não escandalosa [Doliveira, 1933:140].[364]

O direito de não receber interferência do patrão na vida civil poderia estar, portanto, de acordo com o especialista, condicionado a uma conduta "regular". É claro que morigeração e bom comportamento deveriam mesmo ser valores a serem empregados e exigidos de toda a classe trabalhadora. No entanto, é sobre o trabalho de mulheres que se faz

---

364. Esse documento também foi analisado por Besse (1999:50).

necessário discutir casamento ou se o estado civil interferia ou não nas relações de trabalho delas. No mesmo sentido, é também das mulheres que se espera e se exige o cuidado com a própria moral: "se assíduas" e "não escandalosas" poderiam, então, ter direito a uma vida privada. Não seria absurdo inferir que a ausência de bom comportamento pudesse justificar demissões, salários mais baixos, jornadas mais longas e, até mesmo, a retirada de direitos. A moral, da qual não está livre o mundo do trabalho, aparece, portanto, nessa lógica da regulamentação, como uma moeda de troca. Ou, até mesmo, na forma de ameaça.

Às mulheres cabia cuidar das crianças, evitar a exploração desmedida no mundo do trabalho, reivindicar direitos para menores e garantir que ficassem longe das ruas, como disse Viveiros de Castro, "contraindo vícios hediondos e moléstias ignóbeis". Diz o jurista: "É geralmente reconhecido que a mulher nasceu exclusivamente para o lar; governar uma casa é sua função normal" (Castro, 1920:200-201). Para desempenhar outras funções que não a "função normal", é mister que se cumpram preceitos eugênicos e que se respeite um código de conduta "não escandaloso".

A necessidade de zelar pela própria conduta e, em caso de rompimento da moral, viver a ameaça de não ser portadora de direitos, envolveu o episódio em que Evaristo de Moraes, em 1896, serviu de advogado às prostitutas do centro do Rio de Janeiro, que foram advertidas a se mudar. Ainda no começo da República, a prostituição carioca, no miolo da cidade, sofreu uma engajada campanha da imprensa local que tinha o objetivo de tirá-las dali. Chamadas pela imprensa local de "rameiras nojentas", "messalinas agarotadas", "gangrenosas úlceras a corroer a sociedade fluminense", o jornal *O Paiz*, o mais fortemente engajado na referida campanha, lamentava que

> as famílias que transitam nos bondes continuem obrigadas a ter diante dos olhos esse deprimente espetáculo diário, chaga que nos outros países se esconde e que no Rio de Janeiro se ostenta como escárnio à nossa civilização [Mendonça, 2007:68 e segs].

Fazia, então, a defesa da ideia de que as prostitutas precisavam ser "escondidas" para a vitória da modernidade e da civilização.

A força da campanha difamatória logrou a prisão dessas mulheres, e peça de *habeas corpus* elaborada por Evaristo de Moraes, a pedido delas, se tornou muito requisitada por historiadores e historiadoras por expor uma renovação da perspectiva de direito e ocupação da cidade durante a República (Mendonça, 2007:68 e segs.; Garzoni, 2007:9, 17; Schettini, 2006). A ação do "intrépido advogado", como alude Joseli Mendonça (2007), a favor da permanência delas na região central, conseguiu reverter a campanha que mais defendia ser a prostituição um caso de polícia para um assunto que requeria o olhar da Justiça e a ser devidamente tratado pelo poder público. A vitória jurídica de Evaristo representou a consagração de uma garantia constitucional, já citada aqui, que em 1896 asseverava que ninguém poderia ser proibido de fazer algo senão por força da lei. Evaristo havia derrotado uma campanha midiática que visava à defesa da moral da sociedade. No entanto, nem a acusação nem a defesa, muito menos o jornal *O Paiz*, trataram de reconhecer aqueles que demandavam a prostituição como "úlceras a corroer a sociedade"; pelo contrário, às mulheres, e não aos homens, era conferido o epíteto. A manutenção da moral nas famílias ou no centro da cidade era, portanto, uma das tarefas também relegadas às mulheres.

Nas primeiras décadas do século XX, o cotidiano das camadas populares era visto como caso de polícia (Chalhoub, 2008; Bretas, 1997; Cunha, 2001, 2002). Interseções sobre a moral e a "honra feminina" eram acionadas de diferentes maneiras em termos de identidade de classe e de raça. Populares eram monitorados de perto por meio de processos-crime e ações jurídicas que mantinham uma vigia acurada sobre quem estava alheio ao mundo do trabalho. Entreato, essa tarefa ficava tanto mais complexa quanto mais se entendia que a instabilidade e a falta de emprego também marcavam a experiência das camadas populares no começo da República (Garzoni, 2007:12).

O mundo da prostituição não era livre de regras ou de sociabilidades e o perpassavam relações de afeto e solidariedade, como demonstrado pela pesquisa de Cristiana Schettini (2006). No Rio de Janeiro do começo do século, a moral mais organizava a vida das pessoas do que poderia ser tratada como um mandamento social cumprido à risca, e o estigma mais afetava as mulheres do que os próprios homens que frequentavam as casas noturnas, denotando relações de poder baseadas em distinções de gênero. Esse estigma promovia diferenciações sociais, hierarquias, que, não raro, envolviam elementos racistas e eugênicos. Relações afetivas e amorosas também receberam a atenção do poder público com vistas à aplicação, por meio da estipulação da moral e do aparato jurídico, de noções de modernização e civilidade. A tentativa de instaurar esses padrões de comportamento gerou conflitos com as práticas sociais de segmentos populares que não absorviam de forma automática as regras impostas.

A participação ativa das mulheres sujeitas à prostituição na vida da cidade e nos processos de defloramento, que poderiam questionar os princípios da virgindade, como argumentou Sueann Caulfield, mostra que a lei e o direito são elementos das relações de classe e componentes intrínsecos do conflito – no caso das mulheres, não apenas como uma luta contra o poder do Estado, mas entre formas distintas de poder (Schettini, 2006:28). Essas tensões são capazes de provocar mudanças de códigos sociais e de valores, mas não apenas em relação à moral burguesa. As relações de poder existentes entre mulheres e homens, referendadas pelo aparato jurídico nas suas mais diversas formas, a ponto de a restrição da liberdade delas ser considerada "direito costumeiro", também constituem laços de dominação que aparecem, por exemplo, na divisão desigual de responsabilidade no zelo com os bons costumes.

A moral que afetava a prostituição, no caso defendido por Evaristo de Moraes, atingia as trabalhadoras do comércio, da fábrica, aquelas operárias que precisavam reivindicar um lugar separado para se vestir ou simples "respeito" nas pautas das greves. Do ponto de vista do poder público, o afã de regular a vida delas não fazia da fábrica ou do *dancing*, é bem possível dizer, dois mundos tão distantes a segregar mulheres entre adequadas e inadequadas. Dos primeiros anos do século XX às décadas seguintes, tanto as prostitutas defendidas por Evaristo de Moraes quanto as trabalhadoras que foram analisadas por Clodoveu Doliveira, todas elas foram consideradas responsáveis por manter a moral da cidade, das suas vidas e o bom comportamento dos homens ao seu redor. A dificuldade em ser portadoras de direitos, a assolar a todas elas, também pode ser uma história que pode ser contada à luz da capacidade em tomar decisões sobre a própria vida (Schettini, 2006:264-265).[365] Sujeito de direito.

Uma história assim foi contada por Pedro Catallo. O dramaturgo anarquista que fazia montagens para o Centro de Cultura Social escreveu diversas peças com o intuito de atingir a classe trabalhadora que seu ideal revolucionário pretendia organizar politicamente. É dele a personagem Elena, criada em 1945 em *Uma mulher diferente*, quando, decerto, as tensões sobre defloramento e virgindade já haviam provocado algumas das mudanças previstas nos anos anteriores. Catallo, por ele mesmo, anunciou que o texto era uma contribuição "para a emancipação da mulher" com o objetivo de demonstrar que, "por qualquer circunstância, a mulher que seja obrigada a entregar sua virgindade não deve se considerar inferior ao seu estado primitivo".[366] Além de colocar em xeque as "himenolatrias" remanescentes, a peça de Catallo expressaria aos seus contemporâneos e contemporâneas os limites postos às mulheres que desejavam viver do seu próprio sustento.

No teatro de Catallo, Elena, então, foi vítima dos desejos de seu patrão numa trama cruel que envolvia seu destino. O dono da fábrica, Ricardo, mandou que prendessem seu pai acusado de roubo. Para reconhecer a honestidade dele e devolver a liberdade ao ganha-pão da

---

365. Mary Nash argumentou que ver a prostituição pelo viés do casamento religioso e burguês é uma chave que raramente consegue extrapolar a dicotomia entre "santas" e "putas" que organiza as visões sobre a função da mulher na sociedade, atentando para a necessidade de observar as relações de poder entre homens e mulheres. Ver Nash (1983:31).

366. Pedro Catallo, anarquista e sapateiro, era um autodidata que, junto com Edgar Leuenroth, criou o Centro de Cultura Social. Foi autor de mais de 30 peças de cunho social. Ver Marrach (2009:133); Vargas (2009). A peça citada é *Uma mulher diferente*, de onde foram tiradas todas as aspas acima reproduzidas.

família de Elena, Ricardo pede que ela se entregue a ele. A trabalhadora recusa, afirma que "no domínio do coração" o patrão jamais havia lhe interessado. Diante da negativa, ele insiste, lembra à moça que os papéis da acusação logo chegarão aos tribunais e que a condenação do pai é iminente. Ele soma uma ameaça à insistência: "Você ficará sozinha, abandonada, e eu pensei remediar a situação". O diálogo da ficção aciona a responsabilidade que a mulher deveria ter sobre sua própria conduta moral. O patrão diria: "Ponho o caso em suas mãos. Você é juiz de seu próprio pai, pode julgá-lo como quiser". Elena cede à pressão de Ricardo e suas falas a caracterizam como uma "mulher diferente", a lutar contra "as evasivas da moral elástica que acorrenta a mulher à escravidão dos costumes". Por fim, o patrão decide que deve se casar com ela e tenta fazer-lhe o pedido dizendo que é um homem rico e pode prover tudo de que ela necessita. Mais uma vez, Elena recusa. Seu pai, agora ciente de toda a situação, pede que ela aceite o casamento para que seja novamente respeitada pela comunidade e que possa garantir o sustento da família com o matrimônio. A moça repele a nova proposta e afirma:

> As contas! Sempre as contas! Já me vendi uma vez e foi pelo senhor. Agora não quero mais ser mercadoria. Quero ser dona do meu coração. Esse homem, apesar de rico, não me interessa.

A história de Catallo tem final feliz. Elena sai da casa em que morava para impedir que todos fossem vítimas da desmoralização de que ela foi alvo, passa a viver num hospital para crianças órfãs e se torna diretora da instituição, criando o filho, que foi fruto das investidas do patrão Ricardo, com dignidade e um novo namorado de sua escolha. O enredo sobre o destino de Elena envolvia desde o princípio a capacidade dela em ganhar a própria vida e mais do que superar a fixação pela virgindade, e menos do que condenar a prostituição, versava sobre as ameaças a serem enfrentadas pelas mulheres que pretendiam decidir sobre o próprio destino, nos anos 1940 ou até mesmo em tempos anteriores. A peça de Catallo queria dizer às pessoas do seu tempo que a mulher deveria ser capaz de cuidar da própria moral sem que as ações dos homens que tentassem corrompê-la tivessem alguma consequência para eles.

Vadiagem, prostituição e defloramento também eram as chaves por meio das quais se constituía a prática institucional que estabelecia uma "moral para as mulheres", ao passo que sofria severos ataques a partir de conflitos sociais a alterar padrões de comportamento. A mudança também advinha de operadores do direito e da ausência de uma unidade dos discursos dos juristas das primeiras décadas do século XX (Caulfield, 2000:60-65). A despeito das campanhas de higiene social, de criminalização das mulheres que praticavam a prostituição e da defesa da virgindade feminina até o casamento, tudo isso como base de uma República emergente, moradores e moradoras da cidade "não se pautavam pela ideia de construção da nação ou elevação da moral brasileira" (Caulfield, 2000:37). No lugar disso, se apropriavam de todo tipo de noções de honra e modernidade ao se posicionar em conflitos cotidianos que iam "desde casos de rebeldia adolescente, violência doméstica e controvérsias sobre virgindade perdida até batalhas sobre regulamentos de trabalho, moradia e lazer" (Caulfield, 2000:37). A simultaneidade de discursos para compor disputas com a polícia ou com o poder público demonstra que, "mais e mais mulheres", já nos anos 1930, rejeitavam os limites conceituais que as excluíam do espaço público, embora elas tivessem de lidar, sem descanso, com as diferenças das regras para elas e os homens e com os limites legislativos e comportamentais. Não seria absurdo afirmar também que uma das tarefas desempenhadas pela moral e seu respectivo controle por parte do Estado organizavam a sociedade em termos de "santas" e "profanas" não apenas para regrar comportamentos modernizantes, mas também para legislar de acordo com o lugar que as pessoas têm nas famílias (Joshi, 2009). Se, de um lado, muitos advogavam que a legislação trabalhista para as mulheres deveria levar em consideração a função delas na família, de outro, havia aqueles que incorporaram a importância de se considerar a autonomia delas. Ainda assim, o faziam em nome da "conservação social" e como interesse geral do Estado. A regulamentação do trabalho das mulheres poderia ser suprimida se o prejuízo do trabalho em excesso afetasse apenas a elas. Para Helvécio Xavier Lopes, a rigor, não seria esse o caso, já que "o estado físico da mulher exerce uma influência fatal e decisiva na do filho" (Lopes, 1937). O mesmo técnico defendeu que outras medidas, para além da maternidade, que diminuíssem a jornada delas poderiam causar a baixa dos salários e teriam um efeito nocivo: "É a remuneração do trabalho da mulher sendo insuficiente para assegurar sua existência, obrigá-la-ia a procurar alhures o complemento indispensável" (Lopes, 1937:104). Para a mulher, os limites entre "morrer de fome ou perder a sua honra" possuem parâmetros muito diferentes do que para os homens, o que pode configurar uma consequência lógica do aviltamento dos baixos salários e ganhos (Perrot, 2005:177).

A moral ubíqua a circundar a vida das mulheres, sustentada pelo aparato jurídico, combinava-se harmoniosamente com os esforços de impedir a capacidade delas de tomar decisões sobre si mesmas, seja por meio das exigências das autorizações maritais ou da legislação que regulava a maternidade sem dedicar-lhes o pátrio poder. Sopesar a dominação sustentada pelo aparato jurídico é parte integrante da experiência de vida das mulheres da classe trabalhadora porque, menos do que alertar para vitimização ou submissão, revela os termos em que escolhas poderiam ser feitas e caminhos poderiam ser trilhados. As relações de poder, inclusive aquelas entre mulheres e homens, expressas nas leis e deflagradas por direitos costumeiros são mediações da capacidade de tomar decisões sobre a própria vida, da autonomia.

O feminismo e a proibição do trabalho noturno

O Decreto do Trabalho das Mulheres proibia o trabalho delas entre as 22 horas e as 5 horas, prevendo apenas algumas exceções àquelas que se empregavam em estabelecimentos nos quais trabalhassem membros da família da operária, àquelas cuja a interrupção do serviço prejudicasse o funcionamento normal do estabelecimento ou ainda em casos de força maior e para impedir a perda de produtos perecíveis e em caráter provisório. Estavam eximidas do cumprimento dessa proibição aquelas que ocupavam postos de trabalho na saúde, hospitais, clínicas, sanatórios e manicômios e as incumbidas de tratamento de enfermos. As mulheres maiores de 18 anos, empregadas nos setores de telefonia e radiotelefonia, também compunham o conjunto das exceções, bem como aquelas que ocupassem postos de direção e responsabilidade.

No final dos anos 1920, a proibição do trabalho noturno das mulheres menores de 21 anos estava vigente no estado de São Paulo por meio do Código Sanitário que existia desde 1894.[367] No entanto, o reforço dado ao tema pelos padrões internacionais, bem como a organização de departamentos do trabalho, podem ter sido os motivos que levaram o poder público a aumentar a fiscalização da norma, e alguns estabelecimentos, como bares e cafés, foram autuados por infringir o código. A associação dos trabalhadores desse ramo passou a exigir a fiscalização e a autuação em nome do bem-estar das mulheres que trabalhavam como garçonetes por acusar que essa ocupação incentivava a prostituição, angariando apoio dos fiscais do trabalho e da polícia política.[368] De outra feita, o poder público de São Paulo afirmou se preocupar em manter postos de trabalho para os homens em meio à crise econômica e ampliou o escopo da lei de 1894 para todas as mulheres, ao baixar uma norma da Repartição Geral do Trabalho, em 1931, que proibia o trabalho noturno das mulheres considerando que "a má distribuição do serviço de garçom nos bares, cafés, restaurantes e estabelecimentos congêneres acarreta um exagerado e desnecessário número de desocupados".[369]

Assim, quando foi chamada à fala numa reunião do Conselho Nacional do Trabalho (CNT) em 1932, Bertha Lutz pronunciou que a proibição do trabalho noturno, recomendada pela OIT, era "uma evidente lei paternal, destinada à proteção da mulher e na verdade redunda em seu prejuízo". E complementou:

---

367. Decreto nº 233, de 2 de março de 1894, estado de São Paulo.
368. *A Manhã*, 17 fev. 1929.
369. *A Manhã*, 3 jan. 1931.

As garçonetes nos oferecem um caso concreto de efeitos prejudiciais dessa lei. Não podem trabalhar legalmente após as 22 horas, não são aceitas nos sindicatos masculinos da classe a que pertencem, não podem formar novo sindicato em face do monopólio e são obrigadas a exercerem sua profissão (aliás uma das poucas relativamente bem remuneradas para trabalho não especializado), para o sustento de seus filhos debaixo da ameaça constante de demissão sumária, a fim de ceder o lugar aos seus concorrentes masculinos que promovem perseguições.[370]

Os protestos da FBPF não cessaram após a denúncia no CNT. Elas entraram com um processo que reivindicava a derrogação do art. 2º diretamente ao Ministério do Trabalho. Por oportuno, solicitaram no mesmo documento que as trabalhadoras da categoria de garçonetes fossem consideradas uma das exceções determinadas pelo decreto, visto que elas poderiam se enquadrar no critério de essenciais para o funcionamento do estabelecimento (Louzada, 1933:320).

A resposta ao pleito da FBPF de derrogação do trabalho noturno veio das mãos de Oliveira Vianna, em nome do Poder Executivo. O consultor jurídico contra-argumentou que o decreto atendia aos princípios gerais dominantes e que a promulgação dele teve o objetivo de "ratificar as convenções internacionais". Ademais, de acordo com Vianna, as supressões eram previstas, evidentemente, apenas em cargos extraordinários, o que tornava impossível enquadrar o caso das garçonetes neles, "cumprindo ao patrão prover-se de trabalhadores masculinos para atender à substituição necessária das operárias".[371] Por fim, o consultor chegou a reconhecer o pleito das feministas e o que ele considerava serem os próprios limites da lei:

> É possível que a lei esteja errada e ofereça os inconvenientes do *trop de zèle* (superproteção) em relação aos seus fins de defesa e proteção da mulher.

---

370. Justificação de Emenda da Lei de Sindicalização [Bertha Lutz] (AN. Fundo FBPF, caixa 62, pacote 2, dossiê 13).
371. Parecer de Oliveira Vianna reproduzido em Louzada (1933:321).

Isto, porém, é ponto a atender, numa futura revisão da lei em questão. Presentemente, só há uma atitude possível: é aplicar rigorosamente a lei, no seu espírito e na sua letra.[372]

Os protestos também produziram um abaixo-assinado enviado ao mesmo Ministério do Trabalho. No texto, a FBPF atestava que esse tipo de proteção destinada às mulheres "não atende ao resguardo da função específica, a maternidade; fora daí toda medida proibitiva é um atentado à individualidade da mulher".[373] As respostas do governo brasileiro sustentavam que não se previa mudança legislativa sobre o tema por conta dos fortes laços firmados com os padrões internacionais de trabalho.

A relação entre a FBPF e o Comitê de Correspondência das Mulheres Trabalhadoras, estabelecido em 1932 pela OIT, também tinha se fortalecido ao longo dos anos 1930, tanto pela consolidação das leis trabalhistas no Brasil quanto por conta do avanço dos trabalhos da organização internacional. Numa troca de cartas em que Bertha Lutz comunicava os feitos da nova Constituição brasileira, ao mesmo tempo que denunciava a manutenção das distorções provocadas pelo Código Civil brasileiro e as restrições que enfrentavam ainda as mulheres casadas, a brasileira assim se dirigiu a Marguerite Thibert:

> A proibição do trabalho noturno para as mulheres sofreu uma interpretação desfavorável pois a elas estão restritos os postos de trabalho em bares e cafés. Nós temos muitos registros de que os sindicatos do ramo desencorajam a associação de mulheres e se juntaram aos inspetores do trabalho para obrigar os donos de estabelecimentos a demitir as mulheres por causa do acordo de Washington. De fato, este acordo internacional é uma distinção desvantajosa às mulheres.[374]

---

372. Ibid.
373. Abaixo-assinado produzido pela FBPF ao Ministério do Trabalho, 1932 (AN. Fundo FBPF, caixa 78, pacote 3).
374. Carta de Bertha Lutz para Harold Butler [Documento anexo], 3 de abril de 1935 (Arquivo da OIT, WN 1002/09).

Por ocasião, a funcionária da OIT reforçou em resposta que o papel do escritório era "fornecer bases racionais que podem empreender efetivas melhorias no estado de direito".[375] Por outro lado, não foi apenas a organização brasileira que fez esse tipo de queixa. A própria OIT reconhecia, em 1938, que a regulação do trabalho noturno "não tinha chegado ao fim" (OIT, 1938:177). Um grupo de engenheiras britânicas também exerceu forte pressão sobre seu governo por serem proibidas de trabalhar durante a noite e, de acordo com o escritório internacional, se depararam com o vínculo entre a legislação nacional inglesa e a Convenção sobre Trabalho Noturno das Mulheres. Esse impasse provocou a revisão da referida convenção no ano de 1934, dando origem a um novo dispositivo que incluía um novo artigo: "não se aplica a mulheres que possuam função de direção ou gerência e não estão engajadas, ordinariamente, no trabalho manual".[376] O escritório reconhecia que o número de mulheres atingidas pela revisão da convenção poderia ser muito pequeno, porém encontrava justificativa na "intenção de adotar provisões que evitem obstáculos e impeçam a ocupação de mulheres em postos que são mais bem pagos".[377] Reconhecia, inclusive, que as alterações sobre o tema e a falta de um "fim" para as polêmicas eram consequências do ativismo das redes internacionais feministas (Zimmerman, 2014:2).

As organizações feministas se dividiam em termos de ter ou não padrões específicos para as mulheres, ainda que entre um grupo e outro pudessem ser encontradas interseções de posições, como foi abordado anteriormente. A Open Door International, atuando na linha política de obter equidade estrita entre mulheres e homens, exerceu pressão direta sobre a OIT em nome das engenheiras britânicas, buscando revogar de

---

375. Carta de Marguerite Thibert para Bertha Lutz, 18 de maio de 1936 (Arquivo da OIT, WN 9/1/9).
376. Convenção sobre Trabalho Noturno das Mulheres (Revisada), 1934 (nº 41). O novo dispositivo também diminuiu o intervalo de tempo a ser considerado "noite", das 23 às cinco horas da manhã. O Brasil ratificou a nova convenção em 8 de junho de 1936 (OIT. The law and women's work, 1938:198).
377. OIT. The law and women's work (1938:237).

todo a Convenção sobre Trabalho Noturno de Mulheres (Zimmerman, 2014:4). A militância propalada tanto pela Equal Rights International quanto pela Open Door International defendia um ponto de vista individual e a base contratual das mulheres nas relações de trabalho, na medida em que as duas organizações não levaram em consideração, por exemplo, a convenção de 1930, que bania o trabalho forçado ou compulsório para todas as mulheres. Em outras palavras, as militantes por equidade de direitos não percebiam uma diferenciação baseada em gênero nessa convenção, e a negligência poderia ter duas explicações: ou não estavam interessadas nas mulheres sujeitas a esse tipo de trabalho ou não percebiam alguma relevância na proibição de trabalhos forçados para ambos os sexos (Zimmerman, 2014:8).

No Brasil, a FBPF não obteve a almejada alteração legislativa que eliminasse a proibição do trabalho noturno, mas a revisão da convenção internacional de 1934 foi ratificada por decreto em 1937.[378] O debate internacional e a pressão de Bertha Lutz nem sempre versaram em termos da moral das mulheres no desempenho de trabalho noturno. A maior preocupação das entidades internacionais eram os baixos salários e a regulação das jornadas, que eram questões atadas à extensão do trabalho noite adentro (Zimmerman, 2014:5). No entanto, a atuação da FBPF não era isolada e passava por escrutínio de outras mulheres, mesmo que em discordâncias, a compor diversos projetos sobre a condição feminina na sociedade. Maria Sofia Bulcão Vianna expressou algum desacordo com a atuação da organização feminista, numa conferência à Federação das Bandeirantes, em São Paulo. Ela mesma, que afirmou ter participado de algumas reuniões e convenções promovidas pela entidade, defendeu que certas restrições feitas ao trabalho noturno das mulheres "onde a moça honesta dificilmente se poderia defender contra certos abusos, foram muito bem intencionadas". Ela considerava que essas medidas eram importantes porque "da mulher depende o futuro da raça". Ainda assim, mostrou-se firme apoiadora da criação de um departamento autônomo

---

378. Decreto nº 1.396, de 19 de janeiro de 1937.

para tratar dos assuntos das mulheres dentro do governo, assim como, para ela, o Women's Bureau americano prestava "relevantes serviços" (Vianna, 1937).

Salário de homem, salário de mulher

O debate internacional que envolvia o peso dos padrões e da regulação das relações de trabalho conseguiu globalizar questões sobre a necessidade de políticas específicas para as mulheres e trazer ao centro das questões a perspectiva de que havia desigualdades e diferenças entre mulheres e homens no mercado de trabalho. Ganhos, salário e renda eram um dos pontos centrais a serem enfrentados pelas nações. Nesse período, no Brasil, era possível encontrar salários de mulheres 84% menores do que os dos homens.[379]

A própria OIT admitia que as resoluções sobre salário mínimo não trouxeram menções específicas aos salários das mulheres e se fundamentavam no princípio geral de fundação da entidade nos termos de igualdade salarial entre mulheres e homens. As iniciativas nesse sentido resultaram na aprovação da Convenção Sobre os Métodos de Fixação do Salário Mínimo, 1930 (nº 26), que estipulava que a indexação deveria ocorrer na indústria e nas indústrias domiciliares, para ambos os sexos. A entidade reconhecia assim a necessidade de remuneração igual e acreditava intervir na desigualdade provocada pelo mercado de trabalho que percebia o rendimento das mulheres apenas como um "extra" dos rendimentos familiares (OIT, 1938:374). Acreditava, também, incidir sobre as indústrias domiciliares, onde a capacidade de regulação dos Estados-parte era menor, onde se concentrava um grande número de mulheres e a barganha coletiva seria mais fraca. Por princípio, a OIT defendia que a fixação do salário mínimo para ambos os sexos, a ser aplicada nos países, seria uma ferramenta com algum grau de eficiência

---

379. Ver capítulo 1 deste livro.

para combater a realidade segundo a qual o pagamento do salário dos homens significava suprir as necessidades cotidianas de toda a família. A entidade acreditava que tal fixação dirimiria o "conflito entre o princípio de salário de subsistência e o de igualdade salarial" de modo a ser calculado para "atender as necessidades de um único assalariado" e ser complementado, no caso de haver dependentes, por meio do abono familiar para trabalhador de ambos os sexos (OIT, 1938:376).

O organismo internacional alertava que o padrão de salário dos homens, a ser calculado num valor suficiente para sustentar uma família inteira, era muito praticado na Commonwealth (OIT, 1938:371). Essa fórmula foi entendida como uma equação baseada na "lei da família" segundo a qual os maridos são responsáveis pelo núcleo, mas não chegou a ser estipulada como um padrão a ser seguido – a própria OIT considerava levantar estudos sobre o número de trabalhadoras no mundo que arcavam sozinhas com o sustento dos seus domicílios. Os caminhos legislativos que conformam uma noção global de que os homens são provedores e mulheres são cuidadoras, certamente, requerem um aprofundamento ainda mais acurado e é bem possível que, para tanto, seja necessário adotar recortes temporais que antecedam, em muito, a guerra. Da mesma forma como ocorreu no Brasil, os censos da Inglaterra reproduziram a tendência de subestimar a medida da participação dos ganhos das mulheres na renda da família, ainda mais quando se tratava de dados provenientes de unidades produtivas rurais, onde se encontrava um número grande de pessoas relutantes em declarar os ganhos daquelas que eram parte do núcleo, mas não eram diretamente empregadas pelo dono das terras.

Calcula-se que na Inglaterra do século XVII, os salários de mulheres e crianças representavam a maior proporção dos ganhos familiares e, já no século XIX, o ganho de menores ainda tinha grande impacto na renda familiar (Verdon, 2002). Mesmo no Brasil, os empresários relutaram fortemente em abrir mão do trabalho de mulheres e crianças nas fábricas, aspecto que pode indicar que boa parte de seus lucros advinham do pagamento de salários mais baixos e, portanto, essa mão de obra era largamente utilizada. Considerar esses aspectos e a alta ocupação de mulheres e crianças no trabalho urbano brasileiro remonta à necessidade de problematizar a justa medida em que o trabalho das mulheres representava apenas uma complementação dos ganhos familiares.

A interpretação de que as mulheres assumem uma inserção secundária no mercado de trabalho reverbera, por conseguinte, em noções de seguridade e previdência que assumem o ganho masculino como principal (Abramo, 2007:17-18).[380] A OIT, quando da formulação dos padrões do trabalho, também atribuiu a relação entre organização sindical e poder de barganha ao pagamento de baixos salários para as mulheres (OIT, 1938:370).

Os elementos que envolviam os padrões salariais se diferenciavam em relação às noções de seguridade social difundidas pela OIT. Para a entidade internacional, "pelo costume da lei", as responsabilidades econômicas de homens e mulheres em relação à família eram diferentes, tanto quanto os indicadores de mortalidade e ocupação. O estudo elaborado pela organização apontava que os países deveriam levar em consideração tais diferenças ao elaborar seus sistemas de seguridade. A distinção de sexo, nesse caso, foi indicada como um padrão internacional pela Recomendação nº 43 (1933) que estipulava que as viúvas com dificuldades de saúde ou idade que as impossibilitassem de prover o próprio sustento fossem atendidas pelos seguros sociais, desde que não se casassem novamente – o mesmo só caberia aos homens no caso de serem eles viúvos inválidos (OIT, 1938:422).[381] A pesquisa internacional realizada pela OIT demonstrou que a alguns países praticavam leis que requeriam tempo menor de

---

380. Ver também Lobato (2008). Chitra Joshi adota o mesmo caminho analítico para as taxas de ocupação de mulheres na Índia. Ela considera que esses pressupostos (provedor x cuidadora) estruturam a maior parte das discussões sobre as famílias da classe trabalhadora e verifica que as mulheres tendem a deixar os postos de trabalho urbano e remunerados em momentos de aumento dos postos e de salários para os homens – retomando o trabalho em áreas rurais onde são fundamentais para o trabalho em pequenas unidades produtivas, na produção e na reprodução da vida (Joshi, 2009:155). Ver ainda Sem (1999).
381. Ver também Recomendação sobre Seguro por Invalidez, Acidente e Idade, 1933 (nº 43).

trabalho, em relação aos homens, para acesso à aposentadoria – em média esse tempo era de cinco anos a menos.

No Brasil, a Aliança Liberal havia tratado, desde sua plataforma política, em 1930, de ratificar os padrões da OIT, já que os governos vinham postergando os compromissos de Versalhes desde a assinatura do pacto. A plataforma anunciava que "as condições especiais" da atividade de mulheres e crianças eram praticadas em todas as "nações cultas" e ainda eram desconhecidas no Brasil.[382] Os debates sobre salário mínimo e sobre a necessidade de se pagar igual valor ao mesmo trabalho para homens e mulheres atingiram o ano de 1936, quando uma lei criava comissões para realizar estudos e recolher dados. Apenas durante o Estado Novo, a aprovação de dois decretos regulamentava a fixação dos salários e seus respectivos valores, diferenciados para cada região do país.[383]

O estabelecimento do salário mínimo brasileiro, em 1936, recebeu reforços de Bertha Lutz no Parlamento como uma medida capaz de combater o padrão de baixos salários das mulheres diante das concepções de que elas trabalham apenas para complementar as rendas das famílias, e não por subsistência.[384] A fixação dos salários tinha sido largamente debatida nos termos de igualdade de rendimentos durante a Conferência dos Estados Americanos da Organização Internacional do Trabalho, em 1936, na cidade de Santiago. As resoluções da Comissão de Trabalho das Mulheres, das Crianças, aprovadas pela conferência e enviadas à OIT, referendavam a importância da proteção à maternidade, recomendavam a extensão do benefício às trabalhadoras da agricultura

---

382. Plataforma da Aliança Liberal, reproduzida em Serviço de Estatística e Previdência do Trabalho. *Salário mínimo*: Imprensa Oficial, 1940, p. 11 e segs.
383. A Lei nº 185, de 14 de janeiro de 1936, institui as comissões; o Decreto-Lei nº 399, de 30 de abril de 1938, regulamenta a instituição do salário mínimo e o Decreto-Lei nº 2.162, de 1 de maio de 1940, fixa os valores deles. Ver também Silva (2014).
384. Uma análise elaborada por Mary Anderson sobre a legislação do trabalho para as mulheres foi transcrita por Bertha Lutz como documento que deveria pautar a elaboração das leis para as mulheres no Brasil. Câmara dos Deputados [documentação organizada por Bertha Lutz]. O trabalho feminino: a mulher na ordem econômica e social. Rio de Janeiro: Imprensa Nacional, 1937. p. 45 (Fundo FBPF, caixa 37, pacote 1, dossiê 2).

e que se estudassem novas formas de incluir mulheres empregadas em outros ramos como beneficiárias, a exemplo das trabalhadoras domésticas. A comissão reforçou a importância da adoção da Convenção Relativa ao Trabalho Noturno das Mulheres, 1934 (Revisada), (nº 41), entre os países americanos e as medidas de representação das mulheres em inspeção do trabalho e cargos de direção (OIT, 1936c:388-410).

Depois de 1937, a ditadura, que acarretara a perda de força dos movimentos de trabalhadores, criminalizou os campos políticos de esquerda e isolou as feministas mais próximas ao poder; também ofereceu descontos no pagamento do salário mínimo das mulheres. O incentivo para empresas que cumprissem as normas de higiene e a legislação vigente, ao invés de sair dos cofres do Estado, poderia ser diretamente descontado dos salários das mulheres, que poderiam ser reduzidos em 10%, se assim o empregador quisesse. A lei de 1938 já previa casos específicos para que se operasse a redução do salário mínimo se combinado com pagamentos em espécie e, em 1940, uma nova norma estendeu a possibilidade de redução para menores de 21 anos e "trabalhadores do sexo feminino".[385]

As regras de rendimento no trabalho formal, desde 1938, traziam um artigo que excluía expressamente o trabalho doméstico da aplicação do salário mínimo. A norma informava que o trabalho em domicílio estava sujeito aos valores nacionalmente estipulados: "Entende-se por trabalho em domicílio, para os efeitos do presente regulamento, o executado na habitação do empregado ou em oficina de família, por conta de empregador que o remunere". Por outro lado, o art. 9º estipulava que não seria considerado trabalho em domicílio aquele realizado "para atender as necessidades da família". O Serviço de Estatística da Previdência e Trabalho teve de dirigir uma nota à imprensa para demarcar explicitamente a referida exclusão, na hipótese de que muitas trabalhadoras buscassem cumprir a regra de pagamento do mínimo.[386]

---

385. Decreto-Lei nº 2.548, de 31 de agosto de 1940.
386. A nota à imprensa foi distribuída em 18 de maio de 1939 e está reproduzida em Serviço de Estatística e Previdência do Trabalho. *Salário mínimo*: Imprensa Oficial, 1940, p. 432.

O golpe de 1937 na vida das mulheres

A aplicação das leis poderia, antes da consolidação do Código do Trabalho, encontrar entraves dos mais diversos tipos. Maria Luiza Paz, empregada numa fábrica carioca, entrou no CNT com um processo, em 1930, para pleitear uma indenização por seu direito a férias. No entanto, ela era menor de 21 anos e não havia sido empregada nem pelo pai, nem pela mãe. A situação da trabalhadora fez com que vários princípios do direito colidissem – ela deveria ter direito a férias, mas não à representação pública justamente por ser mulher e menor. A operária teria tanto direito à indenização quanto não poderia comparecer em juízo. A posição do relator do CNT foi a de que essa seria uma instituição que tinha o dever de amparar os operários e "não deveria dificultar o direito de indenização de férias aos menores".[387]

O reconhecimento da "hipossuficiência" da jovem trabalhadora foi uma decisão política do CNT, mais do que um direito garantido expressamente pela legislação disponível na época. A representação das mulheres em busca de direitos é uma frente de atuação muito acionada pela deputada Bertha Lutz, que angariou vitórias legislativas durante a criação do Estatuto da Mulher e do Departamento da Mulher. O parecer que recomendava a aprovação do estatuto asseverava:

> Art. 25. À mulher que trabalha são garantidos ainda:
> I. Direito de participação em todos os órgãos legislativos, consultivos, administrativos, técnicos e judiciais, relacionados com a organização do Capital e do Trabalho, inclusive criados na forma prevista nos artigos 103 e 122 da Constituição Federal.[388]

O acúmulo gerado por essas vitórias permitiu que a deputada investisse também na elaboração das leis gerais que atingiam toda a

---

387. Ata da 230ª sessão do CNT, 3 de julho de 1930.
388. Brasil. *Diário do Poder Legislativo* [Comissão Especial de Elaboração do Estatuto da Mulher – Ata da reunião realizada em 14 de outubro de 1937], 1937.

classe trabalhadora. Desde o Tratado de Versalhes, padrões internacionais e o movimento feminista mais próximo do poder reivindicavam a participação das mulheres em comissões, cargos públicos e nas instâncias políticas que as envolvessem diretamente. Com base nessa discussão, a parlamentar propôs uma emenda legislativa à lei que instaurou a Justiça do Trabalho.[389] O ponto de partida da emenda pedia a extensão do art. 121 da Constituição de 1934, que versava que

> os serviços de amparo à maternidade e à infância, os referentes ao lar e ao trabalho feminino, assim como a fiscalização e a orientação respectivas, serão incumbidos de preferência a mulheres habilitadas.[390]

No entendimento da deputada, a forma mais consistente de aplicar a Constituição era atuando na regulamentação de suas leis, de modo a garantir a proteção à maternidade e a participação das mulheres. Com base nisso, ela ofereceu, por meio de emenda, uma forma de participação feminina direta na Justiça do Trabalho, "que protegesse esses direitos e problemas sem a exclusão do outro sexo, no espírito do Direito Constitucional e nos dispositivos expressos da OIT".[391]

A despeito do ordenamento jurídico que ainda impedia a mulher casada de praticar comércio, ter autonomia sobre filhas e filhos ou de dispor da sua própria força de trabalho, a criação das juntas de conciliação e julgamento, em 1932, já teve de reconhecer a incompatibilidade entre as normas legais brasileiras ao estabelecer, expressamente, que as mulheres poderiam pleitear com autonomia suas demandas

---

389. Decreto-Lei nº 1.237, de 2 de maio de 1939. Para os caminhos de elaboração e instauração da Justiça do Trabalho, ver Fornazieri (2014). Ver também Gomes e Silva (2013).
390. O acúmulo obtido por meio da experiência do CNT foi base importante para a constituição da Justiça do Trabalho. Ver Souza (2007).
391. Emendas à Lei da Justiça do Trabalho, projeto nº 104, de 1937 (AN. Fundo FBPF, caixa 37, pacote 6). Esse projeto de lei entrou em debate no Parlamento no dia 1º de dezembro de 1936.

trabalhistas.³⁹² Em outras palavras, trabalhar sem autorização do marido requeria contestar o Código Civil, mas a nova legislação de trabalho passou a permitir que as mulheres respondessem diretamente os processos gerados pelas juntas de conciliação e julgamento. O mesmo entendimento teve a comissão parlamentar que avaliou e aprovou o anteprojeto da criação da Justiça do Trabalho, reproduzindo no decreto de 1939 que as mulheres poderiam acessá-la sem a assistência de seus maridos.³⁹³

A emenda legislativa da Justiça do Trabalho foi aprovada rompendo, em alguma medida, com a prática costumeira de legislar com base na posição das pessoas dentro das famílias, criando um novo repertório que sopesava a capacidade jurídica das mulheres em defender seus próprios interesses. Em sua defesa, e em diálogo com outras forças políticas que requeriam a manutenção dos papéis domésticos das mulheres, o parecer que recomendava a aprovação do Estatuto estabeleceu:

> Pensemos bem. São verdadeiramente necessárias tais restrições à capacidade da mulher? A opinião organizada, que sempre se manteve dentro dos preceitos são morais da família, que não é extremista, mas procede com moderação e cautela, não os julga assim. Aponta-as como erros de interpretação de fenômenos psicológicos.
>
> A garantia da família não reside no predomínio de um cônjuge tirano sobre um cônjuge vítima. O alicerce do lar não é autoridade, mas sim afeição. As suas colunas mestras são a colaboração recíproca e o respeito mútuo entre o homem e a mulher.³⁹⁴

---

392. "Art. 11. Os menores púberes e as mulheres casadas poderão pleitear sem a assistência de seus pais ou maridos" (Decreto nº 22.132, de 25 de novembro de 1932). A distorção foi analisada no estudo da OIT (1938:478-552).

393. Decreto-Lei nº 1.237, de 2 de maio de 1939, art. 4º, § 2º: "Os menores além de 18 anos e as mulheres casadas poderão pleitear sem assistência de seus pais, lutares, ou marido".

394. Brasil. *Diário do Poder Legislativo* [Comissão Especial de Elaboração do Estatuto da Mulher – Ata da reunião realizada em 14 de outubro de 1937], 1937.

Essa concepção de casamento, que subsidiou o acúmulo gerado pelo debate do Estatuto da Mulher e a emenda legislativa da Justiça do Trabalho não era um grande consenso entre operadores do direito durante o governo provisório. Porém, Joaquim Pimenta, que também havia atuado na gestão de Lindolfo Collor, entendia que a família era "o primeiro núcleo de cooperação social e dignidade humana" (Pimenta, 1946:241).[395] Até 1937, o chamado "pensamento autoritário" inseriu a regulamentação do trabalho das mulheres nessa nova concepção de direito: "a subordinação dos interesses dos indivíduos ao interesse supremo da coletividade".[396]

A conformação de um ideal de família a sustentar diretamente as políticas do Estado, em disputa nas diversas matrizes de pensamento político, se conclui vitoriosa apenas depois do golpe de 1937 (Geraldo, 2001:17, 77). A repressão aos movimentos comunistas e a sustentação de um verdadeiro "estado de guerra" possibilitaram que Getúlio Vargas respondesse às pressões políticas do seu governo concentrando cada vez mais os poderes, o que culminaria no fechamento do Parlamento e na instauração da ditadura em 10 de novembro de 1937 (Pandolfi, 2010).

Até então, a imagem da família como metáfora e base do Estado compunha, com maior frequência, o repertório do integralismo. A tarefa de gerar bons cidadãos, do ponto de vista da eugenia e da higiene, era mais uma empreita que pertencia às mulheres, e a "nobreza de sua missão materna" requeria que elas mantivessem condutas regeneradas, física e moralmente. Uma profusão de livros e normas médicas,

---

395. Joaquim Pimenta (1886-1963) foi jornalista, professor e bacharel em direito. Colaborou com diversos jornais no Ceará e participou ativamente no movimento operário de Pernambuco. Trabalhou como procurador, na gestão de Lindolfo Collor, nos primeiros momentos da criação do Ministério do Trabalho.

396. A pesquisa de Endrica Geraldo sobre as noções de família para eugenistas e integralistas mediu a força da organização de mulheres até mesmo dentro desses grupos. Para ela, o movimento feminista do período forçou que se reconhecesse a presença de mulheres nas organizações conservadoras e reservou a elas "um lugar diferente" no fazer de suas políticas, angariando a eleição de uma vereadora integralista na cidade de Pedreira, no interior de São Paulo (Geraldo, 2001:57).

publicados no Brasil, as responsabilizava por possíveis "malefícios" às crianças e fornecia as melhores receitas para a criação de filhos.[397]

O fascismo apresentou um "contraste gritante" de papéis de gênero nas suas ações políticas. Com o objetivo de aumentar os índices demográficos, a Itália laureava as mães prolíficas e as grandes famílias que sustentavam o império sonhado. O ideal de famílias grandes e bem cuidadas tinha de conviver, entretanto, com a necessidade e a presença das mulheres na força de trabalho. Por isso, as leis a regular o serviço de mulheres, na Itália de Mussolini, também tiveram múltiplas dimensões – resguardaram a preocupação maior em preservar o trabalho doméstico delas ainda que tivessem de garantir, para aquelas que estavam nas fileiras das fábricas, a criação e manutenção de creches (Wilson, 1993:8).

Como argumentou Victoria de Grazia, a noção de família e as diferenças de papel entre homens e mulheres, menos do que novidades, dão corpo a uma noção imperial de nação segundo a qual se devem criar bons cidadãos e, portanto, implementar uma política sexual (De Grazia, 1994:147, 161). Ao se opor ao liberalismo, que não regulava casamentos ou a vida de filhos ilegítimos, o fascismo ofereceu um programa político que alçava os problemas a uma coligação social conservadora. Por meio da organização do trabalho e das hierarquias entre os sexos, "transferiu para os ombros das mulheres uma parte tão grande quanto possível" das crises econômicas e, com isso, estabeleceu uma nova ordem moral que repudiava a política sexual liberal (De Grazia, 1994:176).

A estrutura legislativa e o desenvolvimento industrial italianos procuravam reter o número de mulheres empregadas apoiando diretamente a redução dos custos do trabalho assalariado delas com o consentimento dos sindicatos. A justaposição entre a expectativa de pungir donas de casa e a necessidade de braços nas fábricas criou a fórmula com a qual se erigia o governo fascista; isso reforça que essas posições políticas não eram propriamente originais e que a saída encontrada pelo Estado para

---

397. Ver, principalmente, os boletins de educação sexual utilizados por Endrica Geraldo em sua pesquisa (Geraldo, 2001:34).

promover a exclusão delas também envolvia a criação de equipamentos a liberá-las parcialmente da dedicação maternal (Wilson, 1993:8, 246; Ballestrero, 1979:58, 72).[398]

O bem-estar da família, a cargo das mulheres, como parte de uma sociedade robusta, como uma unidade fundamental a compor a força de um governo, no Brasil ganhou corpo definitivo no varguismo apenas durante o Estado Novo, quando se instaurou um decreto presidencial que visava à "proteção da família".[399] É claro que a influência de grupos conservadores já era uma realidade em momentos anteriores, destacadamente na gestão de Francisco Campos à frente do Ministério da Educação;[400] no entanto a vitória do projeto de organização social com base na estrutura familiar foi claramente cogitado e aplicado depois de 1937, quando Gustavo Capanema produziu uma minuta de Estatuto da Família a ser examinada pelo Poder Executivo.[401] A proposição de Capanema fazia tábula rasa de todo o acúmulo legislativo antes de 1937, ignorando o trabalho anterior das comissões que haviam submetido ao Parlamento vasto acúmulo que subsidiava a criação do Estatuto da Mulher. Essa política de proteção descartou todo o acúmulo das comissões nos assuntos de representação das mulheres e a capacidade delas em tomar decisões para dar espaço à preocupação de aumentar os índices de natalidade.

---

398. Perry Wilson ainda afirma que o acesso ao trabalho requeria algumas formas de uso de contracepção e que a existência das creches significava alguma forma de compartilhamento dos cuidados exigidos pela maternidade. Menos do que medir as possibilidades de subordinação ou emancipação para as mulheres, o trabalho delas na Itália fascista também mostra que há necessidade de compreender como elas se relacionaram com as medidas de exclusão ou de benefícios em regimes totalitários ou em sistemas liberais de modo a compreender suas atuações. Ver Wilson (1993:246).
399. Decreto nº 3.200, de 19 de abril de 1941.
400. Francisco Campos (1893-1968), advogado e jurista, foi um dos incentivadores do grupo mineiro de afeição fascista Legião de Outubro. Ocupou o cargo de ministro da Educação de 1930 a 1932.
401. Gustavo Capanema (1900-1985) era correligionário de Francisco Campos na Legião de Outubro e foi ministro da Educação de 1934 a 1945. O ministro elaborou a minuta do estatuto e enviou a Getúlio Vargas em 1939.

O Estatuto da Família, de autoria de Capanema, teria sido escrito sob forte influência dos grupos católicos com particular preocupação com o aumento da natalidade e a preservação dos casamentos com a finalidade de proteger as crianças. O movimento de Capanema deu origem à Comissão de Proteção da Família que, além de Oswaldo Aranha, contou com a participação de outros tantos conservadores: Stella Faro, Francisco Campos e Oliveira Vianna.[402] É possível que nem todos tenham concordado com a proposta inicial do ministro mineiro, que advogava, sem mediações, "medidas que possibilitem a progressiva restrição da admissão de mulheres nos empregos públicos e privados".[403] O fruto do trabalho da comissão foi o decreto de proteção da família, cuja função era, em nome do aumento da natalidade, conceder direitos a filhas e filhos ilegítimos, dispor sobre o efeito legal do casamento religioso e regular abonos e auxílio pecuniários a famílias numerosas. Esse decreto sofreu algumas revisões ao longo dos anos 1940 e uma delas previa a precedência de homens com filhos na nomeação para cargos públicos. A minuta do ministro Capanema não resistiu à apreciação do grupo em que estavam Oswaldo Aranha e Oliveira Vianna, e é possível que a integralista Rosalina Coelho Lisboa tenha exercido alguma influência e comprometido o triunfo da proposta original.[404]

A coalização das forças antioligárquicas, na base dos primeiros anos do regime varguista, se sustentava também por meio de grupos

---

402. Stella Faro coordenou a Seção Feminina da Confederação Católica, trabalhou no Ministério da Saúde e compôs o ministério de Capanema pelo menos até 1944. Sobre ela, ver Arduini (2014:66).
403. O documento inicial elaborado por Capanema foi citado em Schwartzman (1980). Ver também Schwartzman (2000).
404. Rosalina Coelho Lisboa (1900-1975) era escritora e jornalista. Pertencia ao movimento integralista, combatia fortemente o comunismo e defendia a participação das mulheres no trabalho e na política. Compôs o comitê de radiodifusão do governo em 1933 e participou de algumas reuniões da Comissão Interamericana de Mulheres ao longo dos anos 1930 e 1940. Endrica Geraldo se debruçou sobre a trajetória de mulheres que pertenciam ao movimento integralista e defendiam a participação política. Ver Geraldo (2001:77). Sobre a participação das mulheres em movimentos fascistas e conservadores em outros países, ver Passmore (2003).

católicos organizados politicamente. Ainda que os projetos dessas agremiações – boa parte delas consolidada na figura de Alceu Amoroso Lima –[405] vislumbrassem uma sociedade que não desse vazão aos conflitos sociais, o caso é que se envolveram diretamente na administração do governo provisório, sobretudo a tratar de projetos educacionais quando da aprovação do decreto que instituía o ensino religioso nas escolas.[406] Ainda que, de alguma forma, convencidos de que a crise social estivesse relacionada com as tentativas de dissolver a família, não foi a existência de uma política da família que moveu o apoio e o diálogo entre aliancistas e católicos. De acordo com Guilherme Arduini, um ponto valorizado por esses religiosos era o fato de Vargas ter promovido mudanças sem derramamento de sangue ou distúrbio à ordem social, além de ter mantido o respeito às tradições católicas do país (Arduini, 2014:179). Integralistas e católicos, portanto, também haviam encontrado pouso para suas agendas dentro do governo Vargas e no "pensamento corporativista".

A Ação Social Católica, organização proveniente da Bélgica, realizou e publicou pesquisas sobre o efeito do trabalho das mulheres, como parte de uma campanha para reduzir a participação das mulheres casadas nos trabalhos industriais. A organização concluiu que não seria possível suprimir completamente o trabalho das mulheres casadas na indústria, mas avaliou que "a felicidade do lar e a paz social não dependem da quantia que cada um porventura embolse".[407] Poucos anos mais tarde, o mesmo grupo fez um seminário no Rio de Janeiro para

---

405. Alceu Amoroso Lima (1893-1983) foi advogado, escritor e professor. Em 1930, fez oposição à articulação política que sustentava Getúlio Vargas. Uma vez vitoriosa a Aliança Liberal, ele e seu grupo firmaram posição de diálogo com o Governo Provisório. Simpatizante da Ação Integralista Brasileira, não compôs suas fileiras, organizava-se na Ação Católica Brasileira que se engajava com frequência nos projetos educacionais propostos pelo governo Vargas. Em 1935, foi nomeado membro do Conselho Nacional de Educação e se tornou reitor da Universidade do Distrito Federal em 1937.
406. Decreto nº 19.941, de 30 de abril de 1931. Em meio à aprovação do decreto, a Ação Católica Brasileira se engajou em novas reivindicações e na publicação de livros sobre divórcio. Ver Arduini (2014:175).
407. A pesquisa europeia não foi publicada na íntegra nesse documento; apenas os resultados. *Boletim do Ministério do Trabalho*, n. 3, nov de 1934, p. 301.

organizar a aplicação e a profissionalização do serviço social brasileiro, reunindo aspectos da caridade com as funções do Estado num esforço de manter coesos leigos e religiosos (Iamamotto, 1982). Heloisa Cabral da Rocha Werneck, uma das relatoras do evento de serviço social, reconhecia que a legislação do trabalho para as mulheres havia se tornado um "fato concreto, sendo vivida pela população e experimentada pela prática cotidiana".

Heloisa Cabral da Rocha Werneck ainda registrou que acreditava que a mais efetiva aplicação do Decreto do Trabalho das Mulheres certamente "abrandará os ânimos e fará com que os trabalhadores confiem nas instituições existentes". Para Werneck, as leis que regulam o trabalho das mulheres deveriam ser estendidas às trabalhadoras domésticas. A participante da Ação Social Católica ainda ponderava que a fixação da jornada, as férias e os descansos semanais liberavam as pessoas para o "chamamento à majestade divinal" e era um "benefício à vida da família", na medida em que permitia a prática religiosa. Fundamentada no *Rerum Novarum*, formulava a aplicação da doutrina de Leão XIII, para o Brasil.[408]

A promulgação de uma Constituição autoritária e a concentração de poderes nas mãos do próprio Getúlio Vargas em nome da manutenção do projeto que havia começado com uma perspectiva de ampliação de direitos têm efeitos profundos sobre os direitos das mulheres. O projeto político corporativista e de conciliação de classes por meio do Estado e a relação internacional com a OIT alteraram as noções de justiça social de modo a envolver a necessidade de políticas específicas para as mulheres, reconhecendo os diferentes conflitos a que elas estavam sujeitas no mundo do trabalho. O ordenamento jurídico ainda oferecia medidas consideradas "costumeiras" a restringir liberdades e a legislar políticas e construir uma noção de cidadania a partir do lugar que as pessoas ocupavam nas famílias. Cuidou também de propalar a moral e evitar que se alastrassem dispositivos a promover a autonomia e a capacidade de tomar decisões. Entre essa correlação de forças, o começo da República

---

408. *Boletim do Ministério do Trabalho*, n. 27, novembro de 1936, p. 134-150.

brasileira, até a ditadura do Estado Novo, promoveu um grande repertório de leis que mediaram a vida das mulheres da classe trabalhadora.

O século XX foi um período em que não apenas as mulheres entraram com mais vigor no mercado de trabalho formal como também se verificou uma crescente importância de envolver uma orientação, com base no sexo das pessoas, na percepção do que poderia ser a ordem ou a desordem social. No Brasil, e até mesmo transnacionalmente, articulou-se a diferença sexual no intuito de formular demandas e modalidades de cidadania (Canning, 1996).[409]

---

409. Kathleen Canning analisou como as relações de trabalho nas fábricas de tecidos alteraram os debates sobre reforma social na Alemanha. Ver também Forbath (1991).

CONSIDERAÇÕES FINAIS

Em 1920, Viveiros de Castro difundia suas preocupações com a manutenção da família diante do trabalho das mulheres. Disse:

> Em um magnífico estudo publicado na *Correspondence Internacionale de la Haye*, de 1892, um comitê de senhoras demonstrou, por meio de dados estatísticos, que as mulheres têm sido muito prejudicadas com as leis destinadas a protegê-las. [...]
> Medite o legislador brasileiro, durante a sua laboriosa gestação, sobre estes protestos das principais interessadas; e não deixe levar pelos devaneios da poesia nem pelas pérfidas sugestões das sereias barbadas.
> Sob as enganosas aparências de proteger as mulheres e as crianças, não lhes cerremos as portas do trabalho honesto, condenando-as a uma ociosidade perigosa, presas fáceis do vício e do crime [Castro, 1920:222-223].

Se, de um lado, a historiografia sobre o acesso aos direitos trabalhistas encontrou uma explicação que coincide com a do jurista Viveiros de Castro nos anos 1920, qual seja, a de que a legislação social para as mulheres tinha a intenção de retirá-las do mercado de trabalho e devolvê-las às tarefas e funções domésticas, de outro, podemos inserir um problema largamente tratado tanto por Bertha Lutz quanto pelo ativismo das trabalhadoras: os cuidados. Chamado de *care* por historiadoras e sociólogas nos dias atuais, o cuidado é uma dimensão inegável da vida das mulheres por se encontrar entrelaçado com a vida cotidiana delas (Boris, 2014:101).[410]

---

410. Ver também Boris e Parrenãs (2010); Boris (2012); Hirata e Guimarães (2012).

Com origem na reciprocidade de afeto e na obrigação de exercê-lo, o cuidado era visto como de menor valor por algumas feministas na academia por se tornar desvalorizado na economia de mercado e sub-remunerado, quando exercido em troca de salário (Boris, 2014:102). Os efeitos dessas análises redundam nas interpretações encontradas até agora: a noção de que a licença-maternidade é um dispositivo restritivo das mulheres e afeta sua capacidade de autonomia. Ao analisar a trajetória de Bertha Lutz sobre o tema, Susan Besse afirmou: "Até mesmo as feministas que defendiam apaixonadamente o direito das mulheres ao trabalho sentiam necessidade de insistir na compatibilidade entre trabalho e maternidade" (Besse, 1999:152).

Este livro, além de demonstrar a segmentação por sexo no mercado de trabalho, procurou desvendar como essa segmentação estava relacionada com a divisão de tarefas dentro das casas e como a moral ubíqua compunha um projeto político que reforçava a necessidade de manter as mulheres desempenhando um trabalho gratuito, de limpeza e de cuidados. Essas noções perpassaram a constituição de partidos e sindicatos e também foram objeto de reflexão e da atuação do nascente movimento feminista brasileiro. Além da campanha do sufrágio, a correlação de forças entre grupos que pensavam a "condição feminina" gerou disputas e tensões, inclusive entre fronteiras nacionais, que transformaram as agendas políticas de cada um deles e contribuíram para a formação de um grande repertório sobre direitos das mulheres.

As tensões sobre o trabalho de cuidados, principalmente no desempenho da maternidade, entraram para ordem do dia do poder público e na relação com os empresários, de modo que conformaram, também, um repertório de justiça social a moldar noções de cidadania. Entretanto, as interpretações históricas que ainda reproduzem a desvalorização do cuidado podem ter uma dimensão que também é racial – se as características de quem exerce o trabalho definem seu valor, ele é ainda mais ignorado na bibliografia que tratou da regulamentação do trabalho das mulheres (Boris, 2014:102). Não por acaso, apenas recentemente o tema do trabalho doméstico remunerado tem sido preocupação de pesquisas sistemáticas a desvendar não apenas as relações entre patrões e empregadas, como também a luta por direitos da categoria e a organização social delas (Boris e Nadasen, 2015; Telles, 2013; May, 2011).

A articulação entre trabalho remunerado e cuidados já estava na ordem do dia desde os primeiros tempos da formulação da legislação social. Mais do que abordar a "conciliação entre casa e trabalho", sopesar o cuidado na vida das trabalhadoras pode significar uma abordagem alternativa que reconheça o valor econômico das conexões e das práticas humanas que nos são mais caras.

A pergunta que orientou essa pesquisa, qual seja, como o Estado brasileiro conformou os direitos das mulheres pelo ponto de vista da capacidade delas em tomar decisões e garantir autonomia, permitiu pensar os marcos dos movimentos de trabalhadores e do movimento feminista. Com isso, foi possível encontrar um grande conjunto de forças que proporcionam uma parte da compreensão sobre como o mundo havia mudado tanto para as mulheres do século XX, a partir da crescente importância que a perspectiva de gênero tomava na percepção da ordem ou da desordem social.

REFERÊNCIAS

Fontes

Arquivo do Estado de São Paulo (Aesp)

Fundo Delegacia Estadual da Ordem Política e Social (Deops).
Prontuário 2232 Fábrica Calfat.
Prontuário União dos Operários em Fábrica de Tecidos 0124/Sindicato dos Operários em Fiação e Tecelagem 0124/0924, v. 1.
Prontuário 2496, caixa 199: Rachel Alvez ou Rachel de Freitas ou Maria Paiva.
Prontuário 7761 Delegacia Estadual da Ordem Política e Social de São Paulo (Deops). Fábricas de Tecidos Cambucy, 1938-1944.
Prontuário 0064/Deops. Estamparia Fábrica de Tecidos, 1935-1944.
Prontuário 0064 Estamparia Fábrica de Tecidos.
Prontuário 135173 Fiação e Tecelagem da Companhia de Fiação Juta.
Prontuário 108059 Fiação e Tecelagem Estamparia Ipiranga Jafet.
Prontuário 71342 Comitê das Mulheres Trabalhadoras.
Prontuário 5044 Sindicato dos Operários em Fiação e Tecelagem Juta.

Arquivo Edgar Leuenroth (AEL)

A Plebe, 1917-1924.
Boletim do Departamento Estadual do Trabalho (1918-1934).
Centro dos Industriais de Fiação e Tecelagem. *Circulares* (1919-1934).
Cartas, atas e relatórios da Internacional Comunista (rolo 9).

Arquivo Nacional (Rio de Janeiro)

Bertha Lutz. 13 princípios básicos – sugestões ao anteprojeto da Constituição. Rio de Janeiro, 1933.
Correspondência 11.1 Representantes de entidades de classe, lata 7, codes diversos (década de 1930).

Fundo FBPF. Trabalho feminino (1922-1937).
Fundo Secretaria do Gabinete Civil da Presidência da República. Série 17.10. Ministério do Trabalho.
Ministério do Trabalho 17.10, lata 46, codes diversos (década de 1930).

Biblioteca do IFCH/Unicamp

Centro dos Industriais do Estado de São Paulo. *Circulares* (1920-1937).
Comissão Interamericana de Mulheres. The nationality of women. Report presented by the Interamerican Comission of Women to the Seventh Conference of American Republics. Montevideu, nov. 1933.
Fierj. *Relatório da Diretoria da Federação Industrial apresentado à Assembleia Geral Ordinária do ano de 1934*, v. 1, 1936.
Fiesp. *Relatório da Diretoria da Federação Industrial apresentado à Assembleia Geral Ordinária do ano de 1934*, v. 1, 1936.
Firj. *Relatório da Diretoria apresentado a Assembleia Geral Ordinária de 19 de maio de 1937*. Rio de Janeiro: Tipografia do Jornal do Commercio, 1936.
International Woman Suffrage Alliance. Report of Ninth Congress, Rome, 1923. In: SKLAR, Kathryn Kish; DUBLIN, Thomas (Ed.). *Women and social movements, international*:1840 to present. (Database).
Serviço de Estatística e Previdência do Trabalho. *Salário mínimo*. Imprensa Oficial, 1940.

Biblioteca Nacional – Hemeroteca digital

O Combate (1917-1924).
A Nação (1927).
Correio Paulistano (1917).
A Manhã (1920-1937).

Documentos cedidos por Dainis Karepovs

La Correspondência Sudamericana (Argentina), 1930.
Jornal do Povo, 1934.

Documentos parlamentares

Câmara dos Deputados. *Legislação social. Trabalhos da Comissão Especial de Legislação Social (1919-1921)*. Tipografia do Jornal do Commercio. Rio de Janeiro: 1923.
____. *Atas da Comissão de Legislação Social* (manuscritos): 1918-1924.
Congresso Nacional. *Anais do Congresso Nacional* (ano de 1968). Brasília: Diretoria de Publicações, 1971. (Vários livros).

Estado de São Paulo. *Anais do Congresso Constituinte de 1921*. São Paulo: Imprensa Oficial, 1922.

FGV/Cpdoc

Inquérito informativo enviado ao ministro Lindolfo Collor pelo Departamento Nacional do Trabalho, 27 ago. 1931. Cpdoc. Ministério do Trabalho. Acervo Lindolfo Collor.
Carta de Oswaldo Aranha para Getúlio Vargas, 11 nov. 1935. Cpdoc. Acervo Oswaldo Aranha.

Organização Internacional do Trabalho

Liga das Nações. Report on the Employment of Women and Children and the Berne Convention 1906 (preparado pelo comitê organizador para a I Conferência Internacional do Trabalho), 1919.
OIT. Relatório da VII Conferência Internacional do Trabalho, 1925a.
_____. The visit to South America of the director of the ILO, v. II, n. 6. dez. 1925b.
_____. The visit to South America of the director of the ILO, v. X, n. 6. dez. 1925c.
_____. *Laws Regulating for the Work of Women*, Genebra, 1929a.
_____. *The protection of women in industry and commerce*: a comparative study of legislation. Genebra: OIT, 1929b.
_____. *Informe sobre el trabajo de las mujeres*. Genebra: OIT, 1935.
_____. Conferencia del trabajo de los Estados de América miembros de la Organización Internacional del Trabajo: *actas de las sesiones*. Genebra: OIT, 1936a.
_____. *Record of proceedings (Santiago, 1936)*. Genebra: OIT, 1936b.
_____. *Report of Conference of American States Members of the International Labour Organization*. Genebra: OIT, 1936c.
_____. *Resolutions adopetd by the Conference (Santiago, 1936)*. Genebra: OIT, 1936d.
_____. É proibido pagar. *Boletim da Federação Brasileira pelo Progresso Feminino*, ano II, n. 3, p. 9-10, mar. 1936e.
_____. *The law and women's work*: a contribution para the study of the status of women. Genebra: OIT, 1938.

Arquivo da Organização Internacional do Trabalho

WN 06-01-1: Labour conditions for women. Economic status and legal position on labor law.
WN 06-01-2: Labour conditions for women. Economic status and legal position on labor law.
WN 06-01-3: Labour conditions for women. Economic status and legal position on labor law.

WN 06-01-5 (1938).
WN 6/86: Legal Status of Women (1943).
WN 9/1/9: Equality of Rigths – Status of Women in Public Administration – Observations of Bertah Lutz (Brazil).
WN 12/9/1: Women's Work.
WN 14-1-9: Women's Work – Movimento Feminista no Brasil.
WN-1000-19-1: Federação Brasileira pelo Progresso Feminino. Feminist Congress, 1931, Rio de Janeiro.
WN 1002/09: Correspondence Commitee on Women's Work/Correspondence with experts – Brazil
Obs.: convenções e recomendações pelas conferências internacionais do trabalho estão publicadas integralmente no portal da OIT: <www.ilo.org/dyn/normlex/en/f?p=NORMLEXPUB:1:0>. Acesso em: abr. 2016.

BIBLIOGRAFIA

ABRAMO, Laís. *A inserção da mulher no mercado de trabalho*: uma força de trabalho secundária? (Tese de mestrado em sociologia) – Departamento de Sociologia, Faculdade de Filosofia, Letras e Ciências Humanas, Universidade de São Paulo, São Paulo, 2007.

ALVES, Branca Moreira. *Ideologia e feminismo*: a luta da mulher pelo voto no Brasil. Petrópolis: Vozes, 1980.

ALVES, Iracélli. *A política no feminino*: uma história das mulheres no Partido Comunista do Brasil – Seção Bahia (1942-1949). Dissertação (mestrado em história) – Universidade Estadual de Feira de Santana, Feira de Santana, BA, 2015.

ARAÚJO, Ângela M. A legislação social nos anos 1930: um estudo de processo decisório. *História e perspectivas*, Uberlândia, n. 7, 1992.

____. *A construção do consentimento*: corporativismo e trabalhadores no Brasil nos anos 30. São Paulo: Scritta/Fapesp, 1998.

____; FERREIRA, Verônica. A sindicalização das mulheres no contexto da reestruturação produtiva. São Paulo: Abep, 1998.

ARAÚJO, Rosa M. *O batismo do trabalho*: a experiência de Lindolfo Collor. Rio de Janeiro: Civilização Brasileira, 1981.

ARDUINI, Guilherme. *Os soldados de Roma contra Moscou*: a atuação do Centro Dom Vital no cenário político e cultural brasileiro (Rio de Janeiro, 1922-1948). Tese (doutorado) – Faculdade de Filosofia, Letras e Ciências Humanas, Universidade de São Paulo, São Paulo, 2014.

ARRUDA, Cláudia M. Memórias num bordado: traços de Genny Gleizer no Arquivo Público do Estado do Rio de Janeiro. Portal do Centro de Documentação e Memória. São Paulo: Fundação Maurício Grabois, 2011.

BAK, Joan. Class, thnicity and gender in Brazil: the negotiation of worker's identities in Porto Alegre's 1906 strike. *Latin American Research Review*, n. 35, v. 3, p. 83-103, 2000.

BALLESTRERO, Maria Vittoria. *La legislacione italiana sul lavoro delle done*. Bolonha: Il Mulino, 1979.

BATALHA, Cláudio. Identidade da classe operária no Brasil (1880-1920): atipicidade ou legitimidade? *Revista Brasileira de História*, v. 12, 1992.

_____. Vida associativa: por uma nova abordagem da história institucional nos estudos do movimento operário. *Anos 90*, n. 8, dez. 1997.

_____. *O movimento operário na Primeira República*. Rio de Janeiro: Zahar, 2000.

BERNARDES, Maria E. *Laura Brandão*: a invisibilidade feminina na política. Campinas: CMU, 2007.

BESSE, Susan. *Modernizando a desigualdade*: reestruturação da ideologia de gênero no Brasil (1914-1940). São Paulo: Edusp, 1999.

BEVILACQUA, Clóvis. *Código Civil dos Estados Unidos do Brasil*. Rio de Janeiro: Livraria Francisco Alves, 1936.

BILHÃO, Isabel. *Identidade e trabalho*: uma história do operariado porto-alegrense (1898-1920). Londrina: Eduel, 2008.

BIONDI, Luigi. *Classe e nação*: trabalhadores socialistas italianos em São Paulo, 1890-1920. Campinas: Ed. Unicamp, 2011.

BLAY, Eva. *Trabalho domesticado*: a mulher na indústria paulista. São Paulo: Ática, 1978.

BORIS, Eileen. The quest for labor standards in the era of Eleanor Roosevelt: the case of industrial homework. *Wisconsin Women's Law Journal*, v. 2, n. 53, p. 53-74, 1986.

_____. *Caring for America*: home health workers in the shadow of the welfare state. Oxford: Oxford University Press, 2012

_____. Produção e reprodução, casa e trabalho. *Tempo Social*, v. 26, n. 1, p. 102-103, 2014.

_____; HONEY, Michael. Gender, race and the policies of the Labor Department. *Monthly Labor Review*, v. 111, n. 2, p. 26-36, 1988.

_____; JENSEN, J. The ILO: women's networks and the making of the woman worker. In: DUBLIN, T.; SKLAR, K. *Women and social movements international*. Alexandria, VA: Alexander Press, 2012.

_____; LICHTENSTEIN, Nelson. *Major problems in the history of American workers*. Washington DC: Heath & Company, 1991.

_____; NADASEN, Premilla. Introduction: historicizing domestic workers' resistance and organizing. *International Labor and Working-Class History*, n. 88, p. 4-10, 2015.

_____; PARREÑAS, Rachel. *Intimate labors*: culture, technologies and the politics of care. Palo Alto, CA: Stanford University Press, 2010.

_____; PRÜGL, Elisabeth. *Homeworkers in global perspective*. Nova York: Routledge, 1996.

BRESCIANI, Maria S. *O charme da ciência e a sedução da objetividade*: Oliveira Vianna entre intérpretes do Brasil. São Paulo: Ed. Unesp, 2005.

BRETAS, Marcos L. *A guerra das ruas:* povo e polícia na cidade do Rio de Janeiro. Rio de Janeiro: Arquivo Nacional, 1997.

CAMPOS, Augusto de. *Pagu:* vida e obra. São Paulo: Brasiliense, 1982.

CANNING, Kathleen. *Languages of labor and gender:* female factory work in Germany, 1850-1914. Ithaca, NY: Cornell University Press, 1996.

CAPELATO, Maria Helena. O Estado Novo: o que trouxe de novo? In: FERREIRA, Jorge; DELGADO, Lucília N. *O Brasil republicano:* o tempo do nacional-estatismo, do início da década de 1930 ao apogeu do Estado Novo. Rio de Janeiro: Civilização Brasileira, 2010.

CARONE, Edgar. *A Nova República.* São Paulo: Difel, 1974.

CASTRO, Augusto O. Viveiros de. *A questão social.* Rio de Janeiro: Imprenta, 1920.

CAULFIELD, Sueann. *Em defesa da honra:* moralidade, modernidade e nação no Rio de Janeiro (1918-1940). Campinas: Ed. Unicamp, 2000.

CHALHOUB, S. *Trabalho, lar e botequim:* o cotidiano dos trabalhadores no Rio de Janeiro da *belle époque.* Campinas: Ed. Unicamp, 2008.

COBBLE, Dorothy Sue. *The other women´s movement:* workplace, justice and social rights in modern America. Princeton, NJ: Princeton University Press, 2004.

CORREIA, Francisco. Mulheres libertárias: um roteiro. In: PRADO, Antonio A. *Libertários no Brasil.* São Paulo: Brasiliense, 1986.

CUNHA, Maria C. *Ecos da folia:* uma história social do Carnaval carioca entre 1880 e 1920. São Paulo: Companhia das Letras, 2001.

CUNHA, Olívia M. *Intenção e gesto:* pessoa, cor e a produção cotidiana da (in)diferença no Rio de Janeiro 1927-1942. Rio de Janeiro: Arquivo Nacional, 2002.

DE DECCA, Edgard. *O silêncio dos vencidos.* São Paulo: Brasiliense, 1994.

DE GRAZIA, Victoria. O patriarcado fascista: as mulheres italianas sob o governo de Mussolini (1922-1940). In: DUBY, Georges; PERROT, Michelle. *História das mulheres no Ocidente.* Porto: Afrontamento, 1994.

DOLIVEIRA, Clodoveu. *O trabalhador brasileiro:* esboço antropossociológico seguido de inquéritos sobre salários e sobre trabalho feminino no Brasil. Rio de Janeiro: Tipografia Balança, 1933.

DOMINGUES, Petrônio. Movimento negro brasileiro: alguns apontamentos históricos. *Tempo,* v. 12, n. 23, p. 100-122, 2007.

DOWNEY, Kirstin. *The woman behind the New Deal:* the life legacy of Frances Perkins, social security, unemployment, unsurance and the minimum wage. Nova York: Anchor Nooks, 2010.

DUBOIS, Ellen. Working women, class relations, and suffrage militance: Harriot Stanton Blatch and The New York Woman Suffrage Movement (1894-1909). *The Journal of American History,* v. 74, n. 1, p. 34-58, jun. 1987.

DULLES, J. F. *Anarquistas e comunistas no Brasil* (1900-1935). Rio de Janeiro: Nova Fronteira, 1977.

FAUSTO, Boris. *Trabalho urbano e conflito social*. Rio de Janeiro: Difel, 1979.

FORBATH, William E. *Law and the shaping of the American Labor Movement*. Cambridge, MA: Harvard University Press, 1991.

FORNAZIERI, Lígia. Entre conflitos e debates: a criação da Justiça do Trabalho no Brasil (1934-1943). Dissertação (mestrado em história) – Instituto de Filosofia e Ciências Humanas, Universidade Estadual de Campinas, Campinas, SP, 2014.

FORTES, Alexandre; NEGRO, Antonio L. Historiografia, trabalho e cidadania no Brasil. In: FERREIRA, Jorge; DELGADO, Lucília Neves (Org.). *O Brasil republicano*: o tempo do nacional-estatismo. Rio de Janeiro: Civilização Brasileira, 2010.

____ et al. *Na luta por direitos*: leituras recentes em história social do trabalho. Campinas: Ed. Unicamp, 1999.

GALVÃO, Patrícia. *Paixão Pagu*: a autobiografia precoce de Patrícia Galvão. São Paulo: Ediouro, 2005.

____. *Parque industrial*. Rio de Janeiro: José Olympio, 2006.

GARZONI, Lerice. *Vagabundas e conhecidas*: novos olhares sobre a polícia republicana (Rio de Janeiro, início século XX). Dissertação (mestrado em história) – Instituto de Filosofia e Ciências Humanas, Universidade Estadual de Campinas, Campinas, SP, 2007.

GERALDO, Endrica. *Entre a raça e a nação*: a família como alvo dos projetos eugenistas e integralista de nação brasileira nas décadas de 1920 e 1930. Dissertação (mestrado) – Instituto de Filosofia e Ciências Humanas, Universidade Estadual de Campinas, Campinas, SP, 2001.

GHIZINI, Vinícius. *Proletários da paz*: a parte XIII do Tratado de Versalhes e as leis do trabalho no Brasil. Dissertação (mestrado) – Instituto de Filosofia e Ciências Humanas, Universidade Estadual de Campinas, Campinas, SP, 2015.

GOLDMAN, Wendy. *Mulher, Estado e revolução*: política familiar e vida social soviéticas, 1917-1936. São Paulo: Boitempo/Iskra, 2014.

GOMES, Ângela de C. *Burguesia e trabalho*: política e legislação social no Brasil, 1917-1937. Petrópolis, Vozes, 1979.

____. Autoritarismo e corporativismo no Brasil: o legado de Vargas. *Revista USP*, n. 65, p. 105-119, mar./maio 2005.

____; SILVA, Fernando T. *Justiça do Trabalho e sua história*: os direitos dos trabalhadores no Brasil. Campinas: Ed. Unicamp, 2013.

GONZÁLEZ, Ana Isabel. *As origens e a comemoração do Dia Internacional das Mulheres*. São Paulo: SOF/Expressão Popular, 2010.

GRÜTTNER, Michael. Working-class crime and the labour movement: pilfering in the Hamburg Docks, 1888-1923. In: EVANS, Richard (Org.). *The German working class* (1888-1933). Londres: Barnes and Noble Books, 1982. p. 54-79.

GUIMARÃES, Nadya; BRITO, Murilo M. Mercantilização no feminino: a visibilidade do trabalho das mulheres no Brasil através de censos. In: ABREU, Alice R.; LOMBARDI, Maria R.; HIRATA, Helena. *Gênero e trabalho no Brasil e na França:* perspectivas intersseccionais. São Paulo: Boitempo, 2016. p. 71-82.

HAHNER, June. *A emancipação do sexo feminino:* luta pelos direitos da mulher no Brasil. Florianópolis: Mulheres, 2003.

HALL, Michael M. Immigration and the early São Paulo working class. In: *Jahrbuch für geschichte von staat, wirtschaft und gesellschaft Lateinamerikas*, n. 12, 1975.

____. Corporativismo e fascismo: as origens das leis trabalhistas. In: ARAÚJO, Ângela M. (Org.). *Do corporativismo ao neoliberalismo*. São Paulo: Boitempo, 2002.

____. Entre a etnicidade e a classe em São Paulo. In: CARNEIRO, M.; CICRO, F.; FRANZINA, E. *História do trabalho e histórias de imigração*. São Paulo: Edusp/Fapesp, 2010.

____; PINHEIRO, Paulo S. *A classe operária no Brasil* (1889-1930). São Paulo: Alfa Ômega, 1979.

HIRATA, Helena; GUIMARÃES, Nádia. (Org.). *Cuidado e cuidadoras*: as várias faces do trabalho do *care*. São Paulo: Atlas, 2012.

HOBSBAWM, Eric. *A era dos extremos*: o breve século XX (1914-1991). São Paulo: Companhia das Letras, 1994.

IAMAMOTTO, Marilda V. *Relações sociais e serviço social no Brasil*: esboço de uma interpretação histórico-metodológica. São Paulo: Cortez, 1982.

JANZ, Oliver; SCHONPFLUG, Daniel. *Gender history in a transnational perspective*. Nova York: Berghahn, 2014.

JOSHI, Chitra. Além da polêmica do provedor: mulheres, trabalho e história do trabalho. *Revista Mundos do Trabalho*, v. 1, n. 2, p. 147-170, 2009.

KAREPOVS, Dainis. *A classe operária vai ao Parlamento*. São Paulo: Alameda, 2006.

KERSTEN, Andrew. *Labor´s home front*: the American Federation of Labor during World War II. Nova York: New York University Press, 2006.

KESSLER-HARRIS, Alice. Equal employment opportunity comission vs. Sears, Roebuck and Company: a personal account. *Radical History*, n. 35, p. 57-79, 1986.

____. *In pursuit of equity*: women, men and the quest for economic citizenship in 20th century. Oxford: Oxford University Press, 2001.

____. *Gendering labour history*. Champaign, IL: University of Illinois Press, 2007.

KISHIMOTO, Tizuko M. Os jardins de infância e as escolas maternais de São Paulo no início da República. *Cadernos de Pesquisa*, n. 64, p. 57-60, 1998.

LARA, Silvia; MENDONÇA, Joseli. *Direitos e justiça no Brasil*: ensaios de história social. Campinas: Ed. Unicamp, 2006.

LAUGHLIN, Kathleen A. et al. Is it time to jump ship? Historians rethink the waves metaphor. *Feminist Formations*, v. 22, n. 1, p. 76-135, 2010.

LEITE, Miriam M. *Outra face do feminismo*: Maria Lacerda de Moura. São Paulo: Ática, 1984.

LEOPOLDI, Maria Antonieta. *Políticas e interesses*: as associações industriais, a política econômica e o Estado. São Paulo: Paz e Terra, 2000.

LERNER, Gerda. Placing women in history: definitions and challenges. *Feminist Studies*, v. 3, n. 1-2, p. 5-14, 1975.

LIMA, Marcos Alberto Horta A. *Os industriais têxteis paulistas nos anos 1920:* aspectos da sua atuação política. Dissertação (mestrado) – Instituto de Filosofia e Ciências Humanas, Universidade Estadual de Campinas, Campinas, SP, 1992.

LOBATO, Mirta Z. *Historia de las trabajadoras en la Argentina (1869-1960)*. Buenos Aires: Edhasa, 2007.

_____. ¿Tienen derechos las mujeres? Política y ciudadanía en la Argentina del siglo XX. Buenos Aires: Capital Intelectual, 2008.

LOBO, Elisabeth Souza. *A classe operária tem dois sexos*: trabalho, dominação e resistência. São Paulo: Brasiliense, 1991.

LOPES, Helvécio Xavier. O trabalho feminino no Brasil. *Boletim do Ministério do Trabalho*, n. 32, p. 99-110, 1937.

LOPREATO, Christina. *O espírito da revolta*: a greve geral anarquista de 1917. São Paulo: Fapesp/Annablume, 2000.

LOUZADA, Alfredo João. *Legislação social-trabalhista*. [S.l.]: [s.n.], 1933.

MACEDO, Elza D. Bertha Lutz e Maria Lacerda de Moura na década de 1920. *Revista Gênero*, v. 3, n. 2, p. 91-104, 2003.

MADEIRA, Felícia; SINGER, Paul. Estrutura do emprego e trabalho feminino no Brasil: 1920-1970. *Cadernos Cebrap*, São Paulo, n. 13, 1973,

MARINO, Katherine. Transnational pan-american feminism: the friendship of Bertha Lutz and Mary Wilhelmine Williams, 1926-1944. *Journal of Women's History*, v. 26, n 2, p. 63-87, 2014.

MARQUES, Teresa; MELO, Hildete. Os direitos civis das mulheres casadas no Brasil entre 1916 e 1962. Ou como são feitas as leis. *Estudos Feministas*, v. 16, n. 2, p. 463-488, 2008.

MARRACH, Sônia. *Outras histórias da educação:* do Iluminismo à indústria cultural. São Paulo: Ed. Unesp, 2009.

MARUANI, Maragaret; MERON, Monique. Um século de trabalho das mulheres na França, 1901-2011. In: ABREU, Alice R.; LOMBARDI, Maria R.; HIRATA, Helena. *Gênero e trabalho no Brasil e na França:* perspectivas intersseccionais. São Paulo: Boitempo, 2016. p. 59-70.

MATOS, Maria Izilda S. de. Percursos e possibilidades na historiografia contemporânea. *Cadernos Pagu*, n. 11, p. 67-75, 1998.

MATTOS, Marlise. Movimento e teoria feminista: é possível reconstruir a teoria feminista a partir do sul global? *Revista de Sociologia Política*, v. 18, n. 36, p. 15-23, 2010.

MAY, Vanessa. *Unprotected labor*: household workers and middle-class reform in New York City, 1870-1940. Raleigh, NC: Universidade da Carolina do Norte Press, 2011.

MELO, Hildete Pereira; MARQUES, Teresa. Leolinda Daltro. In: ABREU, Alzira Alves et al. (Coord.). *Dicionário Histórico-Biográfico da Primeira República (1889-1930)*. Rio de Janeiro: Ed. FGV, 2015. Disponível em: <http://cpdoc.fgv.br/dicionario-primeira-republica>. Acesso em: out. 2015.

MENDONÇA, Joseli. *Evaristo de Moraes*: tribuno da República. Campinas: Ed. Unicamp, 2007.

MILKMAN, Ruth. *Gender and trade unionism in historical perspective*. [S.l.]: [s.n.], [s.d.] mimeo.

MILLER, Carol. Geneva: the key para equality: inter-war feminists and the League of Nations. *Women's History Review*, n. 2, 1994.

MINEIRO, Beatriz Sophia. *Código de Menores nos Estados Unidos do Brasil*. São Paulo: Nacional, 1929.

MOTT, Maria Lúcia. Maternalismo, políticas públicas e benemerência no Brasil (1930-1945). *Cadernos Pagu*, n. 16, p. 199-234, 2001.

NASH, Mary. *Mujer, familia y trabajo en Espana*: 1875-1936. Barcelona: Anthropos, 1983.

NATCHKOVA, Nora; SCHOENI, Céline. The ILO, feminists and experts networks: the challenges of a protective policy, 1919-1934. In: KOTT, S.; DROUX, J. (Ed.). *Globalizing social rights:* The International Labour Organization and Beyond. Basinkstole: Palgrave Macmillan, 2013.

NAZARIO, Diva N. *Voto feminino e feminismo*. São Paulo: Imprensa Oficial do Estado de São Paulo, 2009.

NEGRO, Antônio L.; FONTES, Paulo. Trabalhadores em São Paulo: ainda um caso de polícia. O acervo do Deops paulista e o movimento sindical. In: AQUINO, Maria Aparecida de (Org.). *No coração das trevas: o DEOPS/SP visto por dentro*. São Paulo: Arquivo do Estado/Imprensa Oficial do Estado, 2001. p. 157-180.

OLIVEIRA, Carmem S. A solitude feminista de Patrícia Galvão em *Parque Industrial*. *Revista Miguilim*, v. 3, n. 20, 2014.

OLIVEIRA, Francisco de Paula. *Manual prático de direito das mulheres*: estudo da condição da mulher no direito civil, industrial, comercial e no direito público. Rio de Janeiro: A. Coelho Branco, 1932.

PANDOLFI, Dulce. Os anos 1930: as incertezas do regime. In: FERREIRA, Jorge; DELGADO, Lucília N. *O Brasil republicano*: o tempo do nacional-estatismo, do início da década de 1930 ao apogeu do Estado Novo. Rio de Janeiro: Civilização Brasileira, 2010.

PAOLI, Maria C. *Labour, law and the State in Brazil*. Tese (doutorado) – Universidade de Londres, Londres, 1988.

PASSMORE, Kevin. *Women, gender and fascism in Europe* (1919-1945). New Brunswick, NJ: Rutgers University Press, 2003.

PENA, Maria. V. J. A mulher na força de trabalho. *Bibliográfica/Anpocs*, n. 9, 1980.

____. *Mulheres trabalhadoras*: presença feminina na constituição do sistema fabril. Rio de Janeiro: Paz e Terra, 1981.

PEREIRA, Leonardo A.; CHALHOUB, Sidney (Org.). *A história contada*: capítulos de história social da literatura no Brasil. Rio de Janeiro: Nova Fronteira, 1998.

PERROT, Michelle. *As mulheres ou os silêncios da história*. Florianópolis: Edusc, 2005.

PIMENTA, Joaquim. *Sociologia jurídica do trabalho*. Rio de Janeiro: Ed. Nacional do Direito, 1946.

PINHEIRO, Paulo S. *Estratégias da ilusão*: a revolução mundial e o Brasil. São Paulo: Companhia das Letras, 1991.

PINTO, Céli R. *Uma história do feminismo no Brasil*. São Paulo: Ed. Fundação Perseu Abramo, 2007.

RAGO, Margareth. *Do cabaré ao lar*: a utopia da cidade disciplinar (1890-1930). Rio de Janeiro: Paz e Terra, 1985.

____. As mulheres na historiografia brasileira. In: SILVA, Zélia Lopes (Org.). *Cultura histórica em debate*. São Paulo: Unesp, 1995.

RIBEIRO, Amable D. C. Um narrador comprometido: considerações sobre o romance Parque industrial de Patrícia Galvão. In: COLÓQUIO DE PÓS-GRADUAÇÃO EM LETRAS DA UNESP, II., 2010, Assis, SP. *Anais...* São Paulo: Unesp, 2010.

RIBEIRO, Maria Alice Rosa. *Condições de trabalho na indústria têxtil paulista (1870-1930)*. Campinas: Hucitec/Unicamp, 1988.

RODRIGUES, Leôncio M. Sindicalismo e classe operária. 1930-1964. In: FAUSTO, Boris (Org.). *O Brasil republicano:* sociedade e política (1930-1964). Rio de Janeiro: Bertrand Brasil, 1996.

RUBIN, Gayle. Thinking sex: notes for a radical theory of the politics of sexuality. In: VANCE, Carole S. *Pleasure and danger:* exploring female sexuality. Londres: Pandora, 1992. p. 267-293.

RUPP, Leila. *Worlds of women*: the making of an International Women's Movement. Princeton, NJ: Princeton University Press, 1997.

SAFFIOTI, Heleieth. *A mulher na sociedade de classes*: mito e realidade. Petrópolis: Vozes, 1969.

SAMARA, Eni de Mesquita; SOIHET, Rachel; MATTOS, Maria Izilda S. de. *Gênero em debate*: trajetórias e perspectivas na historiografia contemporânea. São Paulo: Educ, 1997.

SAVARSY, Wendy. Beyond the difference versus equality policy debate: post-sufragge feminism, citizenship, and the quest for a feminist welfare state. *Signs*, v. 17, n. 2, p. 329-362, 1992.

SCHETTINI, Cristiana. *Que tenhas teu corpo*: uma história social da prostituição no Rio de Janeiro das primeiras décadas republicanas. Rio de Janeiro: Arquivo Nacional, 2006.

SCHPUN, Mônica R. Carlota Pereira de Queiroz: uma mulher na política. *Revista Brasileira de História*, v. 17, n. 33, p. 167-200, 1997.

____. Carlota Pereira de Queiroz era antifeminista? (Ou de como pensar os contornos do feminismo). In: COSTA, Claudia de Lima; SCHMIDT, Simone Pereira (Org.). *Poéticas e políticas feministas*. Florianópolis: Mulheres, 2002.

____. Entrevista com Miriam Moreira Leite. *Cadernos Pagu*, n. 22, 2004.

SCHWARTZMAN, Simon. Igreja e Estado Novo: o Estatuto da Família. In: ENCONTRO NACIONAL DA ANPUH, IV., 1980, Conceição do Coité, BA. *Anais...* São Paulo: Anpuh, 1980.

____. *Tempos de Capanema*. Rio de Janeiro: Paz e Terra, 2000.

SCOTT, Joan. *Gender and the politics of history*. Nova York: Columbia University Press, 1999a.

____. The Sears case. In: SCOTT, Joan. *Gender and the politics of history*. Nova York: Columbia University Press, 1999b. p. 167-177.

____. The class we have lost. *International Labor and Working-Class History*, n. 57, p. 69-75, 2000.

SEM, Samita. *Women and labour in late colonial India*, Cambridge: Cambridge University Press: 1999.

SENNA, Thaiz C. A seção de mulheres do partido bolchevique soviético. In: ENCONTRO REGIONAL DE HISTÓRIA DA ANPUH-RIO, XV., 2012, São Gonçalo, RJ. *Anais...* Rio de Janeiro: Anpuh-Rio, 2012.

SILVA, Fernando Teixeira da. Direitos, política e trabalho no porto de Santos. In: FORTES, Alexandre et al. *Na luta por direitos*: leituras recentes em história social do trabalho. Campinas: Ed. Unicamp, 1999. p. 51-85.

____; CORRÊA, Larissa R. The politics of justice: rethinking Brazil's corporatist labor movement. *Labor:* Studies in Working-Class History of the Americas, v. 13, n. 2, 2016.

SILVA, Nauber G. *O "mínimo" em disputa*: salário mínimo, política, alimentação e gênero na cidade de Porto Alegre (1940-1968). Tese (doutorado em história) – Universidade Federal do Rio Grande do Sul, Porto Alegre, 2014.

SIMÃO, Aziz. *Sindicato e Estado e outros escritos*. São Paulo: Hucitec, 2012.

SINGER. Força de trabalho e emprego no Brasil (1920-1969). *Estudos Cebrap*, n. 3, 1970.

SOIHET, Raquel. *O feminismo tático de Bertha Lutz*. Florianópolis: Edusc, 2006.

____; PEDRO, Joana. A emergência da pesquisa da história das mulheres e das relações de gênero. *Revista Brasileira de História*, São Paulo, v. 27, n. 54, p. 282-285, 2007.

SOUZA, Samuel F. de. *Coagidos ou subornados*: trabalhadores, sindicatos, Estado e as leis do trabalho nos anos 1930. Tese (doutorado em história) – Instituto de Filosofia e Ciências Humanas, Universidade Estadual de Campinas, Campinas, SP, 2007.

TEIXEIRA, Palmira. *A fábrica do sonho*: trajetória do industrial Jorge Street. Rio de Janeiro: Paz e Terra, 1990.

TELLES. Lorena Féres da Silva. *Libertas entre sobrados*: mulheres negras e trabalho doméstico em São Paulo (1880-1920). São Paulo: Alameda, 2013.

THEBAUD, Françoise. Les femmes au BIT (Bureau International du Travail): l'exemple de Marguerite Thibert. In: DELAUNAY, Jean-Marc; DENÉCHÈRE, Yves. *Femmes et relations internationales*. Paris: Presses de la Sorbonne, 2006. p. 177-187.

THIBERT, Marguerite. The economic depression and employment of women. *International Labour Review*, v. XXVII, n. 4, 1933.

THOMPSON, Edward P. *Senhores e caçadores*: a origem da lei negra. Rio de Janeiro: Paz e Terra, 1997.

____. *Costumes em comum*: estudos sobre cultura popular tradicional. São Paulo: Companhia das Letras, 1998a.

____. Venda de esposas. In: ____. *Costumes em comum*: estudos sobre cultura popular tradicional. São Paulo: Companhia das Letras, 1998b. p. 305-352.

TOLEDO, Edilene. *Travessias revolucionárias*: ideias e militantes sindicalistas em São Paulo e na Itália (1890-1945). Campinas: Ed. Unicamp, 2004.

VARGAS, Maria T. (Org.). *Antologia do teatro anarquista*. São Paulo: Martins Fontes, 2009.

VERDON, Nicole. The rural labour market in the early nineteenth century: women's and children's employment, family income, and the 1834 Poor Law Report. *The Economic History Review*, v. 55, n. 2, p. 299-323, 2002.

VIANNA, F. J. Oliveira. *Direito do trabalho e democracia social*: o problema da incorporação do trabalhador no Estado. São Paulo: José Olympio, 1951.

VIANNA, M. S. Bulcão. A evolução do trabalho da mulher. *Boletim do Ministério do Trabalho*, n. 37, p. 99-110, 1937.

WEFFORT, Francisco. *Sindicato e política*. Tese (livre-docência) – Universidade de São Paulo, São Paulo, 1975.

WEINSTEIN, Barbara. *(Re)Formação da classe operária no Brasil (1920-1964)*. São Paulo: Cortez, 2000.

____. Inventando a mulher paulista: política, rebelião e generificação das identidades regionais brasileiras. *Revista Gênero*, v. 5, n. 1, 2004.

WIKANDER, Ulla. Demands on the ILO by International Organized Women in 1919. In: VAN DAELE, J. et al. *ILO histories*: essays on the international organization and its impact on the world during the twentieth century. Genebra: Peter Lang, 2010. p. 67-89.

WILSON, Perry. *The clockwork factory*: women and work in fascist Italy. Gloucestershire: Clarendon Press, 1993.

WOLFE, Joel. *Working women, working men*: São Paulo and the rise of Brazil's industrial working class, 1900-1955. Londres: Duke University Press, 1993.

WOOLF, Virginia. *Um teto todo seu*. Rio de Janeiro: Nova Fronteira, 1985.

____. *Profissões para mulheres e outros artigos feministas*. Porto Alegre: LP&M, 2013.

ZIMMERMAN, Susan. The ILO and the international argument on maternity and family policies in the interwar period. In: INTERNATIONAL FEDERATION FOR RESEARCH IN WOMEN'S HISTORY (IFRWH) CONFERENCE, ago./set. 2013, Sheffield. *Proceedings...* [S.l.]: IFRWH, 2013.

____. Night work for night women and bonded labour for women of colour? In: KIMBLE, S. et al. *New perspectives on European women's legal history*. Milton Park, NY: Routledge, 2014.

AGRADECIMENTOS

Às pessoas que ensinam o tempo todo, com o encanto de suas trajetórias e com lições – Hildete Pereira de Melo, Dainis Karepovs, Tatau Godinho e Fernando Teixeira da Silva, que foi quem orientou minhas pesquisas na Universidade Estadual de Campinas.

À Associação Brasileira de Estudos do Trabalho, que garantiu a publicação deste livro por meio do prêmio Mundos do Trabalho em Perspectiva Multidisciplinar (2017).

À Fundação de Amparo à Pesquisa do Estado de São Paulo (Fapesp), por financiar o trabalho de doutorado que deu origem ao livro.

Às mulheres do Sindicato das Trabalhadoras Domésticas de Campinas, Sumaré e Hortolândia, que me tomaram as primeiras lições sobre luta por direitos.

À minha família, às minhas amigas, aos meus amigos, porque é sempre bom ter gente por perto que te lembre da força do afeto, do valor do cuidado e da vida compartilhada.

Este livro foi impresso nas oficinas gráficas da Editora Vozes Ltda.,
Rua Frei Luís, 100 – Petrópolis, RJ.